国家社科基金
后期资助项目

中国流转税改革的经济效应评估与优化研究

孙正 著

Research on Economic Effect Evaluation and Optimization of China's Commodity Turnover Tax Reform

上海社会科学院出版社
SHANGHAI ACADEMY OF SOCIAL SCIENCES PRESS

图书在版编目(CIP)数据

中国流转税改革的经济效应评估与优化研究 / 孙正著. — 上海：上海社会科学院出版社，2022
 ISBN 978 - 7 - 5520 - 3893 - 4

Ⅰ.①中… Ⅱ.①孙… Ⅲ.①流转税—税收改革—研究—中国 Ⅳ.①F812.424

中国版本图书馆 CIP 数据核字(2022)第 104922 号

中国流转税改革的经济效应评估与优化研究

著　　者：孙　正
责任编辑：应韶荃
封面设计：周清华
出版发行：上海社会科学院出版社
　　　　　上海顺昌路 622 号　邮编 200025
　　　　　电话总机 021 - 63315947　销售热线 021 - 53063735
　　　　　http://www.sassp.cn　E-mail:sassp@sassp.cn
排　　版：南京展望文化发展有限公司
印　　刷：上海龙腾印务有限公司
开　　本：710 毫米×1010 毫米　1/16
印　　张：16.75
字　　数：295 千
版　　次：2022 年 8 月第 1 版　2022 年 8 月第 1 次印刷

ISBN 978 - 7 - 5520 - 3893 - 4/F·698　　　定价：85.00 元

版权所有　翻印必究

国家社科基金后期资助项目
出版说明

后期资助项目是国家社科基金设立的一类重要项目,旨在鼓励广大社科研究者潜心治学,支持基础研究多出优秀成果。它是经过严格评审,从接近完成的科研成果中遴选立项的。为扩大后期资助项目的影响,更好地推动学术发展,促进成果转化,全国哲学社会科学工作办公室按照"统一设计、统一标识、统一版式、形成系列"的总体要求,组织出版国家社科基金后期资助项目成果。

全国哲学社会科学工作办公室

自　序

1994年,中国推行"分税制"改革,将过去沿用多年的"财政包干制"改为"分税制",改革后确立的中央政府与地方政府的财税关系一直沿用至今。相比之下,按照中央政府制定的"十二五"规划逐渐形成的新一轮财税改革,主要是适应国家治理体系和治理能力现代化的要求,以增值税扩围、"营改增"、增值税减税、"减税降费"等流转税改革为重点,其改革内容虽与"分税制"有所不同,但其难度以及对经济格局造成的震动却绝不亚于20年前的分税制改革。"营改增"作为新一轮流转税改革的"重头戏",是中国现阶段经济发展质量变革、效率变革、动力变革的重要推动力,为中国经济高质量增长提供了重要制度红利。在当前中国经济增长速度换挡、结构调整步伐加快、发展动力开始转换的新常态下,对其经济效应进行系统全面评估,能够为后续一个阶段,特别是"十四五"时期中国财税体制改革提供政策支持。"营改增"改革政策效应的测度,取决于其所引致的税制变迁对市场主体行为选择的复合影响,并且这种影响是长期的,而非短期的。因此,流转税改革经济效应评估需要一个较长的时间窗口。因此,本研究从多个维度全面系统评估"营改增"政策效果,为后续的增值税减税、房地产税、个人所得税及环保税等政策评估打下坚实的基础,并为后续实际部门财税、经济高质量增长政策的制定提供现实依据。

流转税制,作为涵盖中国商品生产、批发、零售及服务领域的一种间接税制,在组织财政收入、优化经济结构、促进经济增长、调节收入分配四个方面都有显著作用。随经济改革不断深化,社会主要矛盾的改变,经济高质量增长的重要性逐渐凸显。对此,中共十八届三中全会以来,中央政府在多种场合多次强调要重视税收的改善经济效率的制度红利。"营改增"将流转税的二元税制模式转换为一元税制模式,统一了货物和服务税制,消除了制造业与服务业之间有效税率的差异,为中国经济高质量增长提供了最大制度红利。伴随着"营改增"政策的实施,新兴生产性服务业逐渐发展壮大,已经成为创造新供给和新需求的关键一环。本研究即在上述背景下,较早地介入经济效率改善问题,全面系统评估流转税改革的经济效应,并在此基础上,定量测算了流转税改革的动态经济效率。

2008年全球金融危机后,财税政策经济效应评估再次得到国际社会的高度重视。原因在于,无论是增支还是减税,实施起来都有成本,需要评估权衡。从事前角度看,人们希望借助历史经验和对政策效果的模拟,为拟出台的新政寻找依据;在事中,人们希望考察政策执行的阶段性效果,方便及时调整政策方向及幅度。1994年分税制改革形成的税制结构虽然几经调整,但仍与快速发展的宏观经济不相适应。2012年1月1日,上海交通运输业和部分现代服务业开展"营改增"试点。2012年8月1日,国务院扩大营改增试点至10省份;2013年8月1日,全国开始试行"营改增",并将广播影视服务业纳入试点范围。2014年1月1日,铁路运输和邮政服务业被纳入"营改增"试点,至此交通运输业全部纳入营改增范围。2016年5月1日,中国全面推开"营改增"试点,将建筑业、房地产业、金融业、生活服务业全部纳入试点范围。依据国税总局2019年6月统计,2012年1月的"营改增"试点,减税总额超过2.6万亿元,惠及纳税人超过3600万户。"营改增"所带来增值税抵扣链条的完善,大幅降低企业的税收成本,不断强化整个宏观经济的"集体效率"和"外部经济"。

流转税改革政策效果是其所引致的税制变迁产生的长期衍生影响,是整个经济系统各变量变化的综合反应。"营改增"作为中国近年来最重要的税制改革,对整个宏观税负、产业结构变迁、国民收入分配以及资本配置产生长期深远的影响,推动了中国经济发展质量效率变革,其政策效应需要从动态、长期的视角予以考察。因此,在中国经济已由高速增长阶段转向高质量发展阶段的大背景下,对流转税改革经济效应的研究和探索就显得十分必要和迫切。本研究主要从宏观与微观两个层面对"营改增"的经济效应进行评估,宏观层面主要包括"营改增"对宏观税负、产业结构优化、国民收入分配格局以及动态经济效率的影响;微观层面主要包括"营改增"对产业分工、制造业绩效、总体资本回报率以及服务业资本配置效率等方面的影响。本研究的特色与创新主要包括以下几个方面:

本研究的特色之处:

第一,研究问题的理论性和前沿性。现代财税制度,是提高供给侧质量和效益的"聪明的脑袋"和"起飞的翅膀",具有一个经济体的"心脏"功能。开展流转税改革经济效应评估的研究,有利于供给侧创新发展。同时,为后续学者财税政策评估提供新的理论视角,具有一定的理论基础性、前瞻性与应用性。

第二,研究视角的独特性和创新性。与已有研究不同,本研究主要是全面系统评估流转税改革的经济效应。深刻认识"营改增"政策的复杂经济效应,在动态两部门模型基础上,对西岗(Nishioka)税改模型进行适当拓展。依据中国现实国情,创建"营改增"经济效应评估的宏观分析框架,并提出有待检验假说。

第三,研究技术的科学性和综合性。本研究基于"拟自然实验"、中介效应模型以及数值模拟等方法,从多个维度进行实证分析,并对影响"营改增"政策效果的因素进行分解与评价,推进实证研究深度,具有一定的科学性、综合性和可信度。从研究方法看,本研究采用倍差法和面板向量自回归模型(PVAR)进行多重稳健检验,并运用灰色GM(1,N)模型、产业集聚指数等方法模拟产业的空间布局;从研究数据看,充分收集微观和宏观层面的数据。

本研究的创新之处:

第一,创建流转税改革经济效应评估的宏观分析框架,并进行计量检验,这是本研究的关键创新点。借鉴国外经典模型,本研究从规模报酬递增和专业化报酬递增两个角度构建流转税改革经济效应评估模型。在此基础上,结合动态两部门模型与投入产出分解技术,引入中间投入和多部门,通过引入征收比率的概念改进测算增值税应纳税额的投入产出法,对税改模型进行适当拓展。上述流转税改革经济效应评估的宏观分析框架的构建,为后续实证分析提供了理论支撑,继而将从基准检验、机制检验、长效机制检验三个维度系统全面评估"营改增"的经济效应。

第二,全面系统评估流转税改革的经济效应,这是本研究的核心创新点。本研究以"营改增"经济效应评估为切入点,对影响"营改增"政策效果的因素进行分解与评价,推进了研究深度,全面系统评估其经济效应。研究发现:从微观层面看,"营改增"调整行业税负,具有结构性减税效应,有利于提高资本回报率,优化服务业资本配置效率,促进生产性服务业与制造业的协同融合;从宏观层面看,"营改增"具有产业提升,促进经济结构升级,优化国民收

入分配格局的作用,有利于提高整个经济体的动态经济效率,促进经济高质量增长。

第三,提供中国后续财税体制改革的现实依据与改革方向,这是本研究的重要创新点。税收负担是企业成本的重要组成部分,后续的增值税改革应该大幅降低增值税法定税率,并适当减少增值税纳税档次,争取三档变两档,彻底打通增值税抵扣链条,实现全产业链进项抵扣。应该对需求弹性较低的公共产品设置比较低的增值税税率,并继续降低小规模纳税人的增值税征收率;同时对生产性服务业实行加计扣除政策,特别是给予制造业和服务业高度融合的物联网、人工智能等附加值高的产业更多的减税政策,切实减轻中小企业的税收负担,持续纠正资本在不同行业与产业之间的错配,优化资本配置结构,继续为经济高质量增长提供税收红利。

目 录

第一章 导论 / 1

  第一节 研究背景及意义 / 1

    一、研究背景 / 1

    二、学术价值与现实意义 / 2

  第二节 研究对象界定与研究方法 / 4

    一、研究对象 / 4

    二、核心问题 / 4

    三、研究方法 / 5

  第三节 研究框架与主要内容 / 6

  第四节 主要创新与观点 / 9

    一、主要创新 / 9

    二、重要观点 / 10

第二章 理论基础与文献述评 / 12

  第一节 流转税改革 / 12

    一、"营改增"试点政策 / 12

    二、流转税改革基本发展脉络 / 14

    三、流转税改革的效应评析 / 18

  第二节 税收归宿理论 / 23

    一、税收归宿理论发展的基本脉络 / 23

    二、税收归宿理论的实证研究 / 26

  第三节 经济效应评估相关理论 / 30

    一、国民收入分配理论 / 30

二、产业结构理论 / 40

　　三、全要素生产率 / 44

　　四、资本回报率 / 47

　　五、动态经济效率理论 / 49

第四节　税制改革的经济效应评估 / 52

　　一、流转税改革的经济效应评估研究 / 52

　　二、"营改增"的经济效应评估研究 / 54

第三章　流转税改革的减税效应与分工效应 / 57

第一节　"营改增"改革对间接税税负的影响 / 58

　　一、间接税税收负担的影响因素 / 58

　　二、"营改增"试点前后对比分析 / 58

　　三、主要行业减税差异性分析 / 61

第二节　"营改增"改革对直接税负的影响 / 63

　　一、直接税税收负担的影响因素 / 63

　　二、"营改增"对总体直接税税收负担的影响分析 / 64

　　三、主要行业直接税税收负担的异质性影响 / 66

第三节　"营改增"改革的分工效应 / 68

　　一、专业化分工概念界定 / 68

　　二、"营改增"对专业化分工的影响 / 69

　　三、"营改增"对交易成本的影响 / 70

　　四、"营改增"对产业分工效率的影响 / 71

第四章　流转税改革与产业结构优化升级 / 73

第一节　问题提出 / 73

第二节　"营改增"促进产业结构优化升级的理论机制 / 77

　　一、"营改增"与产业结构优化 / 78

　　二、服务业"营改增"与制造业升级 / 81

　　三、"营改增"提升生产性服务业与制造业协同融合程度 / 84

第三节　"营改增"优化产业结构的实证分析 / 87

　　一、计量模型构建 / 87

　　二、变量与数据 / 88

　　三、主要实证结果 / 91

第四节 "营改增"促进制造业升级的经验检验 / 100

  一、计量模型设定 / 100

  二、变量与数据 / 102

  三、"营改增"提升效应的证据与异质性分析 / 105

第五节 "营改增"提升生产性服务业与制造业协同融合程度 / 111

  一、研究设计 / 111

  二、资料来源、测度方法与协同效应测算 / 114

  三、"营改增"促进效应与路径选择 / 117

  四、拓展性分析 / 121

第六节 小结 / 124

第五章 流转税改革的国民收入分配效应研究 / 126

 第一节 引言 / 126

 第二节 税制结构与国民收入分配格局 / 127

  一、基本假定 / 127

  二、模型求解 / 129

  三、流转税改革对国民收入分配格局的影响 / 130

  四、模型表达的主要思想 / 131

 第三节 "营改增"影响国民收入分配的实证策略 / 133

  一、双重差分法设定 / 133

  二、处理组内生性问题处理 / 134

  三、政策预期的处理 / 138

 第四节 检验结果的经济阐释 / 139

  一、变量设定与数据处理 / 139

  二、"营改增"试点改革预期的效用检验 / 141

  三、"营改增"改革对国民收入分配格局影响 / 143

 第五节 小结 / 145

第六章 流转税改革对全要素生产率的影响效应 / 147

 第一节 引言 / 147

 第二节 流转税改革促进全要素生产率提升的理论分析 / 150

  一、"营改增"影响全要素生产率的作用机制 / 150

  二、简单理论模型构建 / 153

第三节　计量模型、变量与数据说明 / 156

　　一、计量模型设定 / 156

　　二、资料来源 / 159

　　三、变量说明 / 159

第四节　全要素生产率测算 / 161

第五节　流转税改革生产率效应的实证分析 / 163

　　一、"营改增"生产率效应的基准检验 / 163

　　二、基于中介效应模型的"营改增"生产率效应机制分析 / 166

　　三、"营改增"生产率效应的长期持续性检验 / 167

第六节　小结 / 173

第七章　流转税改革对资本回报的影响研究 / 174

第一节　背景介绍 / 174

第二节　"营改增"影响资本回报的机制 / 176

　　一、"营改增"影响总体资本回报的作用机制 / 176

　　二、"营改增"影响服务业资本配置效率的作用机制 / 179

第三节　"营改增"与总体资本回报率 / 182

　　一、实证设计与变量说明 / 182

　　二、"营改增"提升效应的证据与稳健性分析 / 186

　　三、进一步分析 / 191

第四节　"营改增"与服务业资本配置效率 / 195

　　一、计量模型、变量与数据说明 / 195

　　二、计量检验结果 / 199

第五节　小结 / 208

第八章　基于"营改增"视角流转税改革动态效率分析 / 210

第一节　新古典一般均衡分析框架 / 210

　　一、模型基本假定 / 210

　　二、新古典理论模型 / 211

　　三、模型求解 / 214

第二节　参数校准 / 216

　　一、参数校准说明 / 216

　　二、参数校准结果 / 217

第三节　数值模拟分析 / 217
　　　　一、流转税改革对消费性财富变化的影响 / 218
　　　　二、流转税改革对动态经济效率的影响 / 219
　　第四节　小结 / 219
第九章　中国经济效应优化的路径与对策研究 / 221
　　第一节　财税体制改革相关对策 / 221
　　　　一、继续深化财税改革,全面深化体制改革 / 221
　　　　二、消除税收制度障碍,留下必要实施空间 / 223
　　　　三、减少增值税纳税档次和法定税率 / 224
　　　　四、完善留抵退税政策,继续提供制度红利 / 224
　　　　五、制定库存产品的减税政策,实现增值税税负的全部转嫁 / 225
　　　　六、建立健全中央和地方事权与支出责任相匹配的财税体制 / 226
　　第二节　中国经济效应优化的方法与路径 / 227
　　　　一、破除体制壁垒,实行产业结构升级战略 / 227
　　　　二、再分配向居民部门倾斜,优化国民收入分配格局 / 228
　　　　三、优化服务业资本配置效率,提升总体资本回报率 / 229
　　　　四、继续推进供给侧结构性改革,提高动态经济效率 / 230
　　第三节　研究展望 / 231
参考文献 / 232

第一章 导　　论

本研究将围绕"中国流转税改革的经济效应评估及优化"这个议题,展开相关的研究工作。作为导论,本章顺次介绍本研究的背景、意义、对象、结构及创新等。

第一节　研究背景及意义

一、研究背景

2008年全球金融危机后,财税政策经济效应评估再次得到国际社会的高度重视。原因在于,无论是增支还是减税,实施起来都有成本,需要评估权衡。从事前角度看,人们希望借助历史经验和对政策效果的模拟,为拟出台的新政寻找依据;在事中,人们希望考察政策执行的阶段性效果,方便及时调整政策方向及幅度。1994年分税制改革形成的税制结构虽然几经调整,但仍与快速发展的宏观经济不相适应。2012年1月1日,上海交通运输业和部分现代服务业开展"营改增"试点。2012年8月1日,国务院将"营改增"试点扩大至10省份;2013年8月1日,全国开始试行"营改增",并将广播影视服务业纳入试点范围。2014年1月1日,铁路运输和邮政服务业被纳入"营改增"试点,至此交通运输业全部纳入"营改增"范围。2016年5月1日,中国全面推开"营改增"试点,将建筑业、房地产业、金融业、生活服务业全部纳入试点范围。

依据国税总局2019年6月统计,"营改增"试点减税总额超过2.6万亿元,惠及纳税人超过3 600万户。2017年的增值税税率简并,以及2018年、2019年的增值税改革,将增值税税率下调近四分之一,预计减税规模超过1.4万亿元,实际上也可以看作"营改增"政策的延续。流转税改革带来增值税抵扣链条的完善,大幅降低企业的税收成本,不断强化整个宏观经济的"集体效

率"和"外部经济"。流转税改革作为近年来最重要的税收制度变革,对中国的宏观税负、国民收入分配、产业结构以及资源配置效率产生长期深远的影响,推动了中国经济发展质量效率变革,其政策效应需要从动态、长期的视角予以考察。在中国经济已由高速增长阶段转向高质量发展阶段的大背景下,对流转税改革经济效应的研究和探索显得十分必要和迫切,同时它还能为后续财税政策出台提供现实与政策依据。

中国流转税改革的经济效应评估,主要基于以下两个方面考虑:

第一,理论上是税制建设的需要。从中国税制改革与发展的实践来看,流转税主要包括营业税、增值税、消费税以及少部分其他税种。流转税是一种以价格为依托,涵盖商品生产、交易流通、劳务服务等几个领域的间接税机制,在优化经济结构,促进经济增长,特别是组织财政收入方面功能显著。中共十八大以来,中央更是提出了财政是国家治理的基础和重要支柱,也就是说财政是实现国家治理体系和治理能力现代化的一个重要保障,财税理论、税制建设无形之中被提升到了一个新高度。本研究在吸收借鉴前任学者研究成果和西方税制改革经验基础上,从流转税改革的视角提出经济效应优化的长效机制,这对于完善中国税制,建立现代财政制度具有重要作用。

第二,流转税改革是经济稳定和社会发展的需要。"营改增"作为财税改革领域的热点与重点话题,其政策效应评估引起了学术界的极大关注,相较于财政补贴或税收优惠,税制改革制度成本最小。目前的研究或集中在宏观层面的国民收入分配和宏观税负,或聚焦于微观层面的有效税率、企业税负和专业分工等,鲜有学者对"营改增"的经济效应进行全面系统的阐述。

基于上述背景,全面合理评估"营改增"的经济效应,有利于减少后续政策的试错成本,提高决策的科学性和有效性。同时,也可以为新推行的增值税改革、房地产税、个人所得税及环保税等政策评估打下坚实的基础,并为后续实际部门财税、经济高质量增长政策的制定提供现实依据,从而推动经济的发展和社会的稳定。

二、学术价值与现实意义

2020年,中国财政收入超过20万亿元,从数量上看,消费税和增值税占中国财政收入的比重已经超过60%,流转税调节资源配置、稳定经济的职能与生俱来,这也是公认的事实。对流转税改革的讨论研究,既有助于国民收入分配格局的合理调整,又可以有效组织税收收入,在效率和公平之间实现有效权衡,进而实现居民福利改善、企业利润的最大化以及政府财政支出规模的最优化。现代税制起源于19世纪末,到现在已经走过100多年的历程,税制结构演变规律表明,一国税制结构很大程度上由该国的经济发展水平所决定。经济发展水平是推动税制改革的重要力量,而税制结构与相关制度的完善反过来又为经济发展水平提供基础条件,进而提高经济运行的效率和国民收入分配的公平程度。中国从"分税制"改革到现在,经过了20多年的发展历程,现今的经济发展水平、国民收入分配状况已经发生了巨大变化。流转税作为中国主体税种,对经济调控的作用是其他税种不可比拟的。在经济下行、结构严重失衡的背景下,中国也希望通过财税改革突围。"营改增"作为流转税改革的重头戏,对于税制结构的优化、收入分配的调节、经济发展、社会稳定具有重要的现实意义。

  本研究的价值主要体现为学术价值与应用价值两个层面。就学术价值而言,已有研究表明"营改增"对多个维度的经济变量产生重要影响[1],但缺乏"营改增"政策效应评估的理论阐释。目前国内外学者大多从单一视角对"营改增"政策经济效应进行评估,几乎没有学者对流转税改革的经济效应进行全面评估。本研究借鉴国外经典动态两部门模型[2],结合投入产出分解技术[3],揭示"营改增"影响各经济变量的理论机制及其微观基础,创建流转税改革经济效应评估的宏观分析框架,全面评估"营改增"对行业税负、资源配置、国民收入分配、居民福利以及动态经济效率等多个层面的经济效应。就应用价值而言,本研究为有关部门流转税改革后续相关政策的出台提供决策依据。流转税改革所引致的税制变迁产生长期衍生的影响,2018年5月与2019年4月推行的增值税改革实际上可以看作"营改增"的后续政策,合理评估"营改增"政策需要较长的时间窗口,有利于减少后续政策的试错成本,提高决策的科学性和有效性。同时,全面系统评估"营改增"政策效果,也可以为新推行的增值税减税、房地产税、个人所得税及环保税等政策评估打下坚实的基础,并为后续实际部门财税、经济高质量增长政策的制定提供现实

---

[1] 李永友等:《服务业"营改增"能带动制造业升级吗?》,《经济研究》2018年第4期。

[2] William J. Baumol, "Macroeconomics of unbalanced growth: the anatomy of urban crisis", *The American Economic Review*, 1967, Vol.57, No.3, pp.415–426; Hiroaki Sasaki, "Endogenous phase switch in Baumol's service paradox model", *Structural Change and Economic Dynamics*, 2011, Vol.23, No.1, pp.25–35; Ergete Ferede, Bev Dahlby, "The impact of tax cuts on economic growth: evidence from the canadian provinces", *National Tax Journal*, 2012, Vol.65, No.3, pp.563–594.

[3] Max Munday, Malcolm J. Beynon, "Input-output analysis: foundations and extensions by Ronald E. Miller and Peter D. Blair", *Journal of Regional Science*, 2011, Vol.51, No.1, pp.196–197.

依据。

综合来看,本研究不仅在理论上进行系统建模,关注科学问题的解决,而且通过实证分析来验证理论与方法的可行性,为新时期中国经济高质量增长提供重要的制度理论支撑。1994年"分税制"改革,确立了营业税和增值税并存的税制结构,既损失了效率,又不利于国民收入合理的分配,从某种程度上来说,没有考虑到经济高质量增长的需要。营业税并入增值税,流转税由价内税转为价外税,增值税由生产型转向消费型,调整税率与建立合理的税收征管制度,建立现代财政制度,可以说是中国"十二五"期间及今后一段时期税制改革的重点和主线索。本研究在梳理中国税制结构历史变迁的前提下,重点探讨流转税改革对中国经济社会发展的影响,为后续学者的研究提供一定的理论视角,并为"十四五"时期政府财税政策的制定提供现实和理论依据。

第二节 研究对象界定与研究方法

一、研究对象

本研究的核心议题为"中国流转税改革的经济效应评估及优化研究"。为了使本研究更为聚焦,主要以"营改增"试点为例,对其经济效应进行全面系统评估。这又可以拓展出六个小议题:(1)流转税改革的减税效应和分工效应;(2)流转税改革对产业结构优化升级的影响效应;(3)流转税改革的国民收入分配效应;(4)流转税改革的生产率效应;(5)流转税改革对资本回报的影响效应;(6)流转税改革的动态经济效率。

二、核心问题

本研究旨在探讨以下五个核心问题:

(1)"营改增"政策的减税效应和分工效应。"营改增"政策是否降低了宏观税负?是否促进了产业分工?(2)"营改增"政策对产业结构优化的影响效应。是否促进了产业结构升级演进?是否提升了制造业绩效?(3)"营改增"政策对国民收入分配格局优化的贡献有多大?(4)"营改增"政策的生产率效应。流转税改革是否提升了全要素生产率?是否优化了服务业的资本配置效率?(5)"营改增"政策是否提升了总体资本回报率?对服务业资本配置又有什么影响?(6)流转税改革的动态经济效率。流转税改革是否改善了动态经济效率?

三、研 究 方 法

在研究方法的选择上,本研究以理论推导、数理模拟为基础,并对现状进行描述性分析,在现状描述和数理建模的基础上进行实证检验。为了使研究结论更具有实质性和可靠性,本研究力求从多层次、多维度、多方法上进行实证检验,概括来说,主要采用定性分析与定量分析、规范分析与实证分析、中观和宏观层面分析相结合的研究方法。具体研究方法归纳如下:

(1) 案例分析与微观调研法。主要选择代表性大都市圈(比如说九大都市圈)的典型企业,设计调查问卷,深入调查"营改增"对经济发展的影响。特别分析"营改增"对产业分工、投入产出成本、产业空间集聚以及产业空间分布的影响。

(2) 理论研究方法。基于对税收性质及其在经济运行中作用的认知,改进国外经典动态两部门模型[1],结合投入产出分解技术[2],通过引入征收比率的概念改进测算增值税应纳税额的投入产出法,以有效税率为纽带,创建流转税改革经济效应评估的宏观分析框架。

(3) 计量经济方法。生产性服务业与先进制造业协同程度测算,主要运用维纳布尔斯(Venables)[3]的垂直关联模型与复合系统调度模型。计量检验主要运用 PSM - DID 方法、中介效应模型以及联立方程模型方法。本研究采用空间计量经济学的分析方法来检验"营改增"的长效政策效应机制。由于空间计量包括空间滞后模型(SLM)和空间误差模型(SEM),因此,采用 LM - Error、LM - Lag 和 Robust 形式对模型进行选择。考虑到研究样本数据可能存在截面异方差和组内自相关,运用 Wald 检验和 Wooldrige 检验进行判断。如果存在截面异方差和组内自相关,则采用广义最小二乘法进行回归和稳健性检验。

(4) 系统归纳方法。通过系统研究、比较研究和归纳研究,梳理西方发达国家和经济转型国家税制变迁、产业结构演进的一般规律,并与中国现阶段税制结构、产业结构对比分析,以此判断中国由经济高速增长阶段到经济

---

[1] William J. Baumol, "Macroeconomics of unbalanced growth: the anatomy of urban crisis", *The American Economic Review*, 1967, Vol.57, No.3, pp.415 - 426; Nicholas Oulton, "Must the growth rate decline? baumol's unbalanced growth revisited", *Oxford Economic Papers*, 2001, Vol.53, No.4, pp. 605 - 627; Hiroaki Sasaki, "Endogenous phase switch in baumol's service paradox model", *Structural Change and Economic Dynamics*, 2011, Vol. 23, No.1, pp.25 - 35.

[2] Max Munday, Malcolm J. Beynon, "Input-output analysis: foundations and extensions by Ronald E. Miller and Peter D. Blair", *Journal of Regional Science*, 2011, Vol.51, No.1, pp. 196 - 197.

[3] Anthony J. Venables, "Equilibrium locations of vertically linked industries", *International Economic Review*, 1996, Vol.37, No.2, pp.341 - 359.

高质量增长阶段的一般规律,并为生产性服务业与先进制造业融合发展战略的制定提供发达国家经验借鉴。

第三节 研究框架与主要内容

本书在内容上可以划分为九个部分,总体框架图如图1-1所示。第一章为导论,简要介绍本研究的背景、学术与实践意义、思路、方法、创新点和难点等。第二章为文献综述与评析部分,在系统研究国民收入分配理论、税收归宿理论、流转税改革理论的基础上,对这些理论的发展脉络及其现实政策指导意义进行认真梳理,并作出一般评述。同时,梳理已有文献中关于资本回报率、服务业资本配置效率、国民收入分配格局测算方法。

第三章分析流转税改革的减税效应和分工效应。"营改增"以后财政收入变化趋势是减少→增加→恢复增长。本章重点测算"营改增"、增值税税率、抵扣政策等改革对财政收入的中短期影响效应。流转税改革的最终目标并不仅仅是减税,而是理顺产业间的投入产出关系,促进产业间分工和协作,提升专业化生产的水平,最终实现中国产业的转型和升级[1]。在所有的流转税税种中,增值税被认为是最有利于推进社会分工、调整产业结构的税种[2]。本章尝试从产业互联角度进行研究,揭示流转税改革对微观企业的影响渠道,进而考察流转税改革对产业分工的影响。

第四章研究流转税改革对产业结构优化升级演进的影响效应。财税体制改革作为政府宏观调控的重要政策工具制度成本最小,并能很好地体现一个国家或地区在特定时期产业政策调整的风向与力度,同时财税改革也是中国经济转型与产业结构重大调整的主要推动力。本章主要从三个维度上考察,第一个维度是"营改增"对产业结构优化的影响效应;第二个维度是服务业"营改增"对制造业绩效的影响效应;第三个维度是"营改增"对生产性服务业与制造业协同融合的影响效应研究。

第五章研究流转税改革的国民收入分配效应。中国政府财政收入超过半数来源于流转税,企业所得税和个人所得税分别约占到政府财政收入的

---

[1] 范子英等:《"营改增"的减税效应和分工效应:基于产业互联的视角》,《经济研究》2017年第2期。

[2] 财政部财政科学研究所等:《我国支持新闻出版业发展的财税政策回顾与评价》,《经济研究参考》2013年第26期;陈钊等:《"营改增"是否促进了分工:来自中国上市公司的证据》,《管理世界》2016年第3期。

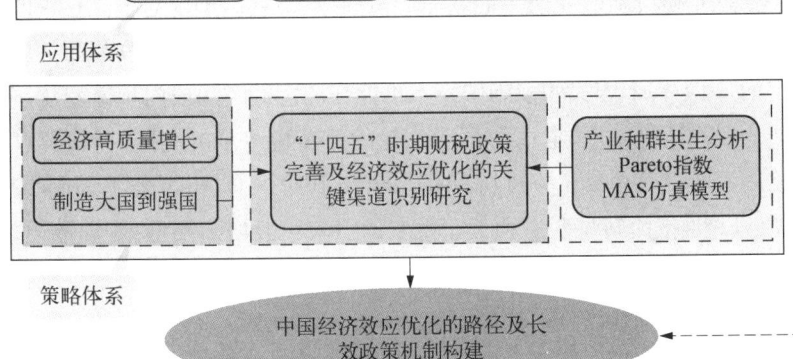

图 1-1 本研究总体框架

25%与7%。鉴于政府、企业、居民在消费、投资、储蓄等领域的行为模式不同,"营改增"改革必然影响国民财富中用于消费和投资的比重,消费与投资比重的再调整必然反过来影响社会财富的创造,进而影响社会福利水平。因此,研究流转税改革对中国国民收入分配格局的优化作用,具有重大的理论和现实意义。本章在考察新一轮财税改革重点"营改增"的基础上,运用面板向量自回归模型(PVAR),分析流转税改革对国民收入分配格局变化的动态影响,并具体测算了"营改增"改革对国民收入分配格局变动的贡献程度。

第六章研究流转税改革对全要素生产率的影响效应。在经济转型与结构调整的大背景下,如何通过税制改革提高全要素生产率,推动经济高质量增长,已经被提升到国家战略高度。本章第一个具体的工作是探讨流转税改革政策实行过程中,以及彻底推广到全行业以后其对全要素生产率提高是否具有"生产率效应",是否提供了经济高质量增长的制度红利。本章的第二个具体工作是通过中介效应模型实证考察流转税改革对全要素生产率的微观作用机制。本章的第三个具体工作是结合流转税改革微观作用机制,对流转税改革影响全要素生产率的长效机制进行检验。

第七章研究流转税改革对资本回报的影响效应。税收成本是影响资源配置与资本回报率的关键因素,本章主要考察"营改增"对总体资本回报率与服务业资本配置效率的影响。本章首先通过简单的理论分析,深入考察"营改增"影响资本回报的作用机制。在精准测算资本回报率与服务业资本配置效率的基础上,深入分析"营改增"以及增值税改革对资本回报的长效作用机制。研究结论表明,以"营改增"为主线索的流转税改革,将流转税的二元税制模式彻底转换为一元税制模式,统一了货物和服务税制,初步建立了现代增值税制度,对服务业资本配置效率提升产生直接影响,"营改增"能够显著提升中国资本回报率。

第八章研究流转税改革的动态经济效率。目前,国内对于流转税改革动态效率的研究停留在理论分析和政策介绍阶段,这是由税制改革的本质属性决定的,因为一个国家的税制体系不可能在一定的时间段内频繁变化。在新古典一般均衡框架下,本章依据新一轮的流转税改革的实际,对"营改增"改革前后流转税的边际税率进行测算,结合八田(Hatta)和西岗(Nishioka)税改模型[①],并且把流转税变量和工薪税变量引入一般均衡模型,依据数值模拟,通过测算"营改增"改革对消费性财富以及人均效率资本的影响,对流转税改革的动态效率效应进行定量研究。

第九章为本书的结语,在凝练本研究成果之主要结论基础上,提出相关的政策建议。主要是中国经济效应优化长效政策机制的构建机制。在这章里,笔者还就未来流转税改革政策实施的一般效果进行了预估、展望。

[①] T. Hatta, H. Nishioka, "Efficiency gains from reducing the average capital income tax rate in Japan", *Conference on Japanese Corporate Financial Behavior*, 1990, No.8, pp.21 – 44.

第四节 主要创新与观点

本研究以中国新一轮财税改革为背景,试图在一般均衡分析框架下,以"营改增"试点为例,全面系统评估流转税改革的经济效应,同时构建中国经济效应优化的长效政策机制。本研究主要创新如下:

一、主 要 创 新

(一)研究的特色之处

第一,研究问题的理论性和前沿性。现代财税制度,是提高供给侧质量和效益的"聪明的脑袋"和"起飞的翅膀",具有一个经济体的"心脏"功能。开展流转税改革经济效应评估的研究,有利于供给侧创新发展。同时,为后续学者财税政策评估提供新的理论视角,具有一定的理论基础性、前瞻性与应用性。

第二,研究视角的独特性和创新性。与已有研究不同,本研究主要是全面系统评估流转税改革的经济效应。深刻认识"营改增"政策的复杂经济效应,在动态两部门模型基础上,对西岗税改模型进行适当拓展。依据中国现实国情,创建"营改增"经济效应评估的宏观分析框架,并提出有待检验假说。

第三,研究技术的科学性和综合性。本研究基于"拟自然实验"、中介效应模型以及数值模拟等方法,从多个维度进行实证分析,并对影响"营改增"政策效果的因素进行分解与评价,推进实证研究深度,具有一定的科学性、综合性和可信度。从研究方法看,本研究采用倍差法和面板向量自回归模型(PVAR)进行多重稳健检验,并运用灰色GM(1, N)模型、产业集聚指数等方法模拟产业的空间布局;从研究数据看,充分收集微观和宏观层面的数据。

(二)本研究的创新之处

第一,创建流转税改革经济效应评估的宏观分析框架,并进行计量检验,这也是本研究的关键创新点。借鉴国外经典模型,从规模报酬递增和专业化报酬递增两个角度构建流转税改革经济效应评估模型。在此基础上,本研究结合动态两部门模型[1]与投入产出分解技术,引入中间投入和多部门,通过

---

[1] William J. Baumol, "Macroeconomics of unbalanced growth: the anatomy of urban crisis", *The American Economic Review*, 1967, Vol.57, No.3, pp.415 – 426; Nicholas Oulton, "Must the growth rate decline? baumol's unbalanced growth revisited", *Oxford Economic Papers*, 2001, Vol.53, No.4, pp.605 – 627; Hiroaki Sasaki, "Endogenous phase switch in baumol's service paradox model", *Structural Change and Economic Dynamics*, 2011, Vol. 23, No.1, pp.25 – 35.

引入征收比率的概念改进测算增值税应纳税额的投入产出法,对税改模型进行适当拓展①。创建流转税改革经济效应评估的宏观分析框架,为后续实证分析提供理论支撑。基于上述研究,本研究从基准检验、机制检验、长效机制检验三个维度上系统全面评估"营改增"的经济效应。

第二,全面系统评估流转税改革的经济效应,这也是本研究的核心创新点。项目以"营改增"经济效应评估为切入点,对影响"营改增"政策效果的因素进行分解与评价,推进了研究深度,全面系统评估其经济效应。研究发现:从微观层面看,"营改增"调整行业税负,具有结构性减税效应,有利于提高资本回报率,优化服务业资本配置效率,促进生产性服务业与制造业的协同融合;从宏观层面看,"营改增"具有产业提升,促进经济结构升级,优化国民收入分配格局的作用,有利于提高整个经济体的动态经济效率,促进经济高质量增长。

第三,提供中国后续财税体制改革的现实依据与改革方向,这也是本研究的重要创新点。税收负担是企业成本的重要组成部分,后续的增值税改革应该大幅降低增值税法定税率,并适当减少增值税纳税档次,争取三档变两档,彻底打通增值税抵扣链条,实现全产业链进项抵扣。对需求弹性较低的公共产品设置比较低的增值税税率,并继续降低小规模纳税人的增值税征收率。同时对生产性服务业实行加计抵除政策,特别是给予制造业和服务业高度融合的物联网、人工智能等附加值高的产业更多的减税政策,切实减轻中小企业的税收负担,持续纠正资本在不同行业与产业之间的错配,优化资本配置结构,继续为经济高质量增长提供税收红利。

二、重要观点

本研究的基本观点如下:

1. 中国经济亟待流转税改革为经济高质量增长、供给侧结构性改革提供制度红利。在经济转型与结构调整大背景下,迫切需要探寻引领中国经济高质量增长的新动力,其核心就是依靠税制改革提供的制度红利。在经济增长速度换挡、结构调整步伐加快、发展动力开始转换的新常态下,流转税改革降低了宏观税负,优化了国民收入分配格局,促进了产业结构升级演进,提高了资本回报率。

---

① H. Nishioka, "Efficiency gains from reducing the capital income tax rate in a Lucas' endogenous growth model", *Journal of Economics Business & Law*, 2005, No.7, pp.41-72; Ergete Ferede, Bev Dahlby, "The impact of tax cuts on economic growth: evidence from the canadian provinces", *National Tax Journal*, 2012, Vol.65, No.3, pp.563-594.

2. 流转税改革提高了中国动态经济效率。以"营改增"为主线索的流转税改革作为近年来动态经济效率提高的最大制度红利,新一轮的财税改革降低了中国流转税的边际税率,将流转税的二元税制模式转换为一元税制模式,统一了货物和服务税制,消除了制造业与服务业之间有效税率的差异,改善了中国动态经济效率。

3. 全面系统评估流转税改革的经济效应需要一个较长的时间窗口。流转税改革政策效果是其所引致的税制变迁产生的长期衍生影响,是整个经济系统各变量变化的综合反应。因此,流转税改革政策效应的统计测度,取决于其所引致的税制变迁对市场主体行为选择的复合影响,并且这种影响是长期的,而非短期的。因此,流转税改革经济效应评估需要一个较长的时间窗口。

第二章　理论基础与文献述评

流转税对国民收入分配格局的调控作用,可以渗透到国民收入初次分配和再分配的各个环节,并且通过流量与存量的双重调节达到优化国民收入分配格局的目的。研究流转税改革对国民收入分配格局的影响,首先应该了解流转税改革的经济社会效应,而任何税制问题的研究,都离不开对税收归宿问题的探讨以及税收实际效果的分析。因此,笔者从界定国民收入分配的概念、理论开始,之后分别就税收归宿理论,流转税改革的经济、社会效应方面的研究进行文献归纳与评述,以期为本书前期写作奠定雄厚的理论基础,并为后续学者的研究提供参考。

第一节　流 转 税 改 革

改革开放以来,中国的流转税改革经历了三次比较大的调整与变革,时间分别为 1984 年、1994 年及 2012 年。其中,1984 年的改革主要将工商统一税改为增值税、营业税和产品税制,但仍保留原有的工商统一税,主要适用于外国企业和外商投资企业。1994 年的改革主要是对 1984 年遗留下来的内外两套税制进行统一,目的主要是增加中央政府的财政收入,建立以消费税、营业税和增值税等流转税为主体的新税制。2012 年的流转税改革主要是为了适应国家治理体系和治理能力的现代化,以"营改增"为主要线索,预计到 2015 年底,营业税将全部改为增值税,实现增值税链条的完善。

一、"营改增"试点政策

(一) 相关概念界定

在界定流转税改革的基础上,必须先明确三个概念:营业税、增值税、消费税。

1. 营业税相关概念

营业税是对提供应税劳务、转让无形资产和销售不动产的单位和个人，就其取得营业额征收的一种税。营业税具有以下特点：第一，征税范围广；第二，按行业大类设置税目、税率，税负低；第三，简便易行，容易计征。

营业税的征税范围主要有：(1) 提供应税劳务。应税劳务主要分布在交通运输业、建筑业、金融保险业、邮电通信业、文化体育业、娱乐业和其他服务业。(2) 转让无形资产。无形资产转让应税行为是指转让无形资产的所有权或使用权的行为，包括转让土地使用权、商标权、专利权、非专利技术、著作权、商誉等。(3) 销售不动产。销售不动产应税行为是指有偿转让不动产所有权的行为，包括出售建筑物或构筑物、出售其他土地附着物等。

2. 增值税相关概念

增值税是对从事销售货物或提供加工、修理修配劳务以及进口货物的单位和个人取得的增值额为课税对象征收的一种税。根据增值税税基对资本品处理方式不同，一般把增值税分为消费型、收入型和生产型三种主要类型。

生产型增值税税基等于国内总销售（国内总消费）减去中间投入，不允许扣除资本品购买包含的增值税，或者当年提取折旧价值中包含的增值税。因此，其税基等于国内最终使用。消费型增值税的税基是国内总销售（国内总消费）减去所有的中间投入和资本品购买价值。资本品购买价值等于其总投资支出。从总量水平看，在一个封闭经济系统内，总销售减去中间投入费用后等于国民生产总值，再减去总投资（净投资和折旧）得到总消费，也就是消费型增值税税基。因此，多环节征收的消费型增值税相当于一种理想的零售税，对最终消费者销售征收的单环节税。收入型增值税的税基是国内总销售（国内总消费）减中间投入和资本品当年折旧价值，也就相当于净增加值。也就是说，其税基等于消费型增值税税基加上折旧价值。

(二) "营改增"试点过程

营业税改增值税，简称"营改增"，是中国财税体制变革中的一次伟大进程。2011年，经国务院批准，财政部、国家税务总局联合下发营业税改增值税试点方案；2012年1月1日，"营改增"政策实施首发地上海，率先以交通运输业和部分现代服务业为营改增试点；2013年8月1日起至2013年底，进一步将营改增试点扩大至北京、天津、江苏、浙江等十个地区，并将交通运输业以及现代服务业从试点扩展至全国范围；2014年1月1日，铁路运输以及邮政服务业也被纳入了试点范围；2016年5月1日起，中国全面展开营改增，将试点范围扩大至建筑业、房地产业、金融业和生活服务业，自此营业税退出了历史舞台。

营业税改增值税涉及面广，因此在部分地区以及行业展开试点是非常有必要的。上海作为中国直辖市之一，在经济、文化等各个方面都走在发展的最前端，其服务门类齐全，各行业之间也具有显著的辐射作用，以上海市为先行试点，更加有利于为未来全面实施改革积累丰富的经验。与此同时，以交通运输业为首发试点，主要原因在于：首先，生产运输环节与交通运输业密切相关，是生产性服务业的重要一环；其次，运输费用已纳入了先行增值税进项税额的抵扣范围，运费发票也已纳入增值税税收管理体系，表明具有较好的改革基础。

同时，以部分现代服务业作为试点，主要原因在于：首先，现代服务业的发展水平代表了国家经济发展的整体水平，是衡量一个国家经济实力的重要标志，以现代服务业展开试点，有利于以改革促进中国综合国力的提升；再者，增值税区别于营业税最大的特点就在于减少了重复征税，选择与制造业相关的部分现代服务业，有利于减少产业分工细化所带来的重复征税问题，一方面带动了现代服务业的发展，另一方面也降低了制造业生产成本，为进一步推进制造业升级和转型增添了动力。2013 年，经国务院批准，中国将营改增试点扩大至北京、天津等十个省份，这些地区的经济总量、服务业门类以及税收收入在中国占有相当大的比重，进一步将政策试点推广至这些省份，有利于中国在改革过程中研究探索重大问题，总结相关经验，制定具体方案，为日后将试点范围扩大至全国积累更加丰富的经验。2016 年 5 月 1 日，营改增最后一战扩围四行业——建筑业、房地产业、金融业以及生活服务业，标志着"营改增"政策试点正式在中国全面展开。之所以最后选择这四个行业，一是因为这是一场涉及 1 000 万户纳税人的税制变革，二是因为其占到了中国营业税规模 80% 以上，无论是从涉税人数还是规模比例，都体现了改革存在相当大的难度，因此，将这四个行业放置最后一战，以"前战"所积累的经验为基础，进而更好地打好最后一战。

二、流转税改革基本发展脉络

本部分对流转税改革基本发展脉络分析主要分为 1984 年、1994 年以及 2012 年三个时期来考察，重点梳理税制改革的历史轨迹，为后续章节的研究提供理论与现实基础。从 1994 年中国实施分税制改革以来，增值税经历了一系列的改革，发生了翻天覆地的变化。从增值税转型到"营改增"，到 2017 年、2018 年的增值税税率简并，再到 2019 年的"减税降费"，无不是对增值税政策的不断修正。增值税作为中国最主要的税种，对其进行不断的改革，也必会对中国经济的发展产生极大的影响。

(一)1984年税制改革回顾与剖析

1984年的税制改革主要目的是为了发挥税收的调剂作用,中心是"利改税",主要分为两个步骤实施：

第一,将国有企业向国家缴纳利润改为向国家缴纳所得税。政府依据国有企业的规模、行业利润将国有企业分为两类：第一类,有盈利的国有大中型企业；第二类,有盈利的小型企业。对国有大中型企业按照55％的比例征收所得税,开始先实行税利并存的缴纳方式,然后逐渐加大所得税的比重。对有盈利的小型企业实行彻底的利改税。缴税之后剩余利润企业可自行支配,国家不再进行拨款,对于亏损的国有企业,区分为经营性亏损和政策性亏损,如果是政策性亏损,国家拨款弥补企业亏损,如果是经营性亏损,国家将不再拨款,企业自负盈亏。

第二,由"税利共存"逐步过渡到完全的"以税代利",并将国营企业应缴纳的财政收入,设置为11个税种向国家缴税,其中有4个是地方税种,缴税之后的剩余利润企业完全自主安排,最后做到所有企业完全独立经营,自负盈亏。

(二)1994年"分税制"改革回顾与剖析

历史是一面镜子,对于1994年税制改革的回顾,可以对2012年的税制改革背景、动因、预期目标、未尽事宜等有一个更全面、客观、深刻的了解。十一届三中全会确定了以经济建设为中心的基本经济路线之后,中国的改革开放取得了伟大的经济成就。在这个过程中,随着旧体制积淀下来的惰性与改革之后地方政府既得利益刚性结合到一起。从经济方面看,地方政府取得了较大的财政支配权和经济决策权,地方政府主导权越来越大,与此同时,中央财政占全国财政收入的比重却逐渐下降,导致中央财力和转移支付能力越来越薄弱,在某种程度上,甚至中央政府不得不向地方政府"要财政"。从社会方面看,由于经济结构不合理与区域经济发展不平衡导致政治、社会发展失衡等问题越来越突出,收入分配不平等和区域经济发展不平衡已经成为各方面关注的焦点。上述问题表明,1984年税制改革已经不能适用经济社会的发展要求,中国税制的现状已经不能适用社会主义市场经济体制和税收法制的要求。

1994年的"分税制"改革在中央统一部署下,按照公平税负、统一税法、合理分权、简化税制、理顺分配关系的指导思想和公平、透明、中性、普遍的原则,从税收立法、财政税收管理体制、税收征管等三个方面对中国税制做了具体改革。第一,税收立法方面。主要是从五个方面展开,一是统一税制,改为内外统一适用消费税、营业税和增值税制；二是扩大增值税征税范围,同时对增值税税率做了调整;三是有选择地对11类消费品开征消费税;四是除工业性加工和商品批发零售领域以外,继续征收营业税;五是对各地的税收减免政策进行规范,基本上取消了原有的税收体制减免决定。第二,财政税收管理体制方面。建立中央与地方分税管理的财政管理体制,将营业税和增值税划分为中央和地方共享税,增值税中央与地方按照"七五、二五"分成,在分税制改革之初,为了缓解地方政府财政增速放慢的压力,按统一的比例确定中央财政对地方财政税收返还基数,并将消费税划为中央收入税种。第三,流转税征收管理方面。分税制改革以后,中央为理顺收入分配关系,确保中央和地方收入及时、足额入库,对税务征缴机构进行了重新架构,将原来的税务机关改组为地方税务机关和国家税务机关,国家税务机关为国务院的组成部门,地方税务机关由地方政府直属,并对国税、地税征收范围进行了明确的界定①。

综上所述,1994年的"分税制"改革,主要目的是增加中央政府的财力,同时由于整个体制的局限,遗留了一些亟待解决的问题,但这次分税制改革从理论和实践上说具有积极意义。具体表现为以下三个方面:第一,统一了税制和税政,新的流转税改革统一了内外两套税制,有利于维护税法的严肃性和权威性;第二,增强了税制功能,新的流转税税制结构,有利于发挥流转税聚集财政收入与调节经济的功能与作用;第三,规范了税收分配关系,改变了过去"分灶吃饭"的财政包干制,中央和地方按照税种划分收入的"分税制"取代了传统的"分钱制"②。

(三)新一轮流转税改革

1994年的税制改革,虽然在税制结构上进行了较大的调整和创新,但由于受到政治、经济体制以及财政承受能力的局限,仍遗留了一些重要问题,主要表现为:第一,流转税改革不彻底;第二,流转税的税制结构还不够合理;第三,增值税转型的目标还没有实现;第四,消费税税制还不够成熟。新一轮的流转税改革是以"营改增"为基础,在《中共中央关于制定国民经济和社会发展第十二个五年规划的建议》文件第四十二条,加快财税体制改革中明确提出"扩大增值税征收范围,相应调减营业税等税收,合理调整消费税范围和税率结构,完善有利于产业结构升级和服务业发展的税收政策"的税制改革规划,为"十二五"期间的税制改革指明了方向③。

---

① 苏筱华:《中国流转税制研究》,中国税务出版社2008年版。
② 苏筱华:《中国流转税制研究》,中国税务出版社2008年版。
③ 中国共产党第十七届中央委员会:《中共中央关于制定国民经济和社会发展第十二个五年规划的建议》2010年版。

新一轮财税改革主要为了适应国家治理能力和治理体系的现代化的要求。其中，推进财税改革的重头戏就是"营改增"，2012年1月1日"营改增"改革率先在上海试点，2012年9月1日，推广到北京市、天津市、江苏省、浙江省（含宁波市）、安徽省、福建省（含厦门市）、湖北省、广东省（含深圳市）等11个省、直辖市、计划单列市，2013年8月1日起，"营改增"改革开始在全国实行，2014年1月1日和6月1日"营改增"开始扩围到铁路运输、邮政服务业和电信业，截至2014年年底，只剩下生活性服务业、金融业以及建筑业、房地产业等四个行业还没有实行"营改增"试点，2016年5月1日，全面实行"营改增"。

随着"营改增"的全面推进，中国形成了"17%、13%、11%、6%"四档税率并存的局面。由于全面实行"营改增"，中国增值税税率由原来的"17%、13%"两档税率增加到了"17%、13%、11%、6%"四档税率。但是多档税率并存的情形也带来了许多不利的影响，比如：影响市场的资源配置效率、征税难度加大、征税成本增加等。因此，税率简并成为了继"营改增"之后的必要举措。并且，中共十八届三中全会提出，"要推进增值税改革，适当简化税率"，表明"营改增"进程中新增加两档税率的举措是一项过渡性政策[①]。增值税税率简并是税制改革中的主流趋势。税率简并要想达到预期的政策效果，其首先要进行的是税率形式的改革，其次要进行的是税率水平的改革[②]。所以，中国自2017年7月1日开始，将原有的"17%、13%、11%、6%"的四档税率简并为"17%、11%、6%"三档税率，即取消了13%这档税率。为持续推进增值税税率简并的进程，中国自2018年5月1日起，将原来的17%税率调整为16%，将原来的11%税率调整为10%。2017年、2018年的增值税税率简并政策的实施，印证了上述论证。税率下调，极大地减轻了企业的税负水平，推动了中国经济的发展，提高了经济竞争力水平，有利于应对经济下行压力。自2018年增值税税率下调开始，中国推动了减税降费的进程。根据2018年的《政府工作报告》可知，2018年全年的减税降费达到约1.3亿元。

为持续推进减税降费的进程，深化增值税改革，更好地实施积极的财政政策和鼓励企业的发展，中国于2019年进一步加大了减税降费的广度和深度。此次减税降费的力度要比2018年增值税税率下调的减税力度大得多，不仅涉及增值税、企业所得税、个人所得税，还涉及"六税两费"以及社会保险

[①] 朱为群等：《增值税的税率形式：统一税率还是差别税率?》，《经济研究参考》2016年第60期。

[②] 朱为群等：《增值税的税率形式：统一税率还是差别税率?》，《经济研究参考》2016年第60期。

费。在此次大规模减税降费中,涉及增值税的主要包括五大部分:提高小规模纳税人免税销售额、增值税税率调整、旅客运输服务纳入进项税抵扣范围、不动产进项税额一次性抵扣以及进项税额加计抵减。增值税税率在2018年税率下调的基础上继续下调,将16%税率下调至13%,将10%税率下调至9%,6%这档税率保持不变,形成"13%、9%、6%"三档税率的局面,主要涉及制造业、交通运输业等行业税率的变动。增值税税率在2018年税率简并的基础上持续下调,2019年将"16%、10%"这两档税率分别调整为"13%、9%",这两档税率的下调与制造业和交通运输业这两个行业的税负水平直接相关。减税降费的持续推进,将有利于小型企业的发展,刺激投资,有利于减缓经济下行压力。

三、流转税改革的效应评析

现阶段"营改增"改革作为体制改革的热点问题,引起众多学者的关注,并且成为当前财税人研究的重点课题。以2012年为分界点,改革之前财税学者研究和争论的焦点主要集中于"增值税扩围"的目标、路径和行业选择等方面。在经历了增值税要不要扩围、"营改增"具体实行时间的讨论之后,学术界开始探讨"营改增"带来的政治、经济、社会效应。

(一)流转税改革的政治效应

流转税与政治之间的关系与生俱来,但迄今为止,只有极少数学者对流转税与政治之间的关系进行过较为全面、系统的探讨。流转税的政治特征首先是维护国家依宪执政,在协调中央与地方的利益关系、救助社会弱势群体、支援欠发达地区以及协调国民收入分配关系中起着不可或缺的作用。流转税改革的政治效应最明显的一个体现就是中央和地方税收收入分配格局的划分。"营改增"全部完成以后,将使得地方财政收入减少约1/3,这无疑使得地方财政更依赖于中央转移支付,势必倒逼地方税体系的重新构建。税收分配格局的重新洗牌,必然导致中央政府与地方政府事权与支出责任的重新划分。

张明研究"营改增"改革以后中央和地方政府之间税收分配关系调整,并且定量分析了中央和地方政府最优分成比例[①]。刘明以国内增值税为研究对象,依据"营改增"改革实际,在详细探讨增值税分享模式、分享比例的基础上,具体分析了改革前后中央政府和地方政府的税收分成比例[②]。王金秀从

---

① 张明等:《"营改增"后中央与地方税收分配关系调整的难点》,《税务研究》2013年第7期。
② 刘明等:《"营改增"后中央与地方增值税分享比例问题》,《税务研究》2013年第12期。

构建中国地方税体系的视角出发,在横向的国际对比中,认为中国应该选择大分享税的税制模式,构建以一般消费税为主体,其他税种为补充,辅以少量非税收入,外加中央转移支付多元化的地方政府收入来源体系[1]。潘罡测算了"营改增"之后中央和地方的税收分成比例[2]。周克清分析了税制结构对收入分配的调节效应,并具体分析了"营改增"对税收结构的优化作用[3]。张新探讨了"营改增"改革之后对政府收入的短期减少效应,改革对扩大税基、增加税源、缓和减收的长期影响[4]。

(二)流转税改革的经济效应

流转税与经济的关系,从实质上说,就是政府行为与资源配置的关系。概括来说,主要包括以下几个方面:第一,增值税要不要扩围。主要是探讨增值税扩围的时间、方向以及实施路径。第二,"营改增"对宏观税负的影响。"营改增"后大部分企业货物和劳务税负降低,企业盈利能力增强,企业所得税比重会有所上升,其结果是间接税比重将下降,直接税比重将上升,这无疑有利于税制结构的进一步优化。第三,"营改增"对经济效率的影响。新一轮的流转税改革实际上属于变相减税,特别是使得现代生产性服务业税负大幅度降低,通过市场机制的自发调节,必然带来第三产业规模的扩大,实现产业结构的升级,进而对经济效率产生积极影响。

关于增值税是否需要扩围以及时间、路径的选择,郭月梅在探讨增值税扩围"路线图"的同时,探讨了增值税扩围与税收优惠政策之间的关系,并对增值税扩围后优惠政策存在的具体问题进行了深入分析[5]。张炜在分析影响中国增值税改革因素的基础上,指出了中国"增值税扩围"的具体路径:扩大增值税范围,将"生产型"增值税转变为"消费型"增值税,并对增值税扩围的时机选择进行了研究[6]。王金霞依据中国税收征缴实际情况与税收管理体制,指出增值税扩围,应该分三步走才能完成对全行业征收增值税的目标。同时,应积极稳妥推进税务机构改革,对中央和地方政府的事权与支出责任重新进行合理的界定[7]。贾康从理论和实践两个方面,对中央与地方增值税的收入分享和税权配置问题进行了研究,提出了事权与支出责任的划分路径,并探讨了增值税扩围后,如何构建地方税体系来弥补地方政府的收入损

---

[1] 王金秀:《"营改增"后地方财税体系重构的设想》,《税务研究》2014年第4期。
[2] 潘罡:《"营改增"后中央与地方增值税分享比例的重新测算》,《财会月刊》2014年第4期。
[3] 周克清等:《税制结构对收入分配的影响机制研究》,《税务研究》2014年第7期。
[4] 张新等:《"营改增"减收效应分析》,《税务研究》2013年第10期。
[5] 郭月梅:《增值税扩围中税收优惠政策的变化》,《税务研究》2011年第3期。
[6] 张炜:《实施增值税改革相关问题的分析和研究》,《财政研究》2003年第11期。
[7] 王金霞:《扩大增值税征税范围的思考》,《税务研究》,2009年第8期。

失,为地方政府提供一个长期稳定的地方财政收入保障。另外,在借鉴西方典型国家增值税改革经验基础上,提出了中国增值税改革的具体方向和实施路径①。

在税负方面,胡怡建结合中国具体税制结构,设置了一个包括营业税、增值税和其他主要税种的多部门CGE模型,对中国"营改增"前后营业税、增值税税负的动态变化进行了定量测算。他发现,短期内,即使通过税率设计使得扩围行业税负平衡,长期来看部分扩围行业仍然会出现税负上升的现象②。李梦娟分析了"营改增"之后增值税税率结构变动,并具体研究了各个行业税负变动情况③。潘文轩对部分"营改增"试点行业税负不减反增现象进行了解释,从短期和长期的视角探讨"营改增"试点对服务业税负产生的双重效应④。王玉兰以交通运输业的"营改增"改革为例,在企业没有投资购置固定资产的前提下,得出交通运输业在实施"营改增"之后,税负增加、盈利水平下降的结论⑤。

在经济效率方面,近几十年来,国外文献,特别是日本、美国等发达国家对当地税制改革、税收法案的经济效率进行了定量测算。哈伯格(A. C. Harberger)探讨了增值税改革对国民收入分配格局的影响,并在此基础上分析了增值税改革的动态效率效应⑥。达斯古普塔(P. Dasgupta)分析了零售税改为增值税时对公共产出的动态影响,并在此基础上测算改革对国民收入增加的影响⑦。盖内里(R. Guesnerie)从长期角度分析了增值税改革对经济效率的影响,并进一步探讨了增值税改革对居民消费行为、企业生产行为的影响⑧。考特利克夫(A. J. Kotlikoff)等在一般均衡和跨期叠加的模型中,在没有遗赠动机的条件下,分析了税制改革动态经济效率,并探讨了资本税改革对国民福利的帕累托改进⑨。马尔温(T. Marvin)运用大量数据分析了美

---

① 施文泼等:《增值税"扩围"改革与中央和地方财政体制调整》,《财贸经济》2010年第11期。
② 胡怡建等:《"营改增"对财政经济的动态影响:基于CGE模型的分析》,《财经研究》2014年第2期。
③ 李梦娟:《"营改增"试点行业税负变动的制约因素探析》,《税务研究》2013年第1期。
④ 潘文轩:《"营改增"试点中部分企业税负"不减反增"现象分析》,《财贸经济》2013年第1期。
⑤ 王玉兰等:《"营改增"对交通运输业税负及盈利水平影响研究——以沪市上市公司为例》,《财政研究》2014年第5期。
⑥ Arnold Harberger, *Taxation*, *Welfare*, Boston: Little, Brown, 1974.
⑦ Partha Dasgupta, Joseph Stiglitz, "On optimal taxation and public production", *The Review of Economic Studies*, 1972, Vol.39, No.1, pp.87 - 103.
⑧ R. Guesnerie, "A contribution the pure theory of taxation", *Southern Economic Journal*, 1996, Vol.63, No.1, pp.279 - 281.
⑨ A. J. Auerbach, L. J. Kotlikoff, S. Jonathan, "The efficiency gains from dynamic tax reform", *International Economic Review*, 1983, Vol.24, No.1, pp.81 - 100.

国1982年税改法案对经济效率的动态影响,并具体分析了居民福利水平的提高程度①。肯内特(J. Kenneth)在动态一般均衡分析框架下,探讨了多重资本税改革的边际效率成本,研究结果表明改革增加了资本税的边际效率成本,降低了工资税的边际效率成本②。查理(C. Chamley)研究了资本所得税改革的动态经济效率,通过模拟的方法,研究了全面降低资本所得税的动态效率改进③。八田(T. Hatta)在单一部门、单一资本模型下,估计了废除资本税的动态经济效率④。斯图尔特(C. Stuart)等研究了美国增值税改革过程中的经济成本,以及对居民福利水平的真实影响⑤。格拉韦勒(J. G. Gravelle)等在多部门、多资本模型分析框架下,对不同资本品的资本税减免进行了全面的模拟研究,并实证分析了1986年美国税制改革动态经济效率⑥。布洛克(Bullock)在一般均衡分析框架下,探讨了政府转移支付代替增值税征缴之后,对企业利润造成的影响,并定量分析了经济效率的提高⑦。

国内对于流转税改革动态效率的研究停留在理论分析和政策介绍阶段,这是由税制改革的本质属性决定的,税制体系作为一个国家经济制度最重要的组成部分,对于维持政治、经济、社会的稳定具有重要作用,这就决定了一个国家的税收制度不可能频繁地发生较大变动。汤蕴懿运用1978—2012年间数据,实证检验了上海宏观税负水平与经济增长之间的动态互动关系,为上海"营改增"改革试点提供一定的理论与实践依据⑧。王建平建议采取降

---

① M. T. Batte, "An evaluation of the 1981 and 1982 federal income tax laws: implications for farm size structure", *North Central Journal of Agricultural Economics*, 1985, Vol.7, No.2, pp.9 – 19.

② Judd Kenneth, "The welfare cost of factor taxation in a perfect-foresight model", *Journal of Political Economy*, 1987, Vol.95, No.4, pp.675 – 709.

③ Christophe Chamley, "The welfare cost of capital income taxation in a growing economy", *Journal of Political Economy*, 1981, Vol.89, No.3, pp.468 – 496.

④ T. Hatta, H. Nishioka, "Efficiency gains from reducing the average capital income tax rate in Japan", *Conference on Japanese Corporate Financial Behavior*, 1990, No.8, pp.21 – 44; T. Hatta, H. Nishioka, "Economic welfare and capital accumulation under capital income tax", 1989, No.12, pp.183 – 237.

⑤ Charles Stuart, "Welfare costs per dollar of additional tax revenue in the United States", *The American Economic Review*, 1984, Vol.74, No.3, pp.352 – 362.

⑥ Jane G. Gravelle, Laurence J. Kotlikoff, "Corporate taxation and the efficiency gains of the 1986 tax reform act", *Economic Theory*, 1995, Vol.6, No.1, pp. 51 – 81.

⑦ David S. Bullock, "Are government transfers efficient? an alternative test of the efficient redistribution hypothesis", *Journal of Political Economy*, 1994, Vol.76, No.5, pp. 1242 – 1274.

⑧ 汤蕴懿等:《上海"营改增"试点的长期财政效应:必要性和实证检验》,《上海经济研究》2014年第5期。

低部分行业增值税税率、减轻有关行业或领域的纳税人负担等措施,进而提高经济效率[1]。郝晓薇从宏观视角切入,提出"营改增"效应可以归结为税制完善效应、减税减负效应、经济优化效应、改革促发展效应四大方面[2]。田志伟运用CGE模型,检验了增值税扩围的动态经济效率,实证结果表明:短期内可以提高经济增长速度,但长期只能提高经济总量,经济增长速度不变[3]。高培勇探讨了税制改革对收入分配的影响,并从税制改革的方向上提出了具体的政策建议[4]。贾康分别从制度保障、中央和地方两个积极性的视角,着重介绍了新一轮税制改革的取向、重点与实现途径[5]。陈晓光以增值税为例,利用Hsieh、Klenow模型和企业层面数据,定量测算了由增值税有效税率差别导致的全要素生产率损失[6]。孙钢分析了现阶段"营改增"的推进是否造成企业税负的增加,进一步探讨"营改增"的扩围对经济增长产生的具体影响[7]。

(三)流转税改革的社会效应

流转税改革与社会的关系,实质上表现为流转税与生产关系之间的关系,可以概括为两个方面:第一,流转税与财富分配的关系,第二,流转税与财产权利的关系。研究流转税与社会的关系,有利于建立一种更适合生产力发展水平的生产关系、法律制度和道德规范,从而创造更多的社会财富,通过流转税对社会财富进行合理分配,带来经济社会的稳定与发展。

流转税与财富分配的关系可以从以下两个方面进行具体分析:首先,从国民收入的初次分配的角度来看,流转税既是政府提供公共产品及服务获取的一部分收入,又是政府公共产品和服务所创造增加值的一部分。由此存在一个政府公共产品及服务定价是否合理、适度的问题,这个定价在一定层面上实际上就是政府税收。政府对公共产品的定价如果不合理,会造成对社会财富的分配失当,社会财富的分配失当反过来制约经济社会的发展。其次,从国民收入再分配角度来看,流转税作为政府转移支付和提供社会保障的主要收入来源,对国民收入再分配格局有着重要影响。另外,政府转移支付和

---

[1] 王建平:《"营改增"应关注纳税人的税收负担和管理效率》,《税务研究》2014年第1期。
[2] 郝晓薇等:《基于宏观视角的"营改增"效应分析》,《税务研究》2014年第5期。
[3] 田志伟等:《"营改增"对财政经济的动态影响:基于CGE模型的分析》,《财经研究》2014年第2期。
[4] 中国社会科学院财经战略研究院课题组等:《全面深化财税体制改革的基本方向》,《经济研究参考》2014年第3期。
[5] 贾康等:《新一轮税制改革的取向、重点与实现路径》,《中国税务》2014年第1期。
[6] 陈晓光:《增值税有效税率差异与效率损失——兼议对"营改增"的启示》,《中国社会科学》2013年第8期。
[7] 孙钢:《对"营改增"部分企业税负增加的分析》,《税务研究》2014年第1期。

社会保障支出,有利于减轻由于追求效率而带来的社会分配不公问题,并通过转移支付和社会保障对国民收入分配格局进行再调整,有利于国民收入再分配向居民部门倾斜。基于上述分析,流转税具有再分配功能,且对社会的发展和稳定来说,具有极其重要的作用。

关于流转税与财产权利的关系,在法律层面上,流转税应该坚持合理分权、统一税制的原则。另外,市场竞争者面对的政府也应该是行为规范、廉政高效的政府。就公平方面而言,在市场经济发展的过程中,流转税应该扮演什么角色,已经不是一个单纯的税收问题,它还涉及政府职能的转变和观念的创新。基于上述考虑,政府对于流转税税种的选择,不应偏重哪种财产关系,而应理顺财产权利关系多元化发展趋势,不论是基于哪种财产关系的流转税设计,都应该由市场来决定,不应该由政府的意志决定,从而为各种财产关系的发展创造良好的税收环境。流转税作为国家干预经济活动的主要工具和国家政治权力的重要载体,在设计时应该更多地考虑如何促进生产关系的调整,并且适应生产关系的需要,能够为财产权利的多元化创造良好的体制条件。

第二节　税收归宿理论

税收自诞生之日起,就被赋予两大职能:一是对国民收入进行再分配,即实现税负公平,二是为政府筹集足够的财政收入。税收负担经过层层分解最终会由个人承担,税收的结构和水平决定个人最终的可支配收入,并最终决定国民收入分配格局。任何税收理论的研究都需要先对税收归宿理论进行研究。在对税收归宿理论进行系统介绍之前,首先介绍两个概念,一是税收的经济归宿(economic incidence),即谁最终负担了税收,二是税收的法定归宿(statutory incidence),即按照税法和相关政策规定应该由谁来承担税收。

一、税收归宿理论发展的基本脉络

税收归宿研究的一个基本结论就是:税收的法定归宿并不同于税收的经济归宿,实际的税收负担取决于实际的资源配置情况。税收归宿理论研究的是某一特定税种在不同的要素主体或消费者之间的税收负担分配,也就是说谁最终承担税收的经济负担。为了梳理和总结税收归宿理论,必须对税收负担以及税收原则有关理论做一个概述。

（一）传统税收归宿理论的主要观点

税收原则最早是由古典经济学的创始人威廉·配第(Willian Petty)提出，其最著名的代表作就是《政治算术》和《赋税论》。在上述两本代表作中，配第第一次提出了税收原则理论。他反对政府实行重税负政策，强调税收的实际经济效果①。针对英国税收负担过重、手续不简便、税负不公平现象，配第主要围绕"公平税收负担"这个观点来对税收原则进行论述。他认为过分征收税赋，会加重国民的负担，降低资本的生产力，给国家造成损失。另外，配第认为消费税比人头税更符合自然正义，人头税没有考虑个人和家庭的收入和财产状况，是不公平的②。

继威廉·配第之后，德国新官房学派的代表人物筱士第(Johan Heinrich Gottlo von Justi)在其代表作《国家经济论》中，也对税收原则做了详细的论述。筱士第在其代表作中提出平等课税原则，强调税收负担的公平问题，要求政府要公平合理征收税赋，实际上是对税收负担的一个原则界定③。在税收理论方面，亚当·斯密发展了霍布斯的"利益赋税说"，对税收的来源与性质进行了探讨，分析了税负转嫁与归宿问题，指出"一切公民，都必须依据自己的财产、收入状况，并且参照自身和家庭的纳税能力向国家纳税"。斯密在吸收筱士第税收原则精髓基础上，提出了平等、便利、确实、最少征收费等税收四原则，其中的平等原则就是继承了筱士第税收原则理论④。他把课税对象分为奢侈品课税和必需品课税，认为对奢侈品课税主要由消费者承担，而必需品课税税负则主要由雇主承担。同时，斯密认为"最合适的课税对象是地租，反对向劳务报酬和利润进行课税，他认为地租不需要所有者有所投入，便可获得收入，所以不会妨害资源配置"⑤。

法国经济学家萨伊(J. B. Say)对税收原则做了系统的论述，主要强调税率的最适度与税收负担的公平。他提出了税收负担的两原则：第一，税率最适度原则。税率越低，税负越轻，对公民的剥削就越小，对资源配置、社会再生产的破坏作用就越小。第二，各阶层人民公平负担原则。纳税能力相同的个人或家庭应该承受同样的税收负担，这样每个人的税收负担最小⑥。德国社会政策学派的代表人物阿道夫·瓦格纳(Adolph Wagner)要求政府慎重选

---

① 威廉·配第：《配第经济著作选集》，陈冬野等译，商务印书馆1981年版。
② 威廉·配第：《赋税论》，陈冬野等译，商务印书馆1978年版。
③ 坂入长太郎：《欧美财政思想史》，张淳，中国财政经济出版社1987年版。
④ 亚当·斯密：《国富论》（下卷），郭大力、王亚男译，商务印书馆2004年版。
⑤ 亚当·斯密：《国富论》（下卷），郭大力、王亚男译，商务印书馆2004年版。
⑥ 高培勇等：《公用部门经济学》，中国人民大学出版社2001年版。

择税种,尽量选择难以转嫁或转嫁方向明确的税种,税种的选择关系到税收负担的公平和国民收入分配。

(二)现代税收归宿理论的发展

马歇尔之前的税收归宿理论比较粗糙,大多是一些定性分析,未对税收转嫁和归宿进行精准的测算。这种分析的好处是避免了繁琐的数字游戏,但缺乏有力的说明。现代税收归宿理论主要指马歇尔之后的有关理论,主要可以分为一般均衡模型和局部均衡模型。一般均衡模型又可以分为用于定性分析的一般均衡模型(analytical general equilibrium models),以及用于定量分析的可计算一般均衡模型(computable general equilibrium models)。

局部均衡模型在假定其他条件不变的前提下,研究单一市场中单一税种的作用结果。税收负担在需求方和供给方之间的具体分配取决于需求弹性和供给弹性的相对大小,相对弹性小的一方实际负担的税收比例小于相对弹性大的一方。哈伯格(Harberger)的模型运用了比较静态一般均衡分析的方法,提出企业所得税的税负归宿模型。这是现代税收归宿问题的开创性研究,半个世纪以来,后续研究者通过建立不同的模型得出劳动和资本的相对税收负担。哈伯格对模型进行了严格的假定:一个简单封闭的经济体中存在两类部门,每一部门都存在两种生产要素,并且第一类部门征收企业所得税,另一类部门不征收企业所得税。哈伯格承认,两部门模型与现实世界仍有很大差距。首先,现实世界中很难找到绝对不缴纳企业所得税的部门;其次,资本规模不受企业所得税缴纳数量的影响也是不可靠的,资本有效配置很大程度上还是取决于资本市场的效率。

传统的税负归宿理论是建立在完全竞争市场和利润最大化假设基础上,事实上,不完全竞争与非利润最大化更符合现实世界的状况。在不完全竞争的条件下,一般均衡模型可以基于异质产品和同质产品分类。适用于异质产品的模型主要有三类,分别为区位模型[1]、垄断竞争模型[2]以及垂直差分模型[3]。

---

[1] H. Hotelling, "Stability in competition", *Economic Journal*, 1929, Vol.39, No.153, pp.41 – 57; S. Salop, "Monopolistic Competition with Experience outside Goods", *Bell Journal of Economics*, 1979, No.10, pp.141 – 156.

[2] Avinash K. Dixit, Joseph E. Stiglitz, "Monopolistic competition and optimum product diversity", *The American Economic Review*, 1977, Vol.67, No.3, pp.297 – 308; Michael Spence, "Product selection, fixed costs, and monopolistic competition", *The Review of Economic Studies*, 1976, Vol.43, No.2, pp.217 – 235.

[3] J. Jaskold Gabszewicz, J. F. Thisse, "Price competition, quality and income disparities", *Journal of Economic Theory*, 1979, Vol.20, No.3, pp.340 – 359; Avner Shaked, John Sutton, "Relaxing price competition through product differentiation", *The Review of Economic Studies*, 1982, Vol.49, No.1, pp.3 – 13.

其中垄断竞争模型又可以分为两种寡头价格理论：价格领先（Price Leadership）和成本加成价格（Cost-plus Pricing）。后续学者通过放松假设条件，对哈伯格经典模型做了拓展。帕拉莫（Gonzalez-Paramo）测定了流动性和特异性的税负归宿效应。格拉韦勒和考特利克夫对公司产品和非公司产品两类生产部门生产同样产品开展研究，建立了产品差异模型（DPM）。

二、税收归宿理论的实证研究

随着现代税负归宿理论的发展，国外学者对税负归宿的研究从理论分析转向实证分析，从定性分析转为定量分析，以对税收负担水平获得更感性的认识。国内对税收归宿的实证研究开始于社会主义市场经济体系建立以后，主要集中于税收负担口径衡量，税收负担水平等领域。

（一）国际税收归宿理论的实证研究

在公司所得税归宿方面，克鲁扎尼亚克（M. Krzyzaniak）和马斯格雷夫（R. A. Musgrave）运用 K-M 模型，以企业产出为被解释变量，以企业税率以及其他控制传导变量为解释变量，研究美国 1935—1959 年的公司所得税对资本回报率的影响。研究结果表明：对一个单位资本增加 1 美元的税收，会给企业增加 1.3 美元的利润，也就是说美国制造业公司所得税的转嫁程度超过了 100%，这表明企业可以将产品价格增加的幅度超过政府征收的公司所得税，获得更多利润[1]。

哈伯格基于哈伯格模型对企业所得税归宿进行了研究，但没有考虑到公司制企业和非公司制企业生产同一种产品时，企业所得税的归宿会重现出一定的差异性。如果将这两种企业组织形式之间的差异性因素加入模型，就需要考虑行业内市场结构对税收的反映程度以及税收的扭曲效应[2]。埃布里尔（L. P. Ebrill）和哈特曼（D. G. Hartman）认为，当公司的规模足够大时，企业的收益可以抵消税收的扭曲效应。他们认为企业所得税是对规模经济征收的一种税收，不会造成哈伯格模型中的税收扭曲效应[3]。

格拉韦勒和考特利克夫运用差异产品模型研究公司制企业和非公司制企业的产品可以相互替代的条件下企业所得税归宿，检验结果表明模型对弹

---

[1] M. Krzyzaniak, R. A. Musgrave, "The shifting of the corporation income tax", *Baltimore: Johns Hopkins Press*, 1963.

[2] Arnold C. Harberger, "The incidence of the corporation income tax revisited", *National Tax Journal*, 2008, Vol.61, No.2, pp.303-312.

[3] Liam P. Ebrill, David G. Hartman, "On the incidence and excess burden of the corporation income tax", *Public Finance*, 1982, Vol.37, No.1, pp.48-58.

性的设定具有很强的敏感性①。格拉韦勒假定所有行业都可以由缴纳企业所得税部门和非缴纳企业所得税部门构成,并假定两部门生产相同的产品,在此基础上,使用分解模型对美国1986年税制改革法案可能产生的税负转嫁效应进行了预测②。格利高里(C. Gregory)系统考察了非竞争环境中资本跨部门流动和不跨部门流动的税收归宿效应。实证结果表明,如果资本是完全不能跨部门流动,那么资本所有者承担所有的税收;如果资本是可以跨部门流动,那么税收就可以向其他生产要素转移,由其他要素所有者共同承担税收③。斯特恩(N. Stern)在价格管制条件下,分别针对垄断竞争和寡头垄断的不同约束,对税收的最终归宿进行了实证检验④。

曼斯菲尔德(Mansfield)描画了两类价格领先的企业:主导企业价格领先模型和跟从企业价格领先模型。在主导型企业价格领先模式中,市场价格由主导企业制定,跟随企业为了利润最大化,只能跟随主要企业价格。市场均衡时,主导企业能够产品出清,跟随企业不能实现产品出清,导致跟随企业成为税收的主要承担者。在跟从型企业价格领先模式中,市场中企业的地位相同,当一个企业出现提高价格的行为,其他企业将纷纷效仿,因此在对企业征税的过程中,税负都将以一定的比例转嫁到价格中,部分税收最终由消费者承担。

(二)国内税收归宿理论的实证研究

国内学者主要运用一般均衡模型对税收的归宿进行实证研究,既有对单个税种的分析,比如说流转税、企业所得税等税种的最终归宿,也有对整个税制的分析。但从总体来看,鉴于中国微观税收数据不健全,税收制度仍然处于改革发展时期,中国税收归宿的实证方面的研究不多。

刘尚希在国企分配关系中重点研究了企业的税负。他认为,企业税负的轻重是相对的,与一个国家或一个地区的分配制度、经济社会发展水平以及

---

① Jane G. Gravelle, Laurence J. Kotlikoff, "Corporate tax incidence and inefficiency when corporate and noncorporate goods are close substitutes", *Economic Inquiry*, 1993, Vol.31, No.4, pp.501-516.
② Jane G. Gravelle, Laurence J. Kotlikoff, "The incidence and efficiency costs of corporate taxation when corporate and noncorporate firms produce the same good", *Journal of Political Economy*, 1989, Vol.97, No.4, pp.749-780.
③ Susan E. Skeath, Gregory A. Trandel, "A pareto comparison of ad valorem and unit taxes in noncompetitive environments", *Journal of Public Economics*, 1994, Vol.53, No.1, pp.53-71.
④ Nicholas Stern, "The effects of taxation, price control and government contracts in oligopoly and monopolistic competition", *Journal of Public Economics*, 1987, Vol.32, No.2, pp.133-158.

社会历史习惯有关,中国的企业税负可以近似等价于宏观税负。在此基础上,他对国家间的税负水平做了一个横向的比较,并具体分析了影响企业税负的因素①。朱喜安探讨了税负转嫁的具体方法与应用。他认为税负转嫁理论取决于以下几个方面的内容:第一,税负转嫁需要的前提条件;第二,税负通过价格变动进行转嫁;第三,税负转嫁程度的主要决定因素是价格弹性;第四,税负转嫁的基本方式主要有向前和向后两种方式。其在文中具体设定了测算区域实际税负水平的方法,用来研究区域的宏观税负水平的公平程度与变动趋势②。萧艳汾以传统的局部均衡分析方法为基础,分析增值税税负转嫁,利用代数推倒的方法设置出模型分析增值税税负转嫁,得出增值税税负转嫁的一般规律。检验结果表明:增值税税负确实存在转嫁现象,但并不能完全转嫁给购买者,事实上购买者和消费者均需负担部分税负③。

吕冰洋在分析中国历年资金流量表的基础上,将税收增长与税负转嫁两个因素结合到一起分析中国当前宏观税负,认为当前中国宏观税负已经偏高。同时,由于中国政府一般性预算收入以间接税为主,企业部门可以通过价格变动将税负转嫁给消费者,实际税收负担增加的部分由居民部门承担,这将对未来中国国民收入分配格局变动甚至经济增长产生深刻影响④。宋春平对哈伯格模型做了两处拓展,第一处拓展是将实际收入因素引入模型分析,用来分析企业所得税的总税负归宿;第二处拓展是在保持"公司部门"和"非公司部门"两部门划分基础上,假设此两部门对企业征收的企业所得税税率不相等。同时,假定"公司部门"与"非公司部门"都对资本征收要素所得税,在此基础上,以求更精确地对中国企业所得税的总税负归宿进行考察⑤。

聂海峰以中国住户调查数据为基础,利用投入产出表模拟间接税在不同部门之间的转嫁情况,具体估算了消费税、增值税、营业税等间接税在不同收入群体之间的税负情况。研究结果表明:从终身收入视角来看,间接税具有累退性减弱的特点,但从年度收入的视角来看,各项税收都是累退的,这对于研究居民间接税负担、对于认识中国的税负转嫁以及税收对收入分配的调节

---

① 刘尚希:《国企分配关系的数量考察:企业税负及其国际比较》,《中南财经大学学报》1991年第5期。
② 朱喜安:《税负转嫁的定量方法及其应用》,《数量经济技术经济研究》2000年第8期。
③ 萧艳汾:《增值税税负转嫁的代数模型研究》,《税务研究》2008年第2期。
④ 吕冰洋等:《我国税收负担的走势与国民收入分配格局的变动》,《财贸经济》2009年第3期。
⑤ 宋春平:《中国企业所得税总税负归宿的一般均衡分析》,《数量经济技术经济研究》2011年第2期。

作用具有非常重要的意义①。

平新乔对中国现行增值税与营业税的税负结构进行了研究,并具体分析了现行的营业税给不同规模的企业所带来的不良影响与扭曲效应。营业税与增值税由于征收方式、征收对象不同,按照对中小企业营业额和全部产值征收营业税或增值税的办法,在实际实施过程中导致对广大中小企业和服务业的税收歧视,无法直接比较营业税和增值税的税负②。岳希明依据传统理论中税收归宿的分析方法,运用资金流量表和全国代表性的住户调查数据,定量测算了代表性家庭的税收负担,并简单比较了宏观税负水平与收入水平。结果显示:中国税制总体上是累退的,个人所得税等累进性税种,在一定程度上削弱了间接税的累退性,但中国现阶段间接税的总额远大于个人所得税总量,因此,个人所得税的累进性不足以抵消间接税的累退性③。

王德祥、戴在飞④研究发现,目前中国相当多的一部分企业特别是资本密集型企业,将企业所得税转嫁给企业员工承担。由于以实现自身利益最大化为目标,且内部没有合理的收入分配制度,各行业企业将税收转嫁给企业劳动者,员工收入长期不涨实则降低。张晨烨⑤认为,无论是对土地征收财产税还是对土地上的建筑物征收财产税,财产税的税收归宿形式都是累进的。钟春平、李礼⑥的研究中发现,对于中国的消费者而言,若税率增加,生产者相较于消费者要承担更多的税负,此时税收经济归宿为生产者。柴晓军⑦在二手房税收归宿研究中也认为,中国二手房交易市场税收经济归宿多为买方。涂晓静⑧在对上海市二手房交易环节税收归宿研究中发现,现实生活中个人所得税的税收归宿与税法规定不一致,由于上海二手房交易市场供不应求,卖方是市场的主导者,因此在交易过程中能够通过提高价格将个人所得税以及其他交易成本也一起转嫁给买方,买方承担了大部分税收,最终个人所得税的税收归宿经济主体为买方。

---

① 聂海峰等:《城镇居民的间接税负担:基于投入产出表的估算》,《经济研究》2010年第7期。
② 平新乔:《增值税与营业税的税负》,《经济社会体制比较》2010年第3期。
③ 岳希明等:《中国税制的收入分配效应测度》,《中国社会科学》2014年第6期。
④ 王德祥等:《现阶段中国企业所得税的归宿:理论模型与实证检验》,《经济学动态》2015年第7期。
⑤ 张晨烨:《从两种观点看财产税的税收归宿问题》,《吉林化工学院学报》2015年第12期。
⑥ 钟春平等:《税收显著性、税收归宿及社会福利》,《经济与管理评论》2016年第4期。
⑦ 柴晓军:《房地产去库存背景下的税负归宿问题研究——基于弹性理论分析》,《金融发展评论》2016年第8期。
⑧ 涂晓静:《二手房交易环节个人所得税的税收归宿研究》,硕士学位论文,山东大学,2008年。

汪昊、娄峰[1]运用一般均衡的分析方法对中国农村和城镇不同收入组居民负担的主要间接税进行测算，认为中国农村居民间接税的平均税负高于城镇居民，间接扩大了居民间的收入差距，而且要素替代弹性对城乡居民间接税负水平具有很大的影响。杨玉萍、郭小东[2]研究表明，"营改增"后各类产品的税负变化会改变商品的相对价格，利用 ELES 模型分析"营改增"对不同收入家庭的税收归宿产生的间接影响，结果显示"营改增"后绝大部分的间接税都有不同程度的下降。郝春虹、王荔[3]在基于个人所得税"费用扣除额"变动下的税收归宿收入分配的研究中，认为在一定商品价格弹性下，不同收入水平的城镇和农村居民应该根据他们实际消费支出规模摊分其实际应承担的税收。实证结果表明，由于城乡收入和消费结构不同，城乡居民的实际税负具有累进性。

第三节 经济效应评估相关理论

本节介绍的内容主要包括国民收入分配思想，产业结构变迁理论，全要素生产率以及资本回报率的测算方法等。

一、国民收入分配理论

（一）国民收入分配内涵界定

关于国民收入分配的理论主要集中于五种基本理论：古典经济学、马克思主义经济学、新古典经济学、福利经济学以及凯恩斯主义经济学。经济学家缪尔达尔曾经指出："经济学理论如同一般的社会理论一样，没有一种思想是全新的，或者是原始的，旧的思想也极少完全被抛弃。"[4]国民收入分配理论在上述五种理论体系中既存在重大差别也存在密切联系，在对具体的分配理论进行梳理之前，先对国民收入的概念进行界定。

著名经济学家厉以宁教授曾经用简练的语言概括收入分配：通过市场机制来实现的收入分配被称为第一次分配，通过政府宏观调控的调节而进行

---

[1] 汪昊等：《中国间接税归宿：作用机制与税负测算》，《世界经济》2017 年第 9 期。
[2] 杨玉萍等：《营改增如何影响居民间接税负担和收入再分配》，《财贸经济》2017 年第 8 期。
[3] 郝春虹等：《个人所得税"费用扣除额"变动的税收归宿收入分配效应研究——基于投入产出税收价格模型的一般均衡分析》，《财政研究》2019 年第 11 期。
[4] G. Myrdal, *Economic Theory and Under-development Regions*, Methuen. co., Ltd, pp.157 - 158.

的收入分配称为第二次分配。为了后续研究的需要,这里对国民收入的初次分配和再分配的概念进行界定。

国民收入分配既是一个永续不断的过程,也是经济学理论的核心议题,本部分对这一过程从不同的角度和层次加以分析和探讨。按照马克思的观点,社会财富的创造是生产、分配、交换、消费四个环节,连续不断循环和周转的过程。1917年,熊彼特提出应对国民收入从生产、分配、使用的三个角度同时进行分析,相应地把国民收入的流程划分为三个阶段。此后这种观点逐步获得后续经济学家的认可。然而,现实中,国民收入的初次分配和再分配无时无刻不交织在一起,以至于很难分清孰先孰后。因此,国民收入初次分配和再分配划分与其说是分配顺序的先后,不如说是国民收入的不同层次更加准确,但这并不妨碍我们从理论上将国民收入的初次分配和再分配从复杂的国民收入运动中解析出来。

国民收入分配格局的研究不仅仅是一个经济问题,更多的是一个政治、社会问题。国民收入分配格局的重要性,决定了它的学术与研究价值。国民收入分配格局可以从生产、分配、使用三个视角进行研究,对国民收入分配格局从生产角度进行研究主要依据是要素贡献,即要素收入分配格局。对国民收入分配格局从分配角度的研究,主题是政府、企业、居民三部门最终获得的可支配收入份额及其相互关系,包括国民收入的初次分配和再分配格局。对国民收入分配从使用视角的研究,主要是确定国民收入中最终用于投资和消费的比例关系,也就是通常所说的国民收入使用格局。本研究的重点是国民收入在分配中的关系,也就是国民收入初次分配和再分配格局。

1. 国民收入初次分配

国民收入初次分配是与社会财富的生产、创造、来源联系最密切的一个分配层次,初次分配不仅在第一、第二产业进行,而且还要在第三产业中的生产性服务部门进行。"任何一种分配,都不过是生产条件本身分配的结果",在社会主义市场经济条件下,由收入法核算的国民生产总值主要来源于以下四项:雇员报酬、营业盈余、固定资产折旧和间接税净额(主要组成部分为流转税)。其中,固定资产折旧从生产部门直接转向各个机构部门,组成有所变化但是总量没有变化。流转税则从各产业部门转入政府,最后作为政府部门收入的一部分。政府的转移支付和补贴,则由政府部门转移到企业和居民部门。

初次分配的第一步就是将要素收入从进行生产活动的各部门转移到机构部门,这时候实际上并没有发生国民收入的分解与重组,政府、企业、居民

三部门的收入形式仍然是劳动份额和资本份额。初次分配的第二步劳动收入和资本收入按照不同的收入形式进行分解,劳动主要分解为工资和薪水、雇主分摊额和所得税净额,资本主要分解为业主收入、财产收入、营业盈余、折旧、间接税净额。初次分配第三步就是不同形式的收入最终流向上述三部门。

2. 国民收入再分配

西方学者看来,国民收入初次分配更注重效率,而国民收入的再分配则是注重效率的同时要兼顾公平。国民收入再分配是一个极其复杂的过程,各部门交叉互为财产主体。国民收入再分配过程中,各部门既可能从其他部门获得财产收入,又可能向其他部门支付财产收入。居民作为雇员身份,企业作为雇主身份向社保账户缴纳社会保障金。另外,政府的其他转移支付以及国有资本经营收入和形形色色的各式基金,都在参与国民收入的再分配。同时,国民收入再分配过程中,国家运用各种政策手段调剂控制国民收入的分配,如国家运用财政收入通过社会保障和转移支付提高低收入者收入,运用法律手段保障经济社会的正常运性,降低社会的运行成本。在国民收入初次分配的基础上,各部门通过多个环节、多种形式从其他部门转移进来(出去)收入,最终形成国民收入的再分配格局。

经济学界公认古典经济学家代表人物亚当·斯密,最先把财政学作为一门经济学科来研究,并首创了财政学。其在《国富论》第五篇专门系统研究了财政问题,为财政学成为一门独立的经济学科奠定了基础。李嘉图的《政治经济学及赋税原理》、穆勒的《政治经济学原理》都论述了财政学问题。财政学科诞生之后,其研究的一个核心问题就是收入分配。很多古典经济学家更是将收入分配视为经济学的核心组成部分,无论是首创财政学的亚当·斯密,还是后来的马斯格雷夫与布坎南等著名财政学者都或多或少论述过国民收入分配问题。对于古典经济学中收入分配理论的梳理,有利于认清收入分配在经济学中的地位。

(二)古典经济学收入分配思想

收入分配理论是由古典经济学提出并奠定基础,他们建立的学说成为马克思主义经济学分配理论与庸俗资产阶级经济学分配理论的分界线,古典经济学分配理论实际上是整个经济学科的前提和理论基础。当物质财富被感性地划分为价值和使用价值之后,收入分配理论就成为经济学的灵魂,对收入分配的理解不同,造就了经济学和分配理论的不同发展方向。

古典经济学派代表人物亚当·斯密对收入分配的研究,始于分析国民收入的构成。他认为每一种商品的价值或使用价值追根溯源,都是来自土地、资本、劳动的全部或者其一。斯密的这种理论成为资本主义国家分析商品价值与收入分配的理论基础,并被后续经济学家所遵循。其在《国富论》中主张发挥市场机制的作用,提出了自由放任、自由竞争的经济思想,反对政府干预,认为资本主义经济天然是一种自由竞争的经济。斯密从"廉价政府""夜警思想"出发,认为国家只有"建立并维持某些公共设施或者是公共产品""设立严正司法机关""保护社会使不受其他独立社会侵犯"这三项最基本的职能[1]。通过上述分析可以看出,斯密对国家职能的界定离不开国家对社会财富的占有。斯密虽然反对国家干预经济,但不反对国家对社会财富的占有、国家参与社会财富的分配。

亚当·斯密认为一个社会中诸如佣人、劳工等普通劳动者占大多数,在收入分配过程中,普通劳动者境遇改善,劳动报酬增加,决不能视为对全体社会成员的不利,而应该看成是社会福利的改善。劳动报酬的增加鼓励普通劳动者增殖,也是对劳动者勤勉的奖励,从而可以促进经济增长,创造更多的财富用于收入分配[2]。另外,亚当·斯密认为,工资是用于消费的,富人通过节俭可以增加资本、带来固定资本和流动资本的增加,增加用来分配的财富。同时,他认为,一个国家有更多的社会产品用来分配,必须增加劳动者的数目和提高劳动者的生产力。而劳动数目的增加,需要资本的不断积累,资本积累需要更多的储蓄,投资和储蓄的目的就是追求利润,资本在追逐利润的过程中,就会有更多的劳动者被雇佣,从而实现社会财富的增加。劳动者生产力的提高,需要不断改善劳动生产率,这就需要增加便利劳动的机械,改良现有的劳动工具,或改善工作的分配方式,而这些都需要资本的积累[3]。另外,斯密提倡对奢侈品征税,反对对生活必需品课税,他还主张收入分配应该由市场完全主导,并不主张政府对收入进行再分配[4]。

李嘉图继承了斯密收入理论的科学见解,并进一步把分配学说,即社会产品如何在地租、工资、利润之间分配以及这些收入的形态,规定为政治经济学的研究对象。李嘉图的分配理论以劳动价值论为基础。他对地租、工资、利润的分析,也是以劳动价值论为基础,可以概括为三个方面:第一,工资由工人及其家庭维持生活所必需的生活资料决定;第二,资本家占有的利润为商品价值超过工资的部分;第三,地租是商品的价值超过工资和利润的余额。同时,他认为国民收入分配中,地租的上升是必然结果,"地租总是由使用等

---

[1] 亚当·斯密:《国富论》(下卷),郭大力等译,商务印书馆2004年版,第252—253页。
[2] 亚当·斯密:《国富论》(上卷),郭大力等译,商务印书馆2004年版,第74—75页。
[3] 亚当·斯密:《国富论》(上卷),郭大力等译,商务印书馆2004年版,第89页。
[4] 亚当·斯密:《国富论》(下卷),郭大力等译,商务印书馆2004年版,第434页。

量资本和劳动而获得的产品之间的差额决定"①。李嘉图在《政治经济学及赋税原理》指出,地主是经济增长的唯一受益者,在收入分配过程中,地主阶层占有的货币地租和实物地租都会大幅提高,虽然普通劳动者的工资也会上升,但实际购买力却是下降的,也就是说劳动者并不能享有与涨价前同样多的必需品和生活品。可以概括地说,在经济增长和收入分配的过程中,地主的生活、财产状况总会改善,普通劳动者的状况趋向于恶化②。

随着资本主义社会的发展以及社会矛盾的尖锐化,萨伊、穆勒等庸俗经济学派延续了古典经济学派的经济自由主义主张,提出了"牺牲说",即课税本质上是国民所做的牺牲,要求政府对一般民众和社会有产阶级合理课税,并运用税收进行国民收入的再分配,进而缓和日益尖锐化的社会矛盾。穆勒指出,课税的公平意味着"牺牲"的公平。同时,穆勒倡导政府开征比例税,反对累进税,但作为例外,他主张区分勤劳所得与不劳所得,对赠与财产与遗产等不劳所得实行累进税率③。穆勒认为,在国民收入初次分配环节,政府的主要职能就是反垄断、免费教育医疗、保护国内产业等,在国民收入再分配环节,为防止政府转移支付和社会保障的滥发,政府应该把救济工作委托给私人机构办理④。

萨伊坚信消费和生产具有严格的内在一致性,指出社会产品既不会供给不足也不会过剩。他认为"供给创造需求",在资本主义自由竞争市场机制的作用下,商品的生产和消费存在着天然的内在联系,商品的生产过程也就是收入分配的过程,生产、分配以及消费过程相互作用,相互联系。任何生产者同时也是消费者,生产自行创造了需求,货币连接着生产和消费,生产者的目的并不是获得货币,而是通过货币交换维持自己的消费,而收入分配自行孕育在货币交易中。因此,他得出商品既不会不足也不会过剩,收入分配不需要政府干预的结论。

魁奈的《经济表》从社会再生产和流通角度研究社会产品的生产,第一次分析收入分配的机理,并建立了国民收入分配流程和社会再生产的理论模型。魁奈的理论模型以农业生产和收入为研究对象,包括两部分:第一部分是商品生产与货币流通的社会再生产模型;第二部分是国民收入的分解运行模型。他的理论模型是马克思国民收入分配理论和再生产理论的基础,也是

---

① 彼罗·斯拉法:《李嘉图著作和通信集》(第1卷),郭大力、王亚男译,商务印书馆1984年版。
② 李嘉图:《政治经济学及赋税原理》,丰俊功译,光明日报出版社2009年版。
③ 国家税务总局税收科学研究所:《西方税收理论》,中国财政经济出版社1997年版。
④ 约翰·穆勒:《政治经济学原理》(下卷),胡企林、朱泱译,商务印书馆1997年版。

西方宏观经济学的重要分析工具,为后续经济学者科学分析社会总价值额或总产品,以及国民收入的运动奠定了良好基础①。

西方现代财政学的主要代表人物佩姬(Peggy)与马斯格雷夫提出,在某些条件下,市场将丧失部分功能或者是完全失灵,这就需要政府出面干预经济,而政府的主要职能就是配置职能、分配职能和稳定职能。其中,分配职能是指财政调节财富,重新分配产品的能力,使国民收入分配符合"公正公平"的状态。财政之所以具有分配职能,主要因为现实经济生活中,每个人天然产品收入、财产继承不同,需要对社会财富进行再分配,虽然这种再分配形式在某些条件下包含很大程度的不平等,但大多数公民同意财政介入社会财富的再分配②。

(三) 古典经济学分配理论的现代解读

古典经济学家确立了收入分配在经济学中的核心地位,从最广大的劳动人民视角出发,详细阐述了经济发展过程中收入分配的变动趋势,并论证了财政税收在收入分配过程中的职能。古典经济学家的一系列理论至今仍然闪耀着智慧的光芒,为我们提供了优化国民收入分配格局的基本思路。

古典经济学家关于收入分配的理论分析是建立在两个重要假定基础上:第一,经济增长必然带来农产品成本递增和价格的上涨,这是由技术进步带来的农产品生产,落后于资本与人口增加所带来的农产品需求的增加所决定的;第二,资本积累、产出增长、人口增加具有相同的速度。这两个假设是古典经济学重要的理论支柱,也是古典经济学分配理论的前提。第一个假设是以李嘉图的土地报酬递减规律为基础,第二个假设是以马尔萨斯的人口理论为基础。这些假设在某些国家或地区的某一时期可能具有一定的适用性,但在某些国家或地区就不具有适用性,甚至古典经济学对经济增长前景和收入分配变动的趋势有时与现实经济运行状况相去甚远③。

在收入分配的过程中,资本家总是竭力剥削工人,尽最大限度地榨取剩余价值,只给工人留下勉强维持生活的商品,这主要是为了保证劳动力的再生产。古典经济学家深切关怀普通劳动者,在经济学研究中倾注了大量心血关注人类福利,并对现实社会制度的发展以及前途表示担忧。古典经济学家认为,工人只能获得工资,而不能获得生产剩余,工资水平只能维持基本的生存需要,而利润是工资的余数。随着经济增长,地租趋于增加,企业部门利润

---

① 许建国等:《西方税收思想》,中国财政经济出版社1996年版。
② 理查德·A.马斯格雷夫、佩吉·B.马斯格雷夫:《财政理论与实践》,邓子基、邓力平译,中国财政经济出版社2002年版。
③ 西斯蒙第:《政治经济学新原理》,何钦译,商务印书馆1983年版。

逐渐下降,生产要素的这种分配方式决定了最终的国民收入分配格局。古典经济学家主张,国家和政府应该维护普通劳动者的利益,通过法律、规章、制度等保证劳动者获得合理的份额。"分税制"改革以来,中国政府部门所得份额逐渐增加,居民部门所得份额持续减少,国民收入分配格局有进一步恶化的趋势,未来一段时期内,国民收入分配格局的优化,需要中国政府来协调。

（四）马克思的收入分配思想

马克思主义的经济学以历史唯物主义和辩证唯物主义为理论基础。马克思的收入分配理论同样是以阶级分析为前提,融合了魁奈的剩余价值理论,并将其与再生产理论以及劳动价值论融合基础上发展起来的,马克思主义的分配理论的核心是剩余价值论[①]。

现代资本主义社会的生产方式是以两个社会阶级的存在为前提,一方面是无产阶级,他们仅有一种商品即劳动力可以出卖,通过出卖劳动力获取必需的生活资料,另一方面是资产阶级,他们占有生活和生产资料,通过雇佣无产阶级进行生产。在马克思的经济理论中,社会总产品由三部分构成,即不变资本、可变资本的价值加上剩余价值。关于收入分配理论,马克思主要关注的是总收入的分配。总收入在生产过程中,首先被分解为两部分：工资和剩余价值,工资为资本家支付给工人维持劳动力再生产,剩余价值本质上是由工人的剩余劳动所创造的价值。马克思接受了一部分古典经济学家的假定,认为整个现代生产制度、雇佣劳动制度都是以资本家与工人的雇佣关系为基础。在分配总收入时,首先必须确定工资水平,其次把利润或者是剩余价值看成是总收入减去工资之后的余额[②]。

马克思把人与物的关系作为社会产品分配中经济社会关系的主要"物质承担者",通过考察人与物的关系来反映人与人之间的收入分配关系,并深入研究了这种社会关系所决定的经济变量与社会发展程度。马克思认为,在资本主义的雇佣关系基础上要求平等、公平的报酬,就如同奴隶要求自由一样荒唐。因此,可以认为,马克思经济学的分配理论本质上就是利益本体论。以利益本体论为出发点的收入分配理论,主要反映在马克思主义经济学的剩余价值理论中。他认为,资本主义制度下的分配过程,是建立在流通过程和生产过程之上的剩余价值分配过程[③]。

马克思认为经济增长的动力主要来自技术进步和资本积累,这必然导致

[①] 马克思等：《马克思恩格斯全集》（第19卷）,人民出版社1963年版。
[②] 马克思等：《马克思恩格斯全集》（第16卷）,人民出版社1964年版。
[③] 马克思等：《马克思恩格斯全集》（第16卷）,人民出版社1964年版。

生产要素中资本有机构成提高,进而决定工资的长期变动趋势和工人的阶级属性。资本有机构成的提高,一方面扩大了劳动的需求,另一方面使工人付出更多的劳动,使劳动的供给不再依赖于工人的供给①。生产的商品决定了分配的内容,劳动者与生产资料的结合方式决定了收入分配的形式,这种分配形式包含在生产过程本身中,并且决定生产结构,产品分配是这种分配形式的结果②。在资本主义的现实生活中,利润是反映其分配制度的核心问题。在资本主义生产过程中,资本家无偿占有了剩余价值或者是利润。由于剩余价值规律的作用,资本家为了扩大再生产,必然不断进行资本积累。无产阶级的贫困积累与资产阶级财富的积累是分配制度造成的两个直接后果。随着资本积累和资本规模的扩大,无产阶级的绝对数量、产业后备军也就越大,这种数量的扩大进一步加剧了无产阶级的贫困程度和他们所受的折磨。最后,工人阶级与劳动者占有的生活资料、工资也就越少,导致贫困阶层逐渐扩大③。

(五)马克思主义分配理论的现代解读

马克思把自己的抽象理论体系同资本主义生产现实结合起来,深刻揭示了资本主义分配理论与资本主义生产之间的关系。他认为,资本主义的收入分配是以权力和财产关系为基础,这对于研究中国社会主义市场经济条件下经济增长和收入分配具有重要的现实意义。马克思认为权力和生产要素的分配先于收入分配,这已成为西方经济学界的共识。马克思关于国民收入分配格局和工人工资收入变动的观点有其自身的理论前提。事实上存在这样一个假定:经济中存在着大量的剩余劳动力,劳动供给是无限的,劳动的供给总是大于需求。这个理论在资本主义社会初期阶段具有一定的合理性,但随着经济发展和资本积累,剩余劳动力的潜力被用完以后,工人的工资水平和国民收入分配格局会发生一个大的变动④。

马克思主义收入分配理论对当前中国国民收入分配的指导意义,主要有以下三个方面:第一,经济增长的动力主要来自投资,但投资应该有一个合理的限度,不能出现过度投资,过度投资会加大经济波动。第二,国民收入分配的研究不能脱离对生产要素占有方式的研究,国民收入分配格局很大程度上是由要素占有方式决定。第三,生产过程中资本与劳动配合比例受到技术进步和资本积累的影响,资本积累又影响到劳动者就业和工资趋势,最终影

---

① 马克思:《资本论》(第1卷),人民出版社1964年版。
② 马克思等:《马克思恩格斯全集》(第12卷),人民出版社1965年版。
③ 马克思等:《马克思恩格斯全集》(第23卷),人民出版社1972年版。
④ 田卫民:《最优国民收入分配研究》,经济管理出版社2011年版。

响到国民收入分配格局。第四,财政、税收、价格以及银行信贷是调节国民收入分配的重要杠杆。这些分配功能贯穿于整个国民收入初次分配和再分配的全过程,不仅调节各经济主体之间的利益,而且通过利益导向来调节产品供求,使积累和消费、供给和需求达到一定的客观比例,从而维持整个资本主义社会的正常运行。

(六)新古典经济学收入分配思想

新古典经济学中,马歇尔给"经济学人"加上了必要的社会责任,并将边际分析方法引入经济分析。边际主义带来的数学化、数量化的改变使得经济学成为一门精确量化的学科。在收入分配的过程中,被应用到除土地以外的其他生产要素收入的形成上。

19世纪70年代以来,奥地利经济学家门格尔、英国经济学家杰文斯以及法国经济学家瓦尔拉,在不同国家同一时期掀起的边际主义革命,到庇古的福利经济学建立,经济学界将这一时期称作新古典时期。

新古典经济学家将视野拓展到了需求方面,熊彼特指出,新古典经济学中的边际主义纯粹是一种技术创新,在社会化大生产的过程中,当劳动收入提高与经济增长之间的矛盾趋于激烈时,边际主义从本质上转化了这种矛盾。这种转化主要是将矛盾的焦点从人与人之间的关系转化为人与物之间的关系。因此,新古典经济学家的收入分配理论也是侧重人与人之间的收入分配关系,转化为侧重人与物之间的收入分配关系。在新古典时期,普通劳动者仍然从生产过程中获得收入。然而,劳动收入份额、工资水平以及工资变动趋势的决定因素已经不是社会劳动时间而是边际生产力。各生产要素的边际生产力决定着各经济主体的收入水平,进而决定着最终国民收入分配格局,国民收入分配格局最终和经济均衡联系起来。从新古典时期开始,国家的收入分配被边际主义者所引领,并且主张由国家来调节收入分配。

克拉克认为分配的核心就是要解决生产要素的价格决定,他认为生产要素价格决定是一个动态过程,而要素所有者的收入分配却是动态的经济过程。克拉克将社会总收入分为三个大部分,即工资、利息、利润。工资不仅包括古典经济学家所说的雇佣劳动者的劳务报酬,还包括企业家获得的平均利润,克拉克将平均利润也看成是企业家的劳动者报酬,同时认为地租应该包含到利息之中[1]。新古典经济学家认为收入分配主要是由要素价格决定的,要素价格的影响因素同样会影响收入分配,并且很大程度上是由供求决定

---

[1] 克拉克:《财富的分配》,陈福生译,商务印书馆1997年版。

的[①]。因此,工资和利息的收入分配理论可以看成是静态经济分析,但利润、价格的决定则属于动态经济分析。在此基础上,克拉克提出工资和利息的分配属于以边际生产力为核心的静态经济研究,而利润分配则是以动态经济研究为基础,静态经济下,企业家的利润实际上是不存在的。依据边际生产力理论,克拉克认为劳动和资本的边际生产力决定了工资和利息,利润则是价格减去工资和利息的余额[②]。

马歇尔认为,以边际生产力为基础的收入分配理论只是从生产要素的需求角度出发,并没有说明生产要素的供给。马歇尔的收入分配理论以价格均衡论为基础,全面分析了要素的供给与需求,以及由供求决定的工资、地租、利息以及利润等一系列经济变量。他认为,工资由劳动的供给与需求决定,劳动的供给由劳动力再生产的成本决定,劳动的需求由劳动力的边际生产力决定。同样,利息也是由资本的供给与需求决定。地租则是由土地的供给与需求决定,但由于土地供给是固定的,地租总体上重现上升趋势。马歇尔同样将利润分为正常利润与超额利润[③]。

(七)新古典经济学收入分配的现代解读

新古典经济学派最重要的两个代表人物就是克拉克和马歇尔,克拉克以边际生产力为核心研究国民收入分配,马歇尔的收入分配理论以均衡价格理论为核心,马歇尔的均衡价格理论至今都是西方经济学的经典与理论基础。

新古典经济学家在研究微观分配理论重点替代弹性和生产函数的基础上,建立了一套宏观分配理论,这种分配理论是将收入分配看成是整个社会资源配置的有机构成部分。新古典主义放弃了李嘉图的劳动价值论,背离了古典经济学对劳动、资本和土地具有独占权的阶级收入分配研究,转向完全竞争假定下根据生产要素的边际生产力来解释要素的需求,他认为每一个人都是生产要素的所有者和卖出者,阶级关系和生产要素所有权的差别被排斥在理论研究之外。巧妙地避开了利益作为分配关系的关键这一本质属性,实际上是逃避了分配关系本质。

西方资本主义的经济学家,将新古典主义的边际分析方法扩大到整个社会范围,由要素供求来决定的工资、地租、利息以及利润,便成为后续西方微观经济学和宏观经济学的研究基础。中国社会主义市场经济条件下,实行按劳分配与按要素分配相结合,在一定程度上也是借鉴了新古典主义依据要素

---

① 马歇尔:《经济学原理》,陈良弼译,商务印书馆2005年版。
② 克拉克:《财富的分配》,陈福生译,商务印书馆1997年版。
③ 马歇尔:《经济学原理》,陈良弼译,商务印书馆2005年版。

的贡献来进行收入分配的理论,对中国的收入分配制度完善和经济效率的提高具有一定的理论指导和实践意义①。

福利经济学派的代表人物庇古于1920年出版《福利经济学》,标志着福利经济学理论的正式创立。在庇古之前,西方经济学者比较注重通过国民收入合理分配来优化资源的有效配置,而庇古则更注重通过政府对社会福利的支出来缓和阶级矛盾。相对于经济效率,福利经济学更注重国民收入分配中的公平问题。庇古主张政府运用税收政策进行国民收入的再分配,通过国民收入的再分配促进居民社会福利的最大化。同时,庇古的福利财政理论把财政学的发展向前推进了一大步。他认为,福利是由效应构成,这是庇古对经济学的一个重要贡献。为此,庇古提出政府课税的最小牺牲原则,认为政府征税应该使居民社会福利损失之和最小②。

庇古在其著作中提出两个命题:第一,国民收入越多,社会福利水平越高;第二,国民收入分配越均衡,社会福利水平越高。同时,庇古指出了国民收入转移的理论依据,提出政府应该通过转移收入来缓解要素分配带来的矛盾。他指出政府转移国民收入的方式主要有两种:第一是直接转移,这是国民收入初次分配的理论渊源;第二是间接转移,这是国民收入再分配的理论渊源。新福利经济学在帕累托改进的基础上形成了补偿原则理论,即主要是通过价格变化进行收入分配。为了避免价格变化造成的社会福利损失,可以通过税收或价格政策,补偿社会福利的损失者,从而增进社会福利③。

二、产业结构理论

(一)产业结构优化升级理论发展脉络

产业结构优化升级主要是指随着产业经济效率的逐步提升以及产业结构逐步趋于合理化,产业结构的高度化和合理化特征越来越明显。产业结构是经济发展过程中必不可少的关键因素,国内外的学者对其进行了广泛的研究。配第、克拉克等人利用各国收入水平以及各种产业的相关数据,从统计分析的角度来研究一国的经济水平与产业结构的关系,并认为一个国家在不同的经济发展阶段有不同的产业结构出现,才能保证经济的高质量发展。在他们研究的基础上,库兹涅茨、霍夫曼等学者对产业结构进行了细分,并探讨各产业在不同阶段对经济增长的影响,在研究内容的广度和深度上都有了很

---

① 田卫民:《最优国民收入分配研究》,经济管理出版社2011年版。
② 许建国等:《西方税收思想》,中国财政经济出版社1996年版。
③ 郭伟和:《福利经济学》,中国劳动社会保障出版社1999年版。

大的进步。另一部分学者以不同国家在相似的起步条件以及经济制度的角度探索产业结构变动的影响因素。例如,刘易斯的二元结构模型认为,传统部门的剩余劳动力总是不断向现代部门发生转移,且各部门劳动生产率会不断提高并逐渐趋同;罗斯托则认为,经济增长的六个阶段中各种产业在经济增长中所占的比重不同。本部分主要从产业结构演变合理化和调整高度化两方面对产业结构的优化升级进行阐述。

(二)产业结构演变合理化视角

1. 配第-克拉克定理

17世纪英国古典政治经济学的创始人威廉·配第在《政治算数》中首次提出了产业结构,他指出世界各国产业结构差异性的存在导致各国经济发展阶段以及国民收入有很大的差别,且制造业所创造的收入高于农业收入,商业所创造的收入又高于制造业。这些发现对经济进程发展的研究起到了关键作用。法国古典政治经济学的主要代表、重农学派的创始人弗朗斯瓦·魁奈(Fransois Quesnay)根据自己的纯产品学说,对社会阶级结构进行划分,并首次把农业与工业的流通看作生产的要素。

20世纪三四十年代算得上是产业结构理论蓬勃发展的关键时期。1940年,英国的科林·克拉克(Colin Clark)在威廉·配第对产业结构的研究基础上,在1940年出版的《经济进步的诸条件》一书中,以费希尔提出的三次产业分类法为基础,通过比较40多个国家不同时期的三次产业在不同时期的劳动投入和总产出得出:在全社会国民经济的不断发展的推动下,劳动力将会按照第一、二、三产业的顺序逐渐实现转移,进一步证实了经济人均国民收入增长与劳动力在三次产业间转移趋向的内在联系,揭示了产业结构演变的基本趋势。这是对配第提出的理论作出的具体阐述,因此后人把两人的研究结论合称为配第-克拉克定律。

2. 库兹涅茨产业结构论

西蒙·库兹涅茨在克拉克等人的研究结果上进一步改进了产业结构的研究方法,在1941年出版的《国民收入及构成》中将产业结构分为农业、工业以及服务业三部分,这也被称为库兹涅茨产业结构论。库兹涅茨在1971年又出版了《各国的经济增长》一书,从人均国民收入的结构、劳动力结构以及二者关系变动方面做了更详细的研究,认为在经济发展过程中产业结构的变动会受到人均国民收入变动的影响。库兹涅茨提出的产业结构变动的方向和配第-克拉克所提出的一致。

3. 产出投入分析理论

美国经济学家里昂惕夫在1941年出版《美国经济的结构》,对产业结构理论的经典之作进行了初步解释。随着对产业结构研究的深入,他于1953年和1966年又分别出版了《美国经济结构研究》和《投入产出经济学》两本书。《投入产出经济学》从一般均衡理论出发,通过投入产出表以及投入产出系数具体推测了国民经济各部门之间的相互影响以及投入与产出的数量关系。里昂惕夫创立提出的投入产出分析法对产业结构优化升级的研究具有突出贡献。关于产业结构优化升级,除了上述学者从若干国家的横截面数据以及时间序列数据分析的角度出发,研究经济增长与产业结构变动的联系之外,还有部分学者直接基于不同国家发展的起始条件以及经济发展不断推进过程进行研究,探索出最能说明产业结构变动的影响机制。

4. 霍夫曼定理

在1931年出版的《工业化的阶段和类型》一书中,霍夫曼对20多个国家在工业革命以来的50年里制造业的消费品和资本品占比所反映的工业化进行分析,提出了"霍夫曼定理",将工业化进程分为四个阶段。他认为,这四个阶段基本上体现了工业化进程由最初消费品工业占主要地位主导逐渐向资本品工业占主要地位的转变。在这一过程中,资本品工业品的比重稳步上升,并且快于消费品工业品的比重增长,这也被称为"霍夫曼工业化经验法则"。

(三)产业结构调整高度化视角

1. 二元经济结构模型

刘易斯在1954年发表的《劳动力无限供给条件下的经济发展》一文中指出,发展中国家并存着农村中以传统生产方式为主的农业部门和城市中以制造业为主的现代化部门。传统部门的劳动生产率以及收入水平都比较低,因此传统部门的剩余劳动力会向现代部门不断转移,现代部门会得到进一步的扩张,进而会相应提高其对剩余劳动力的吸纳能力。当剩余劳动被全部吸收到现代部门之后,即现代与传统部门劳动边际生产率相等时,二元经济结构就转变为一元经济结构。但是,这个理论存在缺陷,对于产业结构优化升级的分析过于简化,没有考虑剩余劳动力转移的阻力。

2. 工业化阶段理论

在1986年出版的《工业化和经济增长的比较研究》一书中,钱纳里和同事赛尔奎因通过对101个国家1950—1970年相关数据的实证研究得出,在经济发展的不同阶段上应该有不同的标准结构与之相对应。他们还发现,当经济处于低水平时,传统的初级产业所占国民收入的比重较大,随着经济的不断发展,初级产业所占份额将不断下降,工业和服务业所占比重将不断攀升。他们在全面分析产业结构变动及其影响因素的基础上,阐述并完善了经济发展与产业结构变动的"标准结构"。他们认为,在产业结构从低水平阶段向高水平阶段转变的推动下,一国经济一般要经过六个阶段,逐渐由不发达阶段过渡到工业化发展阶段,最终达到现代化阶段。

3. 主导产业扩散理论

1953年,美国经济学家罗斯托突破了传统的总量分析方法,采用部门分析法,另辟蹊径对产业结构的变动与经济发展阶段的关系以及影响进行考察。在1953年出版的《经济成长的过程》中,他将经济成长发展阶段划分为传统社会、为起飞创造前提、起飞前期、起飞、高消费、追求生活质量这六个阶段,并认为其中标志着经济摆脱不发达状态阶段进入先进状态发达阶段的关键阶段是起飞阶段。在经济增长从低级向高级阶段演进的过程中,在各个阶段起主导作用的产业部门也在不断地发生更替,会进一步推动产业结构的转变。在转变过程中,经济发展也许不再是由单个主导产业带动引起的,而是由多个主导产业共同发挥作用的结果,罗斯托将其称为主导部门综合体。

4. 动态比较成本说

筱原三代平在李嘉图的静态比较成本说的基础上做出改变,提出著名的动态比较成本说,指出从发展的眼光来看,在某一时点处于劣势的幼小产业借助政府的扶持在一定时期内肯定能得到发展,而且产业结构的优化升级应该先从生产率比较高的主导产业开始,产业结构会不断向着合理化和高度化发展转变。他针对产业结构发展规划提出了两基准理论,即收入弹性基准和生产率上升基准:收入弹性基准要求把资本等生产要素投向收入弹性大的行业或部门,生产率上升基准则要求把资本等生产要素投向生产率上升最快的行业或部门。

(四)产业结构理论的现代解读

经过众多学者对产业结构的研究分析,产业结构优化升级理论在不断地构造和完善,为全社会的产业结构演变分析提供了一个基本的框架:产业发展结构会由劳动密集型产业逐渐向资本技术密集型以及知识密集型产业倾斜,会由低级生产率水平向高级生产率水平演进转变,不断实现产业的高度化;会逐渐实现不同产业之间的关联性,会促进国民经济各部门之间的协调发展,实现生产要素的合理化配置;能够促进经济发展各个阶段的产业结构高度化与合理化的相互协调,并在二者相辅相成之中实现二者各自的目标。晋艺波、张玉梅、许春华[1]的研究结果表明,产业结构与经济增长会互相影

---

[1] 晋艺波等:《河西地区产业结构高级化与经济增长的互动关系研究》,《生产力研究》2018年第2期。

响,而且产业结构的优化升级对经济增长的促进影响作用更为明显。李翔、邓峰[①]基于区域经济的视角认为,产业结构合理化是推动东部区域经济增长的主要因素,产出结构高度化会推动中部地区发展,对于西部地区来说,二者的作用效果都不明显,产业结构的优化升级会因为地理位置不同的原因而产生差异。正因为如此,产业结构的优化升级应该注重与经济发展的每个阶段相适应。

三、全要素生产率

（一）全要素生产率的测算方法

全要素生产率(TFP)主要针对的是排除了生产要素对产出的影响之外的剩余部分对产出增长的影响,即产出增长率超过要素增长率的部分。自索罗在1956年首次提出全要素生产率的概念之后,丹尼森(Denison)等学者在此基础上进一步总结和发展。随后,法雷尔(Farrel)等从产出角度刻画技术效率,研究设定生产函数下的最大产出水平,以此衡量企业的生产效率。奥莱(S. Olley)和帕克斯(A. Pakes)则使用企业层面的数据,通过建立企业的进入退出函数,利用OP法对企业进出市场时生产率的变动情况进行衡量。之后,莱文森(Levinsohn)和彼得林(Petrin)在OP法的基础上将研究视角由投资转向了中间产品,提出了更优的测算全要素生产率的LP法。本节主要从参数估计、前沿分析、半参数估计三个角度阐述全要素生产率理论的测算以及发展。

1. 参数估计模型

全要素生产率也被称为"索罗余值",最早由美国经济学家索罗在1956年基于技术中性的假设研究美国经济增长率构成时提出。索罗模型在经济增长模型中首次引入了技术进步,并假设生产函数满足投入要素劳动和资本可以相互替代的条件,且规模报酬不变,劳动增长率、技术进步率以及储蓄率均为外生,由此构造了一个有时间趋势的技术进步的总量生产函数：$Q=A(t)F(K,L)$,其中Q表示总产出,K、L分别表示投入的资本和劳动力生产要素总量,$A(t)$表示技术进步。索罗利用成本最小化推导了各要素的产出弹性构成,用最小二乘估计"索罗余值",提出了全要素生产率的概念来解释在经济增长过程中无法用生产要素解释的部分,对全要素生产率进行了初步的测算。他认为,全要素生产率是排除了劳动、资本以外的技术进步等因素对经济增长的影响程度。索罗余值法(SRA)虽然初步测算了全要素生产

[①] 李翔等:《区域创新、产业结构优化与经济增长方式转变》,《科技管理研究》2017年第17期。

率，但是并没有对全要素生产率的具体因素进行解释，所以丹尼森在索罗的理论基础上进行了运用和发展，将投入要素进行细分，然后进行全要素生产率的测算。之后，乔根森(Jogenson)和格里利兹(Griliches)在1962年和1966年先后将投资理论、指数理论、国民收入核算体系、企业理论等融合到增长核算框架中，并将Divisia Index定义为全要素生产率增长率，认为全要素生产率的变化是由于技术进步以及知识的更新引起的，最终形成了一套测算全要素生产率增长较为完善的核算框架。

2. 前沿分析法

法雷尔于1957年首次将前沿生产函数的概念用于研究生产效率问题，引发了许多学者的探讨。前沿全要素生产率指数测算主要包括数据包络分析(data envelopment analysis, DEA)和随机前沿分析(stochastic frontier analysis, SFA)。1957年，法雷尔利用线性规划模型对单一投入与单一产出的关系及效率进行分析时首次运用了DEA思想，但真正意义上建立首个数据包络分析理论模型的是查尼斯(Charness)等。后者在规模报酬不变的假设下，构建了主要用来研究部门间的相对有效性的CCR模型。此后，有很多学者不断地深入研究，逐渐形成了CCR模型、BCC模型、FG模型、ST模型(Seipord、Thrall)核算全要素生产率理论体系，用于在不需要考虑生产函数的具体形态时对多种投入和产出的全要素生产率的问题的研究。凯夫斯(Caves)等在1982年首次运用瑞典统计学家曼奎斯特(Malmquist)提出的曼奎斯特指数(Malmquist Index)计算出了生产率。随后，法尔(Fare)和格罗斯科普夫(Grosskopf)将Malmquist Index与DEA方法相结合，用于实证研究，测算全要素生产率变化。这个被称为Malmquist-DEA指数的方法将全要素生产率细分为纯技术效率与规模效率进行了更为细化的研究。

1977年，艾格纳(Aigner)提出了将随机前沿生产函数运用到效率估计的随机前沿法。此后，在该估计方法的前提下放宽条件，假设技术无效情况的存在，将全要素生产率的变化增长进一步分解为生产可能性边界的移动以及技术效率的变化，以此对确定生产函数形式下的生产率进行测算。施密特(Schmidt)、昆巴卡(Kumbhakar)、鲍尔(Bauer)、卡利兰简(Kalirajan)等采用随机前沿生产函数法，通过大量的实证分析研究论证产出与技术效率、全要素生产率的关系，使随机前沿法不断完善并得到广泛应用。法尔等在规模报酬可变模型的基础上，进一步将全要素生产率的变化增长分解为规模效率变化、技术进步变化和纯技术效率变化。昆巴卡除了将全要素生产率分为技术进步以及规模效率之外，对随机前沿法进行了详细阐述，又将全要素生产率进一步分解为技术进步、技术效率和配置效率。

3. 半参数估计法

近年来,由于微观层面的数据可获得性以及经济学理论和计量经济学的发展,生产函数的估计方法也在不断改进。同时,估计方法中的内生性问题却始终未得到解决,这个问题也引起了很多学者的关注,由此针对企业和行业层面的全要素生产率的研究也越来越多。1996 年,奥莱和帕克斯在资本存量已定以及投资大于零的情况下,计算生产率关于投资和资本存量的反函数,以此表示不可观测的生产率。这种半参数估计方法解决了索罗余值法所造成的内生性问题。梅里兹(Melitz)和波拉耐克(Polannec)结合奥莱和帕克斯分解企业生产率的方法,提出了动态生产率分解法,衡量进退企业在每个期间内总量生产率变化的贡献,进一步弥补了之前核算全要素生产率方法的不足。

莱文森和彼得林在 2003 年研究企业全要素生产率变化的过程中发现,由于企业的投资受到成本约束时不能在当期迅速调整,导致用投资并不能对企业生产率的测算进行准确的度量。由此,他们将投资转向了中间投入品,提出了更为优化的 LP 法,将企业的生产率认定为资本存量和中间投入品,由此对企业的全要素生产率的测算更为准确。伍尔德里奇(Wooldridge)采用广义矩估计对全要素生产率进行了测算。

(二)相关研究梳理

基于上述众多学者对生产率以及全要素生产率的研究,相关测算指标以及估计方法都得到了发展和完善。全要素生产率理论对研究宏观和微观两个层面具有重大的意义,目前对全要素生产率构成的分析已由技术进步因素转向了技术创新、规模效率以及资源配置等多方面因素,对全要素生产率的测算的不断完善不仅对研究国家间的效率问题有意义,同时也促进了产业间与企业间的效率问题的研究。范剑勇、冯猛、李方文[1]通过分析认,为产业集聚以及专业化生产都会对全要素生产率产生影响;白重恩、张琼[2]在测算全要素生产率的过程中认为,人力资本、外商直接投资、政府干预、制度环境等均会影响全要素生产率。

除了以上学者在对全要素生产率进行不断细化分解来研究其增长的影响因素外,部分学者发现技术创新、制度变革也会对全要素生产率产生影响,在中国经济放缓的环境下,经济增长由生产要素投入的推动转向了全要素生产率增长的推动。在微观层面,孙晓华、王昀[3]认为企业的研发费用、资本投

---

[1] 范剑勇等:《产业集聚与企业全要素生产率》,《世界经济》2014 年第 5 期。
[2] 白重恩等:《中国的资本回报率及其影响因素分析》,《世界经济》2014 年第 10 期。
[3] 孙晓华等:《R&D 投资与企业生产率——基于中国工业企业微观数据的 PSM 分析》,《科研管理》2014 年第 11 期。

入等投入要素会影响企业的全要素生产率。尽管全要素生产率的理论在不断地完善改进,但是其对新形势经济的影响以及对经济高质量的发展方面的贡献仍然不足。中共十九大为促进经济高质量发展提出了提高全要素生产率的紧迫要求,改革开放前后的经济发展情况也凸显了全要素生产率增长的关键作用。为了提高全要素生产率就要求企业要注重创新能力,促进技术进步,同时要正确处理政府与市场的关系,促进企业竞争以及创新竞争在全要素生产率的提高中发挥作用。

四、资本回报率

资本回报率在经济中的应用越来越重要。在较早时期,许多学者通过研究利润率来反映资本回报率。亚当·斯密、约翰·穆勒、李嘉图、马克思等都通过解释利润率来说明资本利润和资本回报。在20世纪中后期,许多学者开始用数据和模型来测算资本回报率。本部分将在资本回报率及其测算方面对国内外学者的相关研究进行叙述和梳理。总的来说,学术界关于资本回报率的测算方法主要分为两个层面:一是基于微观数据层面进行测算,数据多来源于企业财务数据;二是基于宏观数据层面进行测算,数据多来源于国民经济核算账户。

(一)基于微观数据层面的测算

一是以不变价格为基础的回归模型。鲍莫尔(Baumol)和海姆(Heim)等[1]最早用回归模型对资本回报率进行了测算,通过大量样本数据对企业的资本和收益建立计量模型,根据得到的回归系数来测算资本回报率。由于这种模型没有控制尺度效应,可能会遗漏一些重要变量,导致模型回归系数有偏,因此可在鲍莫尔和海姆的基础上,用企业总资产平均值来控制,修正资产回报率。由于上述回归模型基本是以不变价格为基础,存在较大问题,之后许多学者便以市场价格为基础来测算资本回报率。

二是以市场价格为基础的净现金流折现模型。米勒(Mueller)和里尔登(Reardon)[2]最早以市场价格为基础,采用净现金流折现模型,通过利用各企业市场价值、投资和折旧等数据,建立模型得到关于投资回报和资本成本的比值,利用该参数来衡量企业的资本回报率。

三是内部报酬率模型。不同于米勒和里尔登的研究思想,法马(Fama)

---

[1] W. Baumol, P. Heim, B. Malkiel, R. Quandt, "Earnings retention, new capital and the growth of the firm", *The Review of Economics and Statistics*, 1970, Vol.52, No.4, pp.345-355.

[2] D. Mueller, E. Reardon, "Rates of return on corporate investment", *Southern Economic Journal*, 1993, Vol.60, No.2, pp.430-453.

和弗伦奇(French)①利用"内部报酬率(IRR)"的思想将市场中所有非金融类企业看作一个整体的大投资项目。分别计算该项目的期初会计账面价值之和、净现金流量折现值和期末会计账面价值的折现值之和,当二者相等时,折现率即为资本回报率。对米勒和里尔登的测算方法进行了拓展和应用。

(二)基于宏观数据层面的测算

目前,以宏观数据为基础测算资本回报率一般采用生产函数模型和资本市场租金法。主要包括以下两个方面:

一是生产函数模型法。根据生产函数和样本数据用产出对资本存量进行估计,将得到的资本边际产出视为相应的资本回报率②。但这种计量模型采取估计参数,估计量会发生偏差③。因此国内许多学者一般不使用这种方法测算资本回报率。二是资本市场租金法。豪尔(Hall)和乔根森(Jorgenson)④提出了资本租金公式,白重恩等基于完全竞争市场假设和C-D生产函数,利用资本租金公式得到资本回报率。这种方法的好处是不用计量模型估计参数,因此不会出现上述估计量有偏的情况。国内许多用宏观数据测算资本回报率的学者应用的是白重恩等的方法⑤。

投资活动对整个国民经济运行有着至关重要的作用,资本回报率作为投资的核心变量,它的变化对中国的投资活动和经济增长的良好运行具有重要意义。2008年全球金融危机之后,中国的投资率大幅度上升,但资本回报率却在下降,由此国内许多学者对中国资本回报率的影响因素进行研究,以期找到提升资本回报率的方法。经济学者认为影响资本回报率的因素有很多,如产业结构、投资环境、技术进步、人力资本、资本深化、行业性质、经济开放、

---

① Eugene F. Fama, Kenneth R. French, "The corporate cost of capital and the return on corporate investment", *The Journal of Finance*, 1999, Vol.54, No.6, pp.1939 - 1967.

② 龚六堂等:《我国省份之间的要素流动和边际生产率的差异分析》,《经济研究》2004年第1期;刘晓光等:《中国资本回报率上升之谜》,《经济学(季刊)》2014年第3期。

③ Bai Chong-En, Hsieh Chang-Tai, Qian Yingyi, "The return to capital in China", *Brookings Papers on Economic Activity*, 2006, No.2, pp.61 - 88.

④ Robert E. Hall, Dale W. Jorgenson, "Tax policy and investment behavior", *The American Economic Review*, 1967, Vol.57, No.3, pp.391 - 414.

⑤ 孙文凯等:《资本回报率对投资率的影响:中美日对比研究》,《世界经济》2010年第6期;胡凯等:《省际资本流动的制度经济学分析》,《数量经济技术经济研究》2012年第10期;黄先海等:《中国资本回报率变动的动因分析——基于资本深化和技术进步的视角》,《经济理论与经济管理》2011年第11期;白重恩等:《中国的资本回报率及其影响因素分析》,《世界经济》2014年第10期;陈虹等:《资本回报率对我国区域经济非均衡发展的影响》,《经济科学》2015年第6期;彭山桂等:《中国建设用地数量配置对资本回报率增长的影响研究》,《中国土地科学》2015年第5期;张勋等:《中国资本回报率的再测算》,《世界经济》2014年第8期。

政府干预、城市化水平等①。苏鑫认为中国未来的资本回报率仍会下降,但总体态势较为缓慢,经济转型缓慢、人口老龄化问题严峻、新冠疫情对经济的冲击会使得投资率再次提升,种种问题可能会加重资本回报率的下降,但改革创新和技术创新会在一定程度上减缓资本回报率的下降②。因此,对资本回报率的相关研究可以为中国经济发展和投资活动提供一定具有现实意义的机制。

五、动态经济效率理论

(一)动态经济效率发展脉络

动态经济效率是通过研究一个国家或地区的资本积累与经济增长的关系来分析其经济动态是否有效。最早注意到动态效率问题的是费尔普斯(Phelps)③。他基于索罗模型提出了经济增长的黄金定律,通过比较实际利率和经济增长率来判断动态经济效率。由于费尔普斯模型存在一定缺陷性,卡斯(Cass)和库普曼斯(Koopmans)在拉姆齐(Ramsey)的基础上对费尔普斯黄金律模型进行了修正,建立了 RCK 模型④。之后,戴蒙德(Diamond)⑤提出了一个更符合实际的理论模型,并证明竞争经济也可能出现动态无效。艾贝儿(Abel)等⑥在戴蒙德 OLG 模型的基础上引入不确定性,提出关于动态经济效率的新判断标准——AMSZ 准则。随着理论界对动态经济效率理论的不断修正和深入研究,动态经济效率的研究方法更加规范,国内外学者基

---

① Robert E. Lucas, "Why doesn't capital flow from rich to poor countries?", *The American Economic Review*, 1990, Vol.80, No.2, pp.92-96; Peter E. Robertson, "Economic growth and the return to capital in developing economies", *Oxford Economic Papers*, 1999, Vol.51, No.4, pp.577-594;舒元等:《中国工业资本收益率和配置效率测算及分解》,《经济评论》2010 年第 1 期;黄先海:《中国工业资本回报率的地区差异及其影响因素分析》,《社会科学战线》2012 年第 3 期;胡凯等:《省际资本流动的制度经济学分析》,《数量经济技术经济研究》2012 年第 10 期;刘晓光等:《中国资本回报率上升之谜》,《经济学(季刊)》2014 年第 3 期;白重恩等:《中国的资本回报率及其影响因素分析》,《世界经济》2014 年第 10 期;张勋等:《中国资本回报率的再测算》,《世界经济》2014 年第 8 期。
② 苏鑫:《资本回报率及其与经济关系的考察》,《银行家》2020 年第 9 期。
③ Edmund Phelps, "The golden rule of accumulation: a fable for growthmen", *The American Economic Review*, 1961, Vol.51, No.4, pp.638-643.
④ Cass David, "On capital overaccumulation in the aggregative, neoclassical model of economic growth: a complete characterization", *Journal of Economic Theory*, 1972, Vol.4, No.2, pp.200-223; Ramsey F, "A mathematical theory of saving", *The Economic Journal*, 1928, Vol.38, No.152, pp.543-559.
⑤ Peter A. Diamond, "National debt in a neoclassical growth model", *The American Economic Review*, 1965, Vol.55, No.5, pp.1126-1150.
⑥ Andrew B. Abel, et al., "Assessing dynamic efficiency: theory and evidence", *The Review of Economic Studies*, 1989, Vol.56, No.1, pp.1-19.

于各种理论模型对一个国家或地区的动态经济效率做了一些相关现实研究。本部分将对动态经济效率的理论模型研究和实证研究进行梳理和论述，并从国内外学者的现实研究中概括研究动态经济效率的方法。

1. 黄金律增长模型

在索罗(Solow)经济增长模型[1]的基础上，费尔普斯对动态经济效率进行研究，提出了经济增长的黄金定律[2]。他认为若资本存量超过黄金定律水平，则认为经济是处于动态无效的状态。根据索罗模型，经济处于长期均衡时，资本边际生产率等于实际利率，因此只需通过研究实际利率与经济增长率之间的关系就可以判断经济动态是否有效。

2. RCK 模型

由于索罗模型认为储蓄是固定不变的外生变量，没有考虑消费者效用最大化，缺乏微观基础，因此费尔普斯黄金律增长模型具有一定的缺陷。基于此，卡斯和库普曼斯在拉姆齐的基础上对费尔普斯黄金律模型进行了修正，建立了 Ramsey‐Cass‐Koopmans 模型(RCK 模型)。RCK 模型与费尔普斯黄金律增长模型不同之处是基于竞争性市场以及消费和储蓄是由无限期生命的家庭决定的假设，但这个模型均衡时会实现瓦尔拉斯一般均衡，不会出现经济无效的状态。

3. 世代交叠模型(OLG 模型)

世代交叠模型(overlapping generation)最早由萨缪尔森[3]提出，他利用两代际交叠阐明无禀赋交换经济中可能会存在达不到帕累托最优均衡的情况。戴蒙德在萨缪尔森的基础上发展了 OLG 模型，提出了一个更符合实际的理论模型，证明当投资大于回报时，在竞争经济下的均衡状态也可能出现资本的过度积累，而此时经济是动态无效的，其所实现的均衡也不是帕累托最优的。

4. AMSZ 准则

艾贝尔等[4]在戴蒙德世代交叠模型基础上引入不确定性，提出关于动态经济效率的一个新判断标准：在不确定性的情况之下，资本总收益是否大于总投资，净资本收益是否大于零。因此，AMSZ 准则即为通过在不确定性情

---

[1] Solow R. M, "Technical change and the aggregate production function", *The Review of Economics and Statistics*, 1957, Vol.39, No.3, pp.312–320.

[2] Edmund Phelps, "The golden rule of accumulation: a fable for growthmen", *The American Economic Review*, 1961, Vol.51, No.4, pp. 638–643.

[3] Paul A. Samuelson, "An exact consumption-loan model of interest with or without the social contrivance of money", *Journal of Political Economy*, 1958, Vol.66, No.6, pp.467–482.

[4] Andrew B. Abel et al, "Assessing dynamic efficiency: theory and evidence", *The Review of Economic Studies*, 1989, Vol.56, No.1, pp.1–19.

况下比较资本收益和投资来判断经济运行是否动态有效。AMSZ 准则概括拓展了黄金律增长模型、RCK 模型、世代交叠模型,对实体经济的动态效率考察和分析更为综合和透彻。不过国内外学者在应用 AMSZ 准则时也根据具体的实际情况作出相应的调整来研究经济动态的效率问题。

(二)动态经济效率相关研究

许多学者基于戴蒙德模型的理论思想进行经济动态效率的相关现实研究。国外的学者对这方面的研究开始得较早。费尔德斯坦(Feldstein)和萨默斯(Summers)[1]通过估计资本边际产出和经济增长率的关系来测算经济动态是否有效。伊博森(Ibbotson)、科恩(Cohen)和米什金(Mishkin)通过比较资本存量与黄金律水平来检验经济动态效率。但这种方法具有一个缺陷,若选取的实际利率的衡量指标不同,所得出来的结论也会不同[2]。近几年国外学者对动态经济效率的测算较少,转为基于动态经济效率来研究代际公平和经济可持续问题。

国内学者对动态经济效率的研究相对较晚,而且在研究中国经济动态是否有效时采用的方法多为 AMSZ 准则。但使用同样的研究方法,所得出的结论却不一样。国内学者对中国经济动态是否有效的研究主要分为两种观点:中国经济是动态无效的[3]和中国经济是动态有效的[4]。基于以上国内外学者对动态经济效率的研究,测算动态经济效率的方法主要有三种:一是通过比较资本边际产出和经济增长率的大小。二是通过判断资本存量是否超过黄金律水平。三是通过 AMSZ 准则来判断,即通过在不确定性情况下比较资本收益和投资来判断经济运行是否动态有效。

动态经济效率是研究资本积累和经济增长问题的核心,关系一个国家或地区在发展中是否依赖投资,资本积累是否过度,经济的长期发展是否合理。

---

[1] Martin Feldstein, "Does the United States Save Too Little?", *The American Economic Review*, 1977, Vol.67, No.1, pp.116-121; Lawrence H. Summers, "Capital Taxation and Accumulation in a Life Cycle Growth Model", *The American Economic Review*, 1981, Vol. 71, No.4, pp.533-544.

[2] D. Cohen, K. Hasset, J. Kennedy, "Are U.S. Investment and Capital Stocks at Optimal Levels?", *Social Science Electronic Publishing*, 1995.

[3] 史永东等:《资产定价泡沫对经济的影响》,《经济研究》2001 年第 10 期;史永东等:《中国经济的动态效率》,《世界经济》2002 年第 8 期;袁志刚等:《20 世纪 90 年代以来中国经济的动态效率》,《经济研究》2003 年第 7 期;项本武:《中国经济的动态效率:1992~2003》,《数量经济技术经济研究》2008 年第 3 期。

[4] 刘宪:《风险投资的多元化功能》,《当代经济》2004 年第 12 期;黄伟力:《我国经济的动态效率:基于协整的计量检验》,《统计与决策》2008 年第 21 期;吕冰洋:《中国资本积累的动态效率:1978—2005》,《经济学(季刊)》2008 年第 2 期;蒲艳萍:《我国资本投入动态效率及区域差异:1952—2006》,《经济问题探索》2009 年第 4 期。

经济动态有效表明经济运行或产业发展是合理的,反之说明不同地区之间的经济发展可能差异较大,使得经济动态无效抵消掉了有效率的经济。对一个国家和地区动态经济效率的研究,可以为政府判断经济政策运行是否合理以及进行相应的经济政策变革提供一定的理论支撑。

改革开放以来,中国的经济总体处于增长态势,经济发展形势良好,而经济增长主要以资本积累为主。当今中国在世界经济发展中占据主体地位,但仍然是一个发展中国家,与发达国家和地区相比而言,中国在国民经济运行过程中仍需适度加大投资活动。就中国经济的长期可持续发展而言,适当加大资本积累仍然是有必要的。因此,通过研究中国经济的动态效率来研究中国的经济增长,以分析经济发展过程中是否出现资本过度积累,对中国经济的可持续发展具有十分重要的现实意义。但是,对于中国和各地区经济动态效率的研究要结合实际,才能判断经济财政政策和各地区经济产业发展是否合理。

第四节 税制改革的经济效应评估

目前,国内有关全面系统评估流转税改革的经济效应的文献相对不多,国内学者的研究主要集中于静态分析,动态分析更是较为缺乏。

一、流转税改革的经济效应评估研究

税制改革政策效果的评估一直是国内外学者持续跟踪的热点问题。费雷德(Ferede)和达尔比(Dahlby)考察了资本所得税改革的动态经济效率,并对其宏观经济效应进行了定量分析[①]。多位学者[②]分别考察了不同国家税制改革带来的动态经济效率,并探讨了资本税改革对国民福利的帕累托改进。研究发现,如果消除增值税税率之间的差异,在不改变国民福利的条件下,对国民收入增加具有正向影响。皮戈特(Piggott)和惠利(Whalley)[③]研究

---

① Ergete Ferede and Bev Dahlby, "The impact of tax cuts on economic growth: evidence from the canadian provinces", *National Tax Journal*, 2012, Vol.65, No.3, pp.563-594.

② Michael Smart, Richard M. Bird, "The economic incidence of replacing a retail sales tax with a value added tax: evidence from canadian experience", *Canadian Public Policy*, 2009, Vol.35, No.1, pp.85-97; Jonathan R. Kesselman, "Consumer impacts of BC's harmonized sales tax: tax grab or pass-through?", *Canadian Public Policy*, 2011, Vol.37, No.2, pp.139-162; A. J. Auerbach, L. J. Kotlikoff, J. Skinner, "The efficiency gains from dynamic tax reform", *International Economic Review*, 1983, Vol.24, No.1, pp.81-100.

③ John Piggott, John Whalley, "VAT base broadening, self supply, and the informal sector", *The American Economic Review*, 2001, Vol.91, No.4, pp.1084-1094.

发现,增值税扩围到第三产业以后,由于第三产业非正式部门增多造成了动态经济效率损失,并测算了零售税改为增值税时其对公共产出的动态影响。随着"营改增"彻底推广到全行业,国内学者开始对"营改增"政策效果进行评估。部分学者考察了"营改增"对企业流转税税负的影响①。范子英和彭飞②基于中国135个行业的投入产出表,运用三重差分法(DDD)评估了"营改增"对企业减税和生产分工的作用效果,研究发现"营改增"有效推动了跨地区的分工与协作,提高了企业的技术水平。倪红福等采用中国家庭追踪调查和2012年中国投入产出表数据,计量检验了"营改增"的收入分配效应和短期价格效应③。陈晓光④基于企业层面微观数据,在改进 Hsieh 和 Klenow 模型基础上⑤,定量测算了增值税有效税率差别所造成的效率损失,发现"营改增"改革可以减少这种效率损失。田志伟和胡怡建采用 CGE 模型,考察了"营改增"政策实施对中国财政经济的动态影响⑥。孙正运用面板向量自回归(PVAR)模型,实证检验"营改增"改革对中国产业结构升级演进的影响⑦。

自改革开放以来,中国税收体制不断深化改革,从单一税制到复合税制,再到建立现代税收制度,为中国社会经济发展增添动力。税制改革相应的带来了一系列经济效应,目前,很多学者也开展了关于这方面的研究。税制改革主要目的在于减税,以供给侧结构性改革为代表,有学者认为以"供给侧改革"出发的税制改革,其"减税"主要目的在于释放税收对生产要素的激励效应,进而促进全要素生产率的提升。其中,对于劳动力要素的影响主要通过"供给侧改革"中的个人所得税来实现的⑧。与此同时,大多学者认为个税改

---

① 童锦治等:《"营改增"、企业议价能力与企业实际流转税税负——基于中国上市公司的实证研究》,《财贸经济》2015年第11期;曹越等:《"营改增"是否降低了流转税税负——来自中国上市公司的证据》,《财贸经济》2016年第11期。
② 范子英:《"营改增"的减税效应和分工效应:基于产业互联的视角》,《经济研究》2017年第2期。
③ 倪红福等:《"营改增"的价格效应和收入分配效应》,《中国工业经济》2016年第12期。
④ 陈晓光:《增值税有效税率差异与效率损失——兼议对"营改增"的启示》,《中国社会科学》2013年第8期,第67—87页。
⑤ Chang-Tai Hsieh, Peter J. Klenow,"Misallocation and Manufacturing TFP in China and India",*The Quarterly Journal of Economics*,2009,Vol.124,No.4,pp.1403-1448.
⑥ 田志伟:《"营改增"对财政经济的动态影响:基于 CGE 模型的分析》,《财经研究》2014年第2期。
⑦ 孙正:《"营改增"视角下流转税改革优化了产业结构吗?》,《中国软科学》2016年第12期。
⑧ 王鲁宁等:《"供给侧改革"中的税收经济效应及税制优化》,《税务与经济》2016年第6期;孙正等:《"营改增"是否提升了全要素生产率?——兼论中国经济高质量增长的制度红利》,《南开经济研究》2020年第1期。

革通过收入再分配,有效缓解了收入分配不公,缩小了贫富差距①。由此,更好地促进我国个税改革,不仅能作用于全要素生产率,提高产业生产效率;同时,也能缩小中国贫富差距,进而促进经济社会的稳定。

相应的也有学者认为,个税改革除了缩小收入差距,另一个目的在于激发居民消费,进而促进社会经济发展,但据相关数据表明,自个税改革实施以来,并未对中国居民消费产生积极效应,这也是中国个税改革的不足之处②。

目前,中国正处在由经济高速发展向高质量发展的转型期,产业结构调整和优化是经济高质量发展的重要途径。作为中国宏观调控的重要手段,税收体制对产业结构的优化也发挥着重要作用。税制改革主要通过资源配置调整供给和需求,进而促进产业结构的调整;相应的,产业结构调整也需要税制改革的支持,中国政府主要依靠税收进行相应的政策调整,二者之间相辅相成,相互促进。有学者研究表明,税制改革对产业结构的调整主要表现在:通过减税降费,降低了微小企业的运营成本,有效推动了小微企业的转型和发展;同时,产业结构的优化,在提高第一产业发展质量的同时,过剩劳动力的转移有效带动了第二三产业的发展,进而促进了整体经济转向高质量发展阶段③。税制改革不仅能直接作用于产业结构的调整,即促进中国二三产业发展,同时也能通过调整内部税种,进而影响产业结构的调整。有学者研究表明,首先,中国商品税以及所得税对于产业结构优化有显著提升作用,其中所得税的作用更加显著;其次,在不同税种内部,各个税种对产业结构的调整也呈现出不同的政策效果。以所得税为例,相比于企业所得税,个人所得税对于产业结构调整的正向推动作用更加显著④。

二、"营改增"的经济效应评估研究

因现实国情不同,国外研究主要集中于增值税改革的经济效应。国外学

---

① 刘恺:《个税改革的经济效应分析及政策优化建议》,《法制与经济》2019年第9期;董杨晶晶:《个税改革下居民收入分配的效应分析》,《时代金融》2019年第6期;孙正等:《"营改增"是否提升了全要素生产率?——兼论中国经济高质量增长的制度红利》,《南开经济研究》2020年第1期。

② 于茜等:《高质量发展视角下陕西省经济结构优化研究》,《西安财经学院学报》2019年第6期;孙正等:《"营改增"是否提升了全要素生产率?——兼论中国经济高质量增长的制度红利》,《南开经济研究》2020年第1期。

③ 贾栋栋等:《税制改革对产业结构调整的影响》,《河北金融》2020年第5期;孙正等:《"营改增"是否提升了全要素生产率?——兼论中国经济高质量增长的制度红利》,《南开经济研究》2020年第1期。

④ 储德银等:《税制结构变迁与产业结构调整:理论诠释与中国经验证据》,《经济学家》2017年第3期;孙正等:《"营改增"是否提升了全要素生产率?——兼论中国经济高质量增长的制度红利》,《南开经济研究》2020年第1期。

者运用可计算的一般均衡(CGE)模型,考察了增值税改革对投入产出关系的影响,研究发现增值税改革对收入分配、宏观税负以及居民福利具有正向的影响①。国内学者多倾向于"营改增"对二三产业增值税抵扣链条的打通,提升了产业层级,优化了资源配置,对居民福利具有一定的改善作用,并在一定程度上提高了经济效率②。同时,部分学者认为应该从全局性、前瞻性的视角,将其放在国家治理的大框架下,来考察"营改增"的经济效应③。

"营改增"作为中国近年以来最大的税制变革,是优化税制结构的重要举措,也是财税学者研究的核心议题。费雷德等考察了资本所得税改革对经济效率以及居民福利的影响④。多位学者考察了不同国家税制改革对居民福利的改善⑤。皮戈特等测算了零售税改为增值税后,第三产业增值税扩围对动态经济效率的影响,以及在其他条件不变的条件下,增值税有效税率差异的消除,如何影响国民收入与福利。随着"营改增"彻底推广到全行业,国内学者开始对"营改增"政策效果进行评估。部分学者认为"营

---

① R. Guesnerie, "A Contributiont the Pure Theory of Taxation", *Southern Economic Journal*, 1996, Vol. 63, No. 1, pp. 279 - 281; A. J. Auerbach, L. J. Kotlikoff, J. Skinner, "The Efficiency Gains from Dynamic Tax Reform", *International Economic Review*, 1983, Vol. 24, No. 1, pp. 81 - 100; Kenneth L. Judd, "Optimal taxation and spending in general competitive growth models", *Journal of Public Economics*, 1999, Vol. 71, No. 1, pp. 1 - 26; C. Chamley, "Efficient Taxation in A Stylized Model of Intertemporal General Equilibrium", *International Economic Review*, 1985, pp. 451 - 468; H. Nishioka, "Efficiency Gains from Reducing the Capital Income Tax Rate in a Lucas' Endogenous Growth Model", *Journal of Economics Business & Law*, 2005, No. 7, pp. 41 - 72.

② 平新乔等:《增值税与营业税的福利效应研究》,《经济研究》2009年第9期;胡怡建等:《我国"营改增"的财政经济效应》,《税务研究》2014年第1期;胡怡建:《如何发挥好"营改增"的功能效应》,《国际税收》2015年第6期;胡怡建等:《营改增宏观经济效应的实证研究》,《税务研究》2016年第11期;童锦治:《"营改增"、企业议价能力与企业实际流转税税负——基于中国上市公司的实证研究》,《财贸经济》2015年第11期;杨斌等:《中国金融业"营改增"路径的现实选择》,《财贸经济》2015年第6期;曹越:《"营改增"是否降低了流转税税负——来自中国上市公司的证据》,《财贸经济》2016年第11期。

③ 刘尚希:《营改增能否推动市场化资源配置?》,《金融经济》2016年第11期;高培勇等:《营改增之后要推进直接税改革》,《中国企业家》2016年第12期;杨志勇:《"营改增"需要跳出无谓的税负之争》,《经济研究参考》2016年第60期。

④ Ergete Ferede and Bev Dahlby, "The impact of tax cuts on economic growth: evidence from the canadian provinces", *National Tax Journal*, 2012, Vol. 65, No. 3, pp. 563 - 594.

⑤ Jonathan R. Kesselman, "Consumer impacts of bc's harmonized sales tax: tax grab or pass-through?", *Canadian Public Policy*, 2011, Vol. 37, No. 2, pp. 139 - 162; A. J. Auerbach, L. J. Kotlikoff, J. Skinner, "The efficiency gains from dynamic tax reform", *International Economic Review*, 1983, Vol. 24, No. 1, pp. 81 - 100.

改增"改变企业与产业之间的投入产出关系,加大企业科技研发投入的热情,产生技术外溢效应①。范子英等的研究发现,"营改增"试点,提升了企业的科技研发投入,促进了地区与行业之间的分工协作水平②。倪红福等发现,"营改增"使企业税收成本下降,并降低城镇居民的人均税收负担③。陈晓光基于企业层面微观数据,发现"营改增"降低了企业的流转税税负,消除有效税率差异,为企业绩效提升提供了财税制度基础④。田志伟等运用CGE模型,对"营改增"的效率提升进行计量检验,发现"营改增"在短期内对经济增速影响显著,但长期的政策效果有限⑤。孙正通过实证检验发现"营改增"带来产业结构的优化升级⑥。

---

① 童锦治等:《"营改增"、企业议价能力与企业实际流转税税负——基于中国上市公司的实证研究》,《财贸经济》2015年第11期;曹越:《"营改增"是否降低了流转税税负——来自中国上市公司的证据》,《财贸经济》2016年第11期。
② 范子英等:《"营改增"的减税效应和分工效应:基于产业互联的视角》,《经济研究》2017年第2期。
③ 倪红福等:《"营改增"的价格效应和收入分配效应》,《中国工业经济》2016年第12期。
④ 陈晓光:《增值税有效税率差异与效率损失——兼议对"营改增"的启示》,《中国社会科学》2013年第8期,第67—87页。
⑤ 田志伟等:《"营改增"对财政经济的动态影响:基于CGE模型的分析》,《财经研究》2014年第2期。
⑥ 孙正:《"营改增"视角下流转税改革优化了产业结构吗?》,《中国软科学》2016年第12期。

第三章　流转税改革的减税效应与分工效应

本章主要考察"营改增"的减税效应与分工效应，同时也为第四到第八章的效应评估打下良好基础。减税效应主要考察"营改增"实施前后，中国直接税与间接税的变化程度，分工效应主要基于交易成本与分工效率进行探讨。

"营改增"以来，中国总体税收负担明显降低。如图3-1所示，中国的税收收入在逐渐上升，税收增长率在逐年下降。从小口径分析中国的税收负担可知，税收负担＝全国税收收入/GDP。"营改增"前税收负担在逐年增长，2012年总体税负达到18.68%的高峰，处于上升阶段，财政收入增长较快，同时也反映了经济平稳增长、物价水平上升和企业效益稳定。在2012年开始进行"营改增"试点后，税收负担逐渐降低；2016年全面实施"营改增"后，税收负担持续降低，2019年税收负担为15.95%，与2012年相比降低了2.73个百分点，企业的"税负感"明显减轻。2018年由于减税降费的推行，税收负担

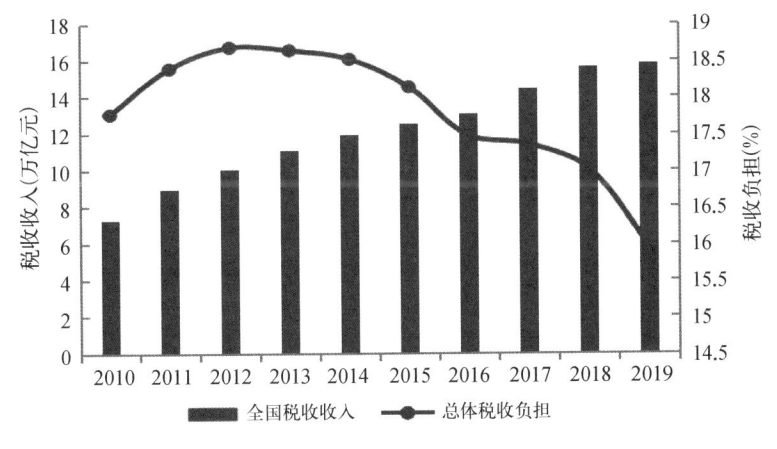

图3-1　2010—2019年中国总体税收负担

资料来源：Wind。

大幅度降低,为税收立法奠定了坚实的基础。可见,"营改增"的推行有利于减轻企业的税收负担,激发市场活力,从而保障国家税收收入,促进社会稳定发展。

第一节 "营改增"改革对间接税税负的影响

一、间接税税收负担的影响因素

对于小规模纳税人而言,"营改增"之前,交通运输业、建筑业、邮电通信业、文化体育业的营业税适用税率为3%,金融保险业、服务业、转让无形资产、销售不动产适用5%的税率,娱乐业适用5%—20%的差别税率。"营改增"后,小规模纳税人的征收率只有3%和5%两档。由于税率降低,小规模纳税人的间接税税负也随之减轻,某些行业的间接税税负甚至大幅度降低。对于一般纳税人来说,"营改增"之所以减轻了一般纳税人的间接税税负,主要是因为"营改增"避免了重复征税,完善了抵扣链条,提高了征管水平。

第一,避免重复征税。2016年,营业税改增值税全面推行,营业税完全退出历史舞台。增值税的全面实行引起了各界的强烈反响。营业税是以营业收入为计税依据,营业成本不能扣除。"营改增"后销售服务实行低税率,并且是对每一流通环节的增值部分征收增值税,避免了重复征税,降低了企业的间接税税负,减轻了企业的压力,激发了市场活力。

第二,完善抵扣链条。"营改增"的全面推行除了能避免重复征税,还可以完善抵扣链条。一般纳税人增值税应缴纳的税额=销项税额-进项税额。一般纳税人购进货物取得的增值税专用发票可以作为进项抵扣,这大幅减轻了企业的税负,不再像以前那样要按销售(营业)收入作为计税依据。

第三,提高征管水平。随着"营改增"推行,增值税成为间接税主体税种,是地方和中央的共享税,从此地方税缺少了主体税种,国地税合并是必然趋势。面对巨大的工作量,税务机关必须提升征管效率。在提升征管效率的同时,纳税人的纳税成本也在降低,这不仅间接地减少了企业的成本,还降低了企业的税负。

二、"营改增"试点前后对比分析

随着"营改增"的推行,中国的间接税比重在逐渐降低,直接税比重在提升,反映了"营改增"对调节税制结构起到了积极的作用。如图3-2所示,随着中国税收收入的不断升高,间接税税收收入也在提升。同时,中国间接税比重在2010年为44.05%,随着"营改增"的推行,2018年间接税占比为39.34%,与2010年相比下降了4.71个百分点。"营改增"使间接税占比大幅度下降,同时减税降费的实施也影响了间接税的比重,为完善税制结构奠定了坚实的基础。

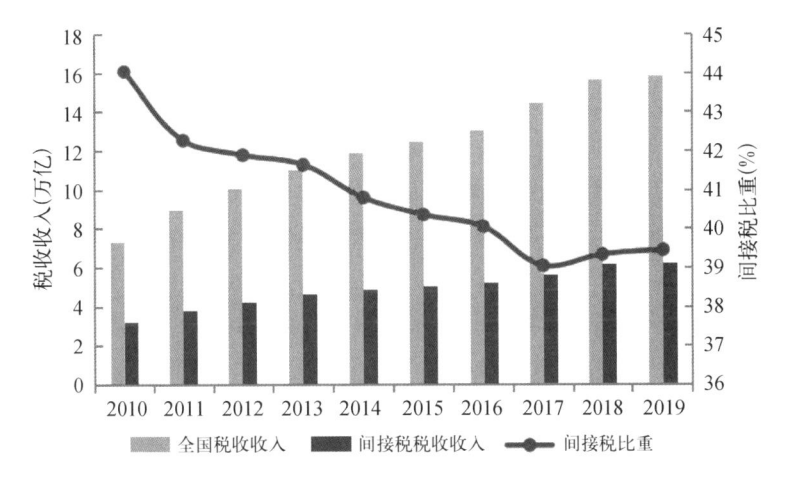

图3-2 2010—2019年间接税占税收收入的比重

注:这里分析的间接税包括国内增值税和营业税。
资料来源:Wind。

"营改增"前,间接税的比重在42%左右,可见间接税是中国主要的税收收入来源。2012年后,中国的间接税比重持续降低,这是因为从2012年开始,中国部分地区部分行业进行"营改增"试点工作,营业税收入逐渐转移到增值税收入上,逐渐完善了中国的税制结构,提高了直接税的占比。从2016年起,"营改增"的全面推行使间接税比重降低到40%以下,"营改增"的减税效应突出,间接税的占比有了明显降低,税制结构日益完善。

但间接税的占比与其他国家相比还是有一定差距。一些发达国家主要是以直接税为主的税制结构,中国是以间接税为主、直接税为辅的双主体税制结构,我们还要根据实际情况出发,制定相关的税收政策,继续降低中国的间接税占比,完善中国的税制结构。

中国是以间接税为主、直接税为辅的双主体税制结构,并且间接税占比过高,不利于企业的公平竞争。在"营改增"的进程中,中国不断在完善税制结构,提高征管水平,加快税收立法的进程,并且2018年减税降费的推行也为完善税制结构提供了良好的平台。我们要根据中国的国情,从实际情况出发,努力推行增值税三档变两档的政策,适当降低中国间接税的占比,尽快完成增值税的立法工作。

"营改增"的推行使中国间接税税收负担明显减轻。如图3-3所示,中国间接税税收负担在2012年为7.83%,2019年下降至6.29%。"营改增"之前间接税税收负担在7.8%左右波动,总体税负在持续上升,这表明总体税收负担加重的原因是直接税税收负担的加重。2012年实行"营改增"试点后,间接税税收负担逐年降低,这是因为"营改增"试点的推行后,部分地区部分行业没有了营业税,并且增值税的进项税额可以抵扣,抵扣链条得到完善,重复征税问题得以缓解。2016年"营改增"全面推行后间接税税收负担大幅度降低,打通了增值税的抵扣链条。企业的"税负感"减轻,有利于企业的公平竞争,激发了市场活力。2018年减税降费的推行降低了增值税税率,大部分民营企业享受到了税收优惠政策,这也是间接税税负降低的原因之一。

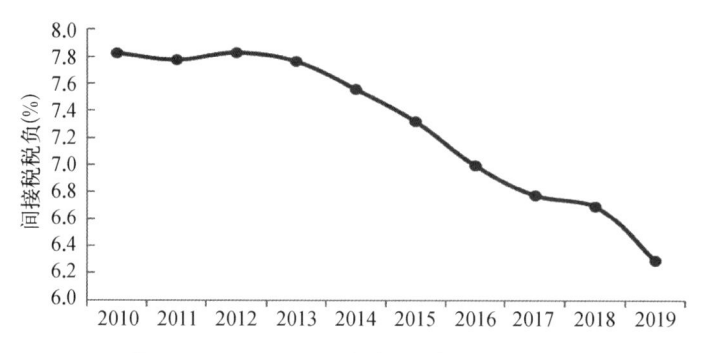

图3-3 2010—2019年中国间接税税收负担

资料来源:Wind。

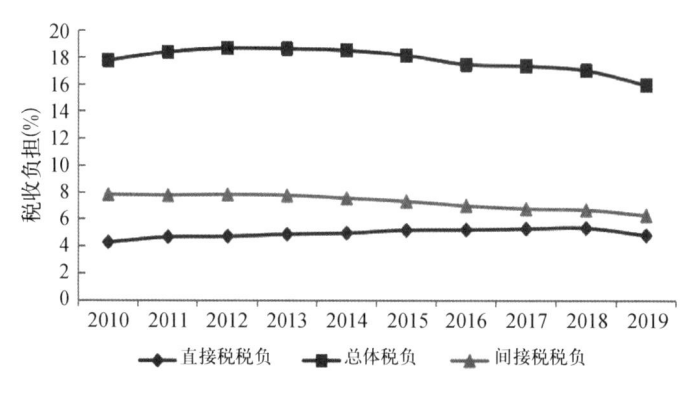

图3-4 2010—2019年中国税收负担对比

资料来源:Wind。

从图3-4可知,"营改增"前总体税负在持续上升,间接税税负持平稳波动。直接税税负逐年上升。2012年"营改增"试点推行后,间接税税负持续降低,而直接税税负在持续增长,这是因为"营改增"的推行完善了中国的税制结构，使间接税占比越来越低，直接税占比越来越高，从而使间接税税负和直接税税负呈反方向运动。从2016年"营改增"全面实施开始，中国的总体税负和间接税税负有了明显下降，"营改增"在一定程度上起到了减税的效应。2018年减税降费的推行使间接税和直接税税收负担都有所降低，有利于建立持续稳定的社会环境。减税降费的推行为完善中国税制结构、提高中国税收征管水平、增加财政收入和建立税收法治体系提供了良好的契机。

三、主要行业减税差异性分析

为分析各行业间接税税收负担，本研究选取了建筑业、金融业、交通运输业、批发和零售业、房地产业、仓储和邮政业、住宿和餐饮业为代表。从图3-5可知，近十年间大部分间接税税收负担在"营改增"前较稳定，其中房地产业、批发和零售业的间接税税收负担偏高，交通运输、仓储和邮政业、住宿和餐饮业、金融业间接税税收负担低于中国平均间接税税收负担，建筑业和中国平均间接税税收负担基本持平。2016年"营改增"后大部分行业间接税税收负担呈下降趋势。其中，房地产行业、建筑业、住宿和餐饮业的间接税税收负担下降幅度较大，说明这些行业受"营改增"的影响较大，增值税可抵扣进项税额降低了这些行业的税负；而建筑业、金融业、批发和零售业出现上升的趋势，因为这些行业由于缺少进项税额的抵扣凭证使得间接税税负呈相反趋势。

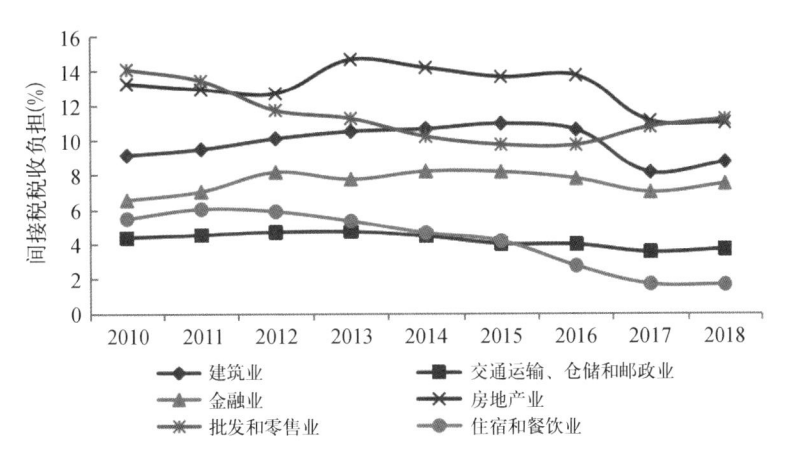

图3-5 2010—2018年各行业间接税税收负担

资料来源：中国税务年鉴。

近几年，国家制定了许多政策来对房地产行业进行调节，房地产行业的间接税税收负担和其他行业相比明显偏高，间接税增幅也忽高忽低。从图3-6可知,房地产行业的间接税税收收入在逐年上升,但增长率变化很大,2017年出现了负增长,这也体现了房地产行业的波动性和不稳定性。

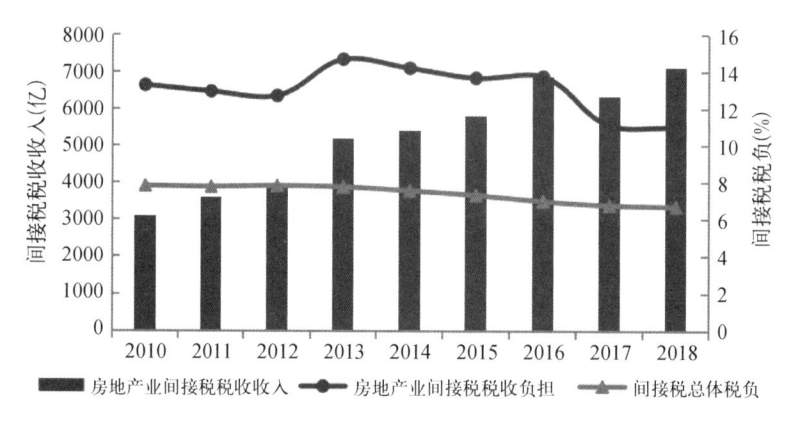

图 3-6　2010—2018 年房地产业间接税税收变化情况

资料来源:中国税务年鉴。

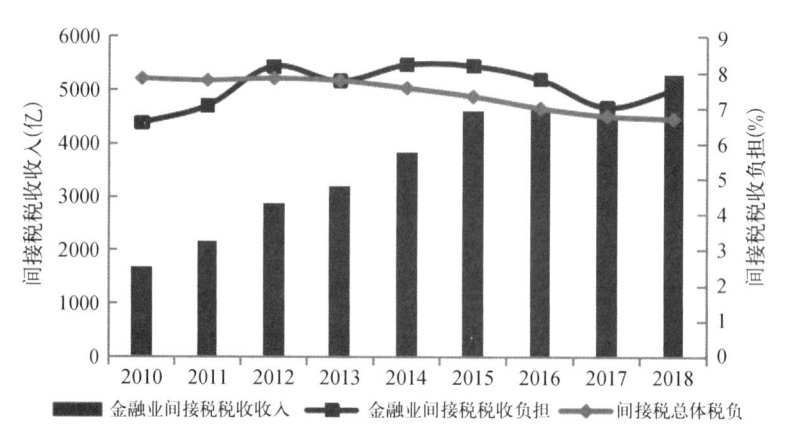

图 3-7　2010—2018 年金融业间接税税收变化情况

资料来源:中国税务年鉴。

"营改增"前,房地产行业的间接税税收负担呈上升趋势,并且在2013年高达14.67%,也高于中国平均间接税税收负担。随着"营改增"的推行,房地产行业的间接税税收负担在逐渐降低,2018年间接税税负为10.99%,与最高点相比降低了3.68个百分点,说明"营改增"对房地产行业起到了减税的效果,但与总体间接税税收负担相比还是高很多。另外,房地产业较复杂,只分析间接税税收负担不能完全说明此行业的总体税负,土地增值税和房产税也是影响此行业税负的因素。从图3-7可以看出,金融业的间接税税收收入持稳定上升趋势,但在2017年出现了负增长,一部分原因是"营改增"的推行影响了金融行业的发展,使间接税税收收入减少。"营改增"前金融业的间接税税收负担总体呈上升趋势,2014年最高点达8.22%,随后间接税税收负担开始下降,在2017年低至7.02%,与最高点相比降低了1.2个百分点,但在2018年间接税税收负担有所提升。这主要是因为金融行业在"营改增"前适用的营业税的税率为5%,而"营改增"后适用6%的增值税税率,虽然增值税的进项税额可以抵扣,但金融业作为服务行业进项很少,不能完全打通抵扣链条,造成了间接税税负不减反增的怪现象。例如,银行业主要的收入来源是利息收入,其次是手续费及佣金和金融商品买卖收入,银行业的利息收入占全部收入的85%左右,而利息支出不能进行进项税的抵扣,这就意味着银行业的抵扣范围受到了一定的限制。

第二节 "营改增"改革对直接税负的影响

"营改增"改革有效缓解了重复征税问题,这不仅对间接税税负产生较大的影响,对中国直接税税负也产生一定的影响。接下来,本研究将从"营改增"对直接税税负的影响路径,以及"营改增"改革对总体直接税税负、分行业直接税税负的影响三个方面,分别分析"营改增"对中国直接税税负产生的影响。

一、直接税税收负担的影响因素

"营改增"改革对直接税的影响,以企业所得税税负的变动为例进行分析。"营改增"改革之后,在企业收入和支出金额一定的前提下,由征收营业税改征增值税,对企业的应纳税额还是存在一定影响:(1)从主营业务收入的角度来说,营业税是一种价内税,而增值税是一种价外税,企业在签订合同时,需要将营业税并入合同的价款当中,而改征增值税之后,企业在签订合同时主营业务收入就不包含增值税这一部分,会将增值税单独计算,这样就使得主营业务收入小于缴纳营业税时确认的收入。(2)税金及附加会变少。在"营改增"以前,该会计科目是"营业税金及附加",将营业税剔除这个科目后,税金及附加会大幅下降。(3)成本费用会有所下降。企业购买的货物及服务等,其进项税额可以抵扣销项税额,所以企业的成本费用的降低金额,取决于该企业所购进的可以作为进项抵扣的货物及服务的多少。因此,"营改增"改革后收入和成本均有所下降,但是最终的会计利润和应纳税额的变动方向,仍然很难确定。

二、"营改增"对总体直接税税收负担的影响分析

"营改增"改革对直接税税收收入的影响将通过所得税收入占总税收收入的比重进行测算。由图3-8可知,中国在2012年"营改增"改革试点开始时,直接税税收收入占总税收收入的比重,存在小幅度的下降,但是在之后的几年逐步上升,由2012年的25.32%上升至2018年的31.45%。甚至在2016年全面"营改增"改革之后,这个比重依然呈现上升趋势。直接税占比的提升,主要是因为营业税是价内税,其按照营业收入确定税款,而增值税是价外税依照增值额的多少征收税款。2012年部分行业将征收营业税改为征收增值税,有效改善了企业重复征税的情况,因此2012年之后,乃至2016年全面"营改增"都使得中国直接税税收收入占总税收收入的比重不断上升。如图3-8所示,2019年中国的直接税税收收入占总税收收入的比重,由升转降,出现这个现象的主要原因是2019年中国个人所得税免征额大幅提升,同时还新增了多项专项扣除项目。

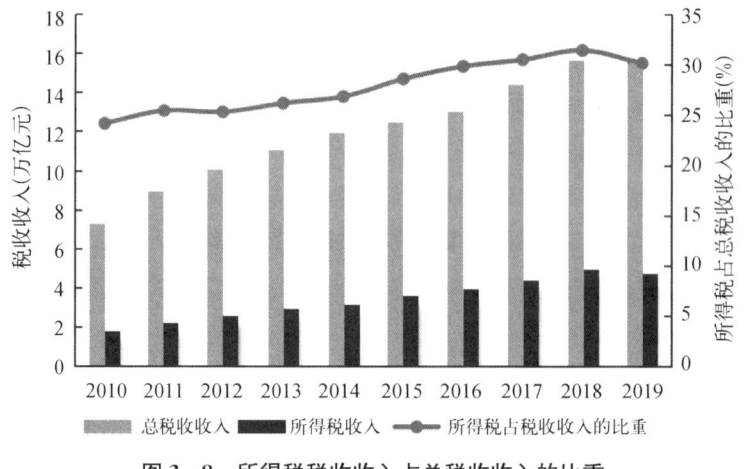

图3-8 所得税税收收入占总税收收入的比重

资料来源:Wind。

"营改增"改革之后,中国企业所得税的税收收入占总税收收入的比重,呈现缓慢上升的趋势。由图3-9可以清晰地看出,该比重从2010年的18%上升至2019年的24%。

随着"营改增"逐步落实,这项改革对企业所得税税收收入的影响也在不断加大。但是"营改增"改革之后,个人所得税占总税收收入的比重在6%左右不停波动,因此可以看出"营改增"对个人所得税的影响不大,其影响直接

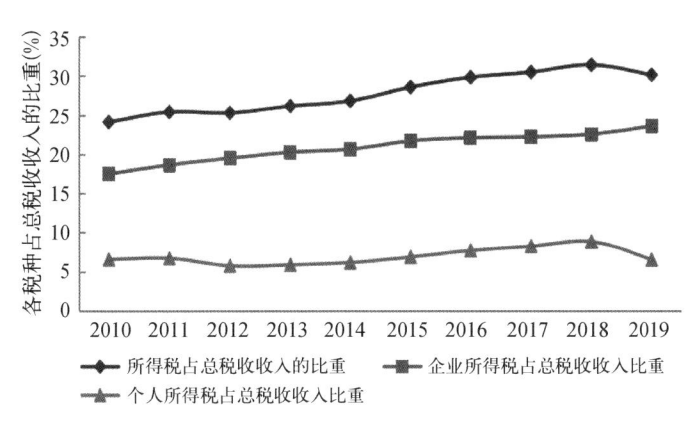

图 3-9 所得税变动趋势图

资料来源：Wind。

税税负的方式主要依靠影响企业所得税的税收收入。

利用所得税的税收收入来计算中国直接税税负，计算公式为：直接税税负＝直接税税收收入/国内生产总值。从图 3-10 中可以清晰看出，中国在 2010 年到 2018 年间的直接税税负，大体上呈现上升的趋势。但是，在 2012 年"营改增"改革试点开始时，以及 2016 年全面"营改增"改革当年，中国直接税税负的上升趋势有所放缓，在此之后又稳步提升。2018 年之后，中国直接税税负大幅下降，是因为个人所得税改革以及减税降费政策实施的影响。"营改增"之前，直接税税负较低，与间接税税负差距较大，不符合中国所提出的双主体税制模式。"营改增"改革之后，中国直接税税负呈现稳步提升的态势，有利于中国逐步向以所得税为主体的税制结构转型。

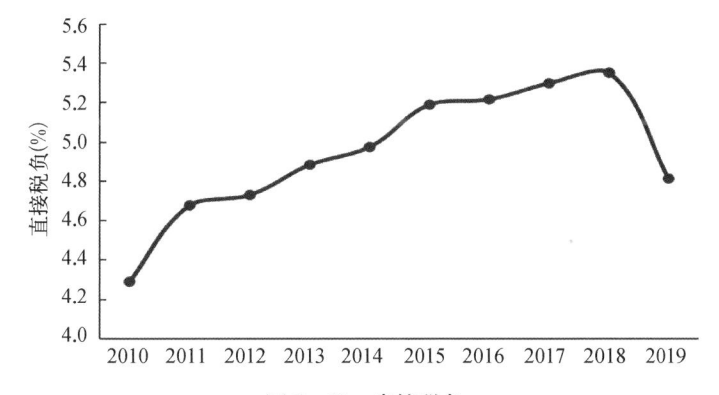

图 3-10 直接税负

资料来源：Wind。

三、主要行业直接税税收负担的异质性影响

为解释"营改增"改革对中国各行业的税收收入的影响,选取了如图3-11所示的六个行业进行分析。由图3-11可以清晰地看出,"营改增"改革对各个行业产生的影响各不相同,并不是对所有行业的直接税税收收入都产生较大的影响,例如,房地产等行业,在"营改增"前后税收收入的变化趋势基本不变,整体上呈现出不断上升的趋势。

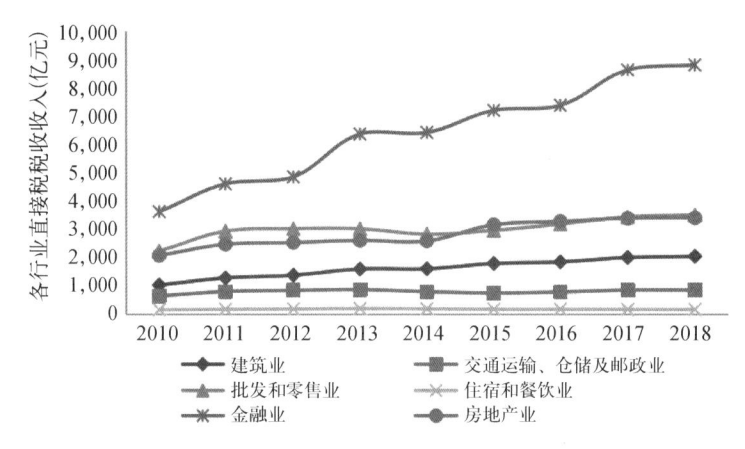

图3-11　2010—2018年各行业直接税税收收入

资料来源:2011—2019年税务统计年鉴。

但是,从图3-11中可以明显看出金融行业的直接税税收收入在"营改增"改革后发生了并不显著的变化。金融业在2016年全面"营改增"之前,其直接税税收收入呈现波动上升的趋势,但是在2016年全面"营改增"之后,其直接税税收收入与上一年基本保持一致,随后几年又呈现不断上升的趋势,因此可以看出"营改增"改革对金融行业的直接税税收收入影响不大。但也有些行业的直接税税收收入反而有所上升,如图3-12所示的交通运输、仓储及邮政业的直接税税收收入,在2012年"营改增"改革试点之前呈现大幅上升的态势,但是在2012年时,其直接税税收收入逐渐下降,之后随着经济的发展其直接税税收收入又逐步提升。

为进一步分析中国"营改增"改革对直接税税负的影响,采取以下直接税税负计算公式:各行业的直接税税负=各行业直接税税收收入/各行业的国内生产总值。如图3-13所示,选取了六个行业的直接税税负进行比较分析:金融行业的直接税税负在六个行业中最高,并且在2010年到2018年之间,一直高于12%,远远高于其他行业的直接税税负。同时,金

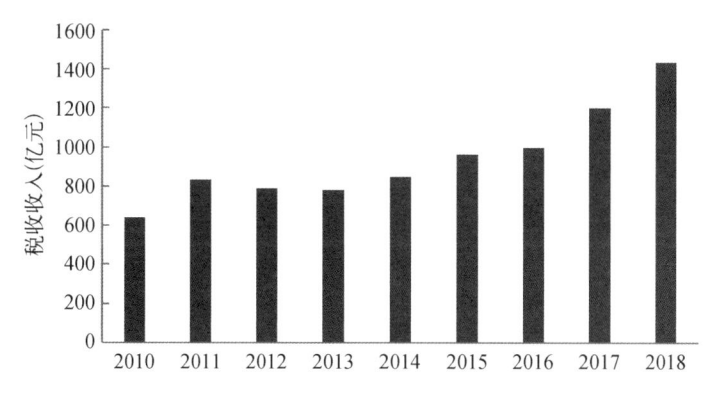

图 3-12 交通运输、仓储及邮政业直接税税收收入

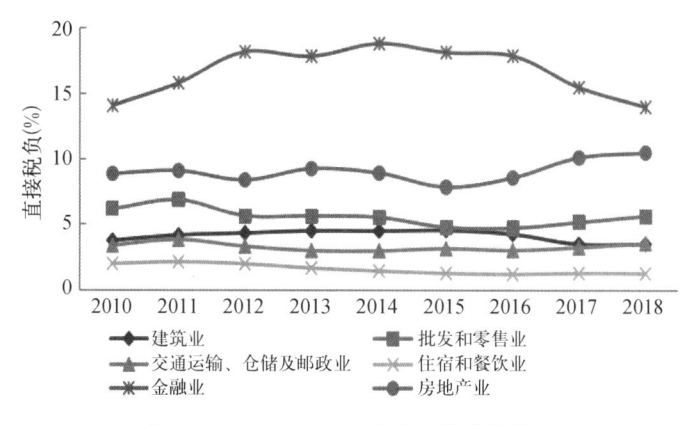

图 3-13 2010—2018 年各行业直接税负

资料来源：Wind 和 2011—2019 年税务统计年鉴。

融行业的直接税税负在"营改增"改革之前，一直处于比较平稳的态势，在 2016 年全面"营改增"之后，金融行业的直接税税负呈现出大幅下降的趋势，因此"营改增"改革降低了金融行业的直接税税负，使其可以更好地发展。批发和零售业以及交通运输、仓储及邮政业的直接税税负在"营改增"之前呈上升趋势，在 2012 年"营改增"试点之后，直接税税负有所下降，但是在 2016 年全面"营改增"之后，这两个行业的直接税税负有所回升，呈现出上升趋势。"营改增"之前建筑行业的直接税税负呈现缓慢上升的趋势，但是在 2016 年"营改增"之后，立即呈现下降的趋势。与其他行业不同，住宿和餐饮业的直接税税负最低，且在"营改增"改革之后，其直接税税负一直呈现不断下降的趋势。

综上所述，金融等行业的直接税税负在波动中上升；房地产行业的直接税税负在 8% 到 12% 之间来回波动，并在"营改增"之后呈现上升趋势；批发零售业的直接税税负在"营改增"之后也有所下降。总的来说,"营改增"改革对各行业的直接税税负影响各不相同,部分行业的直接税税负有所下降,但大部分行业的直接税税负是在短暂的回落后继续上升。直接税税负的上升,有利于中国向以所得税为主体的单一税制转型。

第三节 "营改增"改革的分工效应

1994年分税制以来,营业税与增值税并行带来了重复征税问题,这使得中国传统企业往往倾向于自给自足的一体化经营方式。随着市场经济的发展,企业核心竞争力逐渐成为能够在日益激烈的市场竞争中取胜的关键,也是中国经济由高速发展向高质量发展的主要推力。一体化经营方式下,一方面,企业嵌入的生产辅助部门发展能力有限,无法满足企业自身产业升级的需求,另一方面企业也无法将有限的资金、技术、人力等生产资源全部集中用于发展自身核心业务,不可避免地会降低生产效率,不利于资源的有效配置。在供给侧结构改革的背景下,"营改增"政策的设计初衷本就不仅仅是减税降负,更重要的是被赋予了实现中国产业转型升级的重任,即打通抵扣链条,促进产业之间的分工协作,提升专业化分工水平。

一、专业化分工概念界定

专业化分工最初是由亚当·斯密提出的,最初是指将单个人完成的生产活动按照不同的职能进行划分,分别由不同的人协作完成。随着经济的发展,人们逐步将分工主体扩展到企业,研究不同的企业之间通过负责产业链各个环节的不同部分,协作生产最终产品。亚当·斯密认为,分工能够让个人的生产行为更加专业、更加熟练。

目前中国关于专业化分工的研究更多是基于区域经济发展视角和国际分工视角。在区域经济发展视角的研究中,黎峰的研究指出,专业化分工有利于促进区域协调发展[①]。刘帷韬、何晖、林瑶鹏等基于城市职能专业化分工理论,通过2003—2018年粤港澳大湾区城市群的面板数据,研究影响不同城市专业化分工的因素[②]。尚永珍、陈耀指出城市群内功能分工对城市经济

---

① 黎峰:《国内专业化分工是否促进了区域协调发展?》,《数量经济技术经济研究》2018年第12期。
② 刘帷韬等:《城市职能专业化分工形成机制及影响因素——基于粤港澳大湾区城市群的实证检验》,《商业经济研究》2020年第15期。

增长具有促进作用①。基于国际分工的视角,李晓华指出伴随着技术水平的发展,中国在国际产业分工中的地位逐渐从产业链低端向中高端水平转变②。栾秋琳、安虎森通过数值模拟对"一带一路"沿线国家的要素条件进行分析,论证了"一带一路"沿线国家建立分工体系的可能性③。另外,相关文献也探讨了其他因素对专业化分工水平的影响。互联网的普及降低了企业的搜寻成本和非合约成本,有利于促进中国制造业企业分工水平的提升④。市场规模和交易成本影响企业的专业化分工水平,市场规模越大、交易成本越低,专业化分工水平越高⑤。

二、"营改增"对专业化分工的影响

刘晗提到"营改增"政策推行后,交通运输服务和现代服务的抵扣链条进一步完善,能够有效促进产业间进行专业化分工协作⑥。陈钊提出"营改增"政策推动专业化分工的两种可能:一是制造业企业原本用来自给的生产性业务获得了对外经营的机会;二是服务业企业获得了更多来自制造业企业的服务购买需求⑦。范子英、彭飞从产业互联的视角,通过三种分工程度的度量方式,为"营改增"政策推动产业分工、跨地区分工的作用提供了经验证据;同时指出"营改增"分地区、分行业试点的政策推行方式在一定程度上增加了分工的隐性负担,弱化了政策效应⑧。钱晓东指出,"营改增"对不同行业、不同性质的企业带来的分工效应是不可同日而语的,交通运输行业、有形动产租赁行业、研发和信息技术业、制造业等行业的分工效应更显著;相对于国有企业,非国有企业的分工效应更加显著⑨。

尽管目前专门研究"营改增"分工效应的文献相对有限,但从现有的研究

---

① 尚永珍等:《城市群内功能分工有助于经济增长吗?——基于十大城市群面板数据的经验研究》,《经济经纬》2020年第1期。
② 李晓华:《国际产业分工格局与中国分工地位发展趋势》,《国际经贸探索》2015年第6期。
③ 栾秋琳等:《比较优势、产业转移与国际分工——基于"一带一路"倡议的研究》,《西南民族大学学报(人文社科版)》2020年第3期。
④ 施炳展等:《互联网是否促进了分工:来自中国制造业企业的证据》,《管理世界》2020年第4期。
⑤ 唐东波:《贸易开放、垂直专业化分工与产业升级》,《世界经济》2013年第4期。
⑥ 刘晗:《"营改增"试点政策运行对企业影响的效应分析》,《经济研究参考》2014年第23期。
⑦ 陈钊等:《"营改增"是否促进了分工:来自中国上市公司的证据》,《管理世界》2016年第3期。
⑧ 范子英等:《"营改增"的减税效应和分工效应:基于产业互联的视角》,《经济研究》2017年第2期。
⑨ 钱晓东:《"营改增"、专业化分工与研发投入——基于微观企业数据的经验研究》,《山西财经大学学报》2018年第2期。

中可以看出,"分工效应"是"营改增"政策发挥其他作用的重要传导机制。"营改增"政策通过理顺产业之间的投入产出关系拓展了制造业产业链上游企业的业务量,促进了制造业绩效提升[1]。"营改增"通过服务"创造效应"和服务"挤出效应"促进了制造业与服务业的融合发展[2]。其中的服务"挤出效应"是指制造企业放弃原有的生产辅助部门,将全部精力投入到主营业务的发展上,即本部分论述的"分工效应"。"营改增"政策通过分工效应促进了企业创新投入的增加[3]。"营改增"通过细化产业分工,促进了全要素生产率的提高[4]。综上所述,理清"营改增"的分工效应是评价"营改增"政策效果的关键。

三、"营改增"对交易成本的影响

"营改增"改革解决了营业税政策下的重复征税问题,降低了制造业和服务业之间、服务业行业内部之间专业化分工所造成的不合理税负[5]。"营改增"政策推行以前,对于制造业企业来说,购买的中间服务价值越高,需要承担的不合理税负越重;对于服务业行业来说,只要服务在不同环节被提供,税收负担就会随着流转环节的增加而增加。以制造业企业为例,如果制造业企业向服务业企业外购服务,服务业企业需要针对该项服务缴纳营业税,生产企业需要依据最终的销售额缴纳增值税,而营业税不能作为增值税的抵扣额,针对该项服务就产生了重复征税问题。"营改增"政策推行以后,如图3-14的①过程所示,生产企业就外购服务承担的增值税形成进项税额,能够在未来缴纳增值税时作为抵扣项目,增值税抵扣链条得以衔接,直接解决了专业化分工过程中的不合理税负问题,大幅降低专业化分工的交易成本。

"营改增"政策有利于促进专业化分工的跨地区合作,推动专业化分工在地区层面上的梯度发展。"营改增"改革除了税种、税目和税率的调整,还涉及征管方面的变化。原来缴纳营业税的服务业在改征增值税后统一由国家

---

[1] 孙正等:《"营改增"是否提升了全要素生产率?——兼论中国经济高质量增长的制度红利》,《南开经济研究》2020年第1期。
[2] 孙晓华等:《"营改增"促进了制造业与服务业融合发展吗》,《中国工业经济》2020年第8期。
[3] 毛捷等:《营改增对企业创新行为的影响——机制分析与实证检验》,《税务研究》2020年第7期;钱晓东:《"营改增"、专业化分工与研发投入——基于微观企业数据的经验研究》,《山西财经大学学报》2018年第2期。
[4] 孙正等:《"营改增"是否提升了全要素生产率?——兼论中国经济高质量增长的制度红利》,《南开经济研究》2020年第1期。
[5] 史明霞等:《全面实施营改增的经济效应分析》,《中国财政》2016年第20期;李艳艳等:《营改增的减税效应——基于双重差分模型的检验》,《税务研究》2020年第8期;毛捷等:《营改增对企业创新行为的影响——机制分析与实证检验》,《税务研究》2020年第7期。

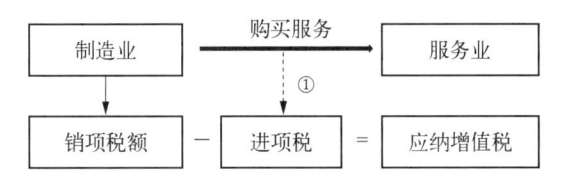

```
制造业  →购买服务→  服务业
  ↓              ①
销项税额 - 进项税 = 应纳增值税
```

图3-14 "营改增"降低了专业化分工的交易成本

税务总局征管,国家税务局的垂直征管体系相较于属地性质的地方税务局管理系统能够简化跨地区分工业务过程中增值税的申报抵扣负担,降低了跨地区分工业务发展的阻力。范子英以企业省外主营业务收入占主营业务收入的比重作为衡量标准研究跨地区的分工协作程度,结果发现,"营改增"改革后具备产业互联的企业省外收入占比相较于营业税时期显著提升,因此可以认为"营改增"政策有利于跨地区专业化分工的发展[①]。在成本最小化的原则下,一些产业层次和技术含量较低的企业为了谋求更低的生产成本将会向经济欠发达地区转移,技术含量相对较高的企业为了谋求更好的技术、资金、人才资源,会向经济相对发达的地区集聚,最终经济发展程度不同的地区在专业化分工过程中扮演的角色将会呈现出一定程度的梯度特征。

四、"营改增"对产业分工效率的影响

"营改增"政策能够推动专业化分工向纵深发展,产业分工逐渐走向精细化,提升专业化分工水平。基于交易成本理论,市场的交易成本与企业内部的组织成本之间的相对关系是影响专业化分工水平的重要因素。当企业外购中间产品形成的交易成本低于"自给自足"式一体化经营方式下的内部组织成本时,企业就会倾向于专业化分工的组织方式,产生将原有生产辅助部门剥离出去的动机。如图3-14的过程①所示,企业将一体化经营模式下的生产辅助服务分离出去,通过外购服务满足生产过程中的研发、设计、销售等需求,专注于培养制造业生产业务的核心竞争力,有利于促进行业内部的分支门类向多样化发展,生产分工也越来越细。这种机制同样作用于服务业。对于服务业企业来说,除了能够承接更多的来自制造业企业的外包业务,业务范围得到扩大,而且在专业化分工的动机下,将更专注于自己具备竞争优势的主营核心业务,将一些本企业不擅长的或者相关辅助业务再二次外包给其他服务企业,如图3-15所示的过程②。在这

---

① 范子英等:《"营改增"的减税效应和分工效应:基于产业互联的视角》,《经济研究》2017年第2期。

样的良性循环下,现代服务业的分工将会越来越精细化、专业化,推动专业化分工水平进一步提高。

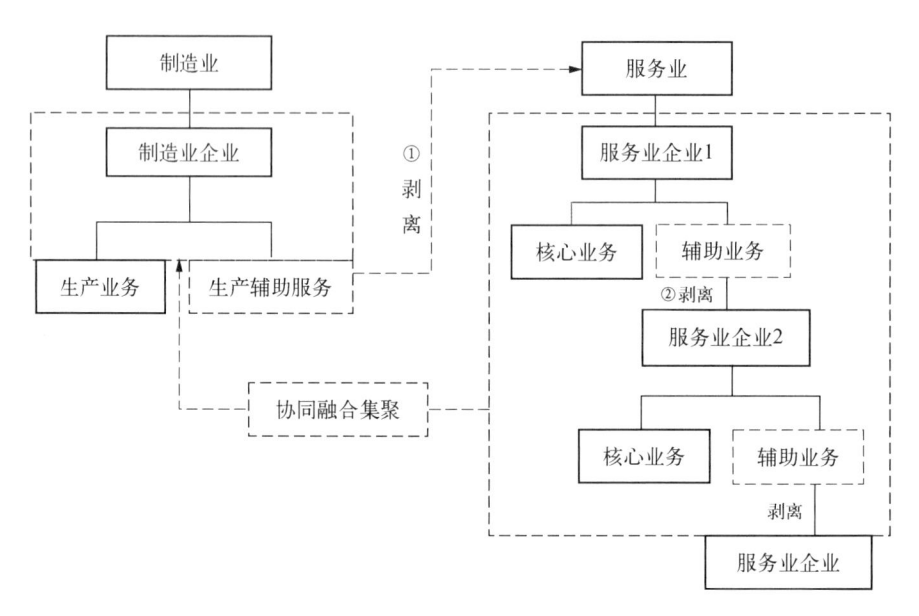

图 3-15 "营改增"对产业分工的影响

随着专业化分工水平的提高,各企业的生产经营由"大而全"转向"细而精",行业门类逐渐精细化,企业会更加集中精力发展主营业务,有利于专业化分工效率的提升。一方面,在专业化分工背景下,通过剥离落后业务部门,企业能够将有限的生产资源投入最具优势业务活动,培养核心竞争力,占据更大的市场份额,进一步提高研发投入和创新支出,激发企业不断开拓创新的积极性。另一方面,专业化分工范围的扩大强化了处于产业链相同位置的企业之间的竞争。为了在市场竞争中占据有利地位,企业会加大技术研发投入,降低自身边际生产成本,提高企业产品或服务的市场竞争力。同时,各企业将自身定位在最具竞争力的高技术投入、高投资收益的环节,由此形成的技术创新能力能够扩散到产业链的其他环节,推动产业链整体分工效率的提升。

第四章 流转税改革与产业结构优化升级

税制改革作为产业结构升级演进的重要影响因素而受到理论界广泛关注。本章是流转税改革宏观经济效应评估的第一个层面,基于鲍莫尔提出的非均衡增长模型[1],在考察新一轮财税改革基础上,通过简单的理论分析,考察"营改增"与产业结构演进升级之间的内在经济逻辑。本章主体包括三部分:第一部分是"营改增"对产业结构优化的影响效应;第二部分是"营改增"对制造业绩效的影响;第三部分是"营改增"对生产性服务业与制造业协同融合的影响效应。

第一节 问题提出

当前,中国面临着经济转型与产业结构调整的双重挑战,经济发展进入新常态,增速放缓,传统产业陷入过剩困局,产业结构调整迫在眉睫,中国经济经过近三十年的粗放式发展,经济和社会发展面临的资源和环境约束日益强化。因此,国家将产业结构转型升级作为当前工作的重中之重。现实经济中影响产业结构演进升级的因素复杂多变,财税政策无疑是其中关键因素之一。产业结构升级与政府财税政策息息相关。政府税制改革对于产业结构升级演进具有重要的推动效应,政府可以通过增加财政支出来改善基础设施,并对产业多样化和产业结构升级提供因势利导的支持。同时,财税体制改革作为政府宏观调控的重要政策工具制度成本最小,并能很好地体现一个国家或地区在特定时期产业政策

---

[1] William J. Baumol, "Macroeconomics of unbalanced growth: the anatomy of urban crisis", *The American Economic Review*, 1967, Vol.57, No.3, pp.415–426.

调整的风向与力度。财税改革是中国经济转型与产业结构重大调整的主要推动力。

事实上,政府大部分产业政策的出台都是围绕着税收工具展开,或者有具体的财税政策予以配套。与税制改革比较,无论是税收优惠,抑或是财政支持,对于产业结构优化的促进作用操作性不强,而税制改革对产业结构升级演进的影响更为彻底。以"营改增"为主线索的流转税改革是中国近年来最重要的税制改革之一,也是中国结构性减税的重要组成部分,牵扯到中国营业税与增值税两大税种,对于三次产业的行业税负、投资收益率、投资结构以及资源配置的方向具有深远的影响。本部分对"营改增"与产业结构升级演进之间内在逻辑关系的研究有利于深化认识税制改革,并进一步解释税制改革对产业结构时空演进的正向促进作用与传导机制。从理论和实证两个层面上考察"营改增"对产业结构变迁的影响,对于产业结构升级演进理论的构建,充分发挥财政"定向诱导"功能,诱导产业结构升级,特别是经济转型与结构调整背景下产业政策的出台具有重要的理论和现实意义。

财税改革既可以直接影响产业结构的变迁,又可以通过间接的渠道影响产业结构演进升级。这主要表现在如下两个方面:第一,税制改革通过税负直接影响各产业经济成本,进而使资源在各产业之间重新配置;第二,财税政策间接影响不同产业内部以及各产业之间的平衡关系。随着"营改增"推广到全行业,增值税彻底取代营业税,原来并行于第二产业与第三产业的营业税、增值税二元税制模式,彻底转变为以增值税为主体的流转税一元税制模式,改善了国民经济中各产业之间资源配置的扭曲程度,一定程度上降低了第三产业税负,促进了产业结构的优化升级。具体到"营改增"来说,主要是通过以下两点影响产业结构:其一,基于对税收归宿理论的认知,"营改增"最终会降低居民的实际商品税负担,增加居民可支配收入。随着可支配收入的增加,由于工业品与服务的需求弹性有差别,必然带来第二产业与第三产业商品需求此消彼长的变动。其二,基于对税收在经济运行中性质和作用机理的认识,作为一个主体税种,营业税总体税负比增值税高三分之一左右,营业税主要存在于服务业,增值税主要存在于第二产业,随着"营改增"彻底推广到全行业,必然带来第三产业宏观税负相对于第二产业下降,形成政策洼地,进而促进产业结构的演进升级。

产业结构升级演进受到国内外学者的广泛关注,国外文献更多的是通过恩格尔效应和鲍莫尔效应对产业结构变迁进行解读。恩格尔效应认为,随着经济社会的发展,个人或家庭对农产品、工业品以及服务的需求弹性以及收入弹性存在差异,从而影响产业结构的变迁①。鲍莫尔效应主要是通过全要素生产率,对产业结构变迁进行解释,即随着全要素生产率在不同产业与部门之间的调整,带来劳动力在不同部门之间的重新调配,进而带来产业结构变迁②。罗杰森(Rogerson)考察1956年至2003年法国、德国、意大利和美国工作时间的演变以及税收与技术在产业结构升级过程中的差异③。丹尼斯(Dennis)和伊斯坎(Iscan)分析美国近一百多年的数据发现,第二次世界大战之前美国产业结构变迁主要受恩格尔效应影响,第二次世界大战以后鲍莫尔效应对美国产业结构变迁影响更大④。埃斯特班-普雷特尔(Esteban-Pretel)和泽田(Sawada)以日本为例,考察了农业与非农业部门之间劳动力流动障碍是否抑制了产业结构变迁⑤。阿尔瓦雷斯-夸德拉多(Alvarez-Cuadrado)和波施克(Poschke)的研究发现,农业生产部门全要素生产率的提高具有劳动推动效应,非农业部门全要素生产率的提高具有劳动吸引效应,此两种效应相互作用使劳动力更多的流入到非农业部门⑥。赫伦多夫(Herrendorf)、罗杰森(Rogerson)和瓦伦蒂伊(Valentinyi)研究了美国经济转型过程中,各行业财政支出的份额,发现消费性支出是产业结构转型背后的主导力量,产业的增加值效应占据主导地位⑦。

  国内学者的研究大多集中于微观领域,很少从宏观层面上研究税制改革

---

① Piyabha Kongsamut, Sergio Rebelo, Danyang Xie, "Beyond balanced growth", *The Review of Economic Studies*, 2001, Vol. 68, No. 4, pp. 869 – 882; Francisco J. Buera, Joseph P. Kaboski, "The rise of the service economy", *The American Economic Review*, 2012, Vol. 102, No.6, pp.2540 – 2569.

② L. Ngai, Rachel, Christopher A. Pissarides, "Structural change in a multisector model of growth", *The American Economic Review*, 2007, Vol. 97, No. 1, pp. 429 – 443; Daron Acemoglu, Veronica Guerrieri, "Capital deepening and nonbalanced economic growth", *Journal of Political Economy*, 2005, Vol.116, No.3, pp.467 – 498.

③ Richard Rogerson, "Structural transformation and the deterioration of european labor market outcomes", *Journal of Political Economy*, 2008, Vol.116, No.2, pp.235 – 259.

④ Benjamin N. Dennis, Talan B. İşcan, "Engel versus Baumol: accounting for structural change using two centuries of U.S. data", *Explorations in Economic History*, 2008, Vol.46, No.2, pp.186 – 202.

⑤ Julen Esteban-Pretel, Yasuyuki Sawada, "On the role of policy interventions in structural change and economic development: The case of postwar Japan", *Journal of Economic Dynamics and Control*, 2014, Vol.40, No.2, pp.67 – 83.

⑥ Francisco Alvarez-Cuadrado, Markus Poschke, "Structural change out of agriculture: labor push versus labor pull", *American Economic Journal: Macroeconomics*, 2011, Vol.3, No.3, pp.127 – 158.

⑦ Berthold Herrendorf, Richard Rogerson, Ákos Valentinyi, "Two perspectives on preferences and structural transformation", *The American Economic Review*, 2013, Vol.103, No.7, pp.2752 – 2789.

对产业结构变迁的影响。柳光强、田文宠对中国战略性新兴产业税收优惠政策进行考察,依据税收工具影响产业结构升级的作用机制,提出加快发展中国战略新兴产业的税制设想[1]。魏福成等以新政治经济学为分析工具,探讨产业结构转型升级机制,考察了中国式分权对产业结构升级演进的抑制作用[2]。王文举、向其凤构建了产业结构优化升级的投入产出动态模型,对产品出口结构以及消费结构进行了预测[3]。另外,国内学者考察了财政支出与产业结构之间的内在经济逻辑。郭小东等认为政府通过财政支出改变资源在不同产业之间的配置,提高了全要素生产率,使资源更多地配置到第三产业,抑制了第一产业与第二产业全要素生产率的提高,进而降低了第一与第二产业中的要素投入[4]。石奇、孔群喜分析了政府生产性支出对不同产业资本积累的影响,认为财政支出重新配置了不同产业之间生产要素的投入[5]。褚敏、靳涛的研究发现,中国转型经济大背景一定程度上拖累了中国产业结构升级,并特别指出中国特色财政支出的行政垄断是抑制产业结构升级的重要因素[6]。部分学者也从土地财政的视角对产业结构优化进行了解读。曹广忠等从当前中国地方政府土地财政激励的视角考察产业结构优化升级,实证检验了地方政府土地出让对产业结构升级演进的促进作用[7]。国亮、王一笑在地方政府预算软约束的前提下,实证分析土地财政对不同产业税负的影响,进而考察其对产业结构变迁的影响[8]。李勇刚、王猛发现,土地财政明显阻碍了产业结构服务化,不利于产业结构的优化升级[9]。

通过梳理过往文献可以发现,国内学者主要从财政政策和税收优惠两个方面考察它们对产业结构升级演进的影响。与已有的研究相比,本部分内容的边际贡献主要体现在:

---

[1] 柳光强等:《完善促进战略性新兴产业发展的税收政策设想——从区域税收优惠到产业优惠》,《中央财经大学学报》2012年第3期。
[2] 魏福成等:《税收、价格操控与产业升级的障碍——兼论中国式财政分权的代价》,《经济学(季刊)》2013年第4期。
[3] 王文举等:《中国产业结构调整及其节能减排潜力评估》,《中国工业经济》2014年第1期。
[4] 郭小东等:《政府支出规模、要素积累与产业结构效应》,《南方经济》2009年第3期。
[5] 石奇等:《动态效率、生产性公共支出与结构效应》,《经济研究》2012年第1期。
[6] 褚敏等:《为什么中国产业结构升级步履迟缓——基于地方政府行为与国有企业垄断双重影响的探究》,《财贸经济》2013年第3期。
[7] 曹广忠等:《土地财政、产业结构演变与税收超常规增长——中国"税收增长之谜"的一个分析视角》,《中国工业经济》2007年第12期。
[8] 国亮等:《土地财政对我国中国产业结构升级的影响——基于产业间税种差异和土地财政的视角》,《江西社会科学》2015年第8期。
[9] 李勇刚等:《土地财政与产业结构服务化——一个解释产业结构服务化"中国悖论"的新视角》,《财经研究》2015年第9期。

(1)将"营改增"变量引入鲍莫尔①提出的非均衡增长模型,通过简单的理论分析,考察流转税改革影响产业结构升级演进的作用机理与传导机制,发现"营改增"彻底推广到全行业以后,降低了第三产业的税负,提高了第三产业的投资收益率,进而改变要素投入结构、优化资源配置,最终实现产业结构的升级演进。该理论模型的构建为后续学者的研究提供新的理论视角,并丰富了相关文献研究。

(2)鉴于"营改增"于2016年5月1日才彻底推广到全行业,之前学者的研究受"营改增"推行时间的客观限制,具有一定的局限性,很少系统全面考察"营改增"对产业结构升级演进的影响。为此,本部分利用面板向量自回归模型,从广义矩估计(GMM)、脉冲响应、方差分解等多个维度全面、直观地考察了"营改增"对产业结构变迁的影响,并定量测算了"营改增"对第二产业、第三产业政策冲击作用的大小。

(3)通过方差分解考察以"营改增"为主线索的流转税改革对产业结构升级演进的贡献程度,并比较了营业税与增值税两个变量对产业结构优化影响程度的大小。本实证分析结果为相关部门从税制改革角度制定产业政策提供了一定的启示。鉴于"营改增"是逐渐扩展到全部省份并扩围到全行业,试点地区与试点行业所有制性质的差异可能会对改革有不同的反应。因此,"营改增"政策效果可能会呈现一定的异质性,本章检验了实施时间、地区先后以及不同所有制性质对"营改增"政策效果的影响。此外,还从生产性服务业集聚与制造业集聚两个层面,挖掘"营改增"促进生产性服务业与制造业协同融合的路径。

第二节 "营改增"促进产业结构优化升级的理论机制

本部分在分析流转税改革影响产业结构作用机理基础上,将"营改增"改革变量引入非均衡增长模型,模型构建主要借鉴李勇刚和王猛文献②,数理模拟流转税改革影响产业结构变迁的传导机制与作用机理,并提出有待检验的假说。

---

① William J. Baumol, "Macroeconomics of unbalanced growth: the anatomy of urban crisis", *The American Economic Review*, 1967, Vol.57, No.3, pp.415-426.

② 李勇刚等:《土地财政与产业结构服务化——一个解释产业结构服务化"中国悖论"的新视角》,《财经研究》2015年第9期。

一、"营改增"与产业结构优化

(一)"营改增"改革影响产业结构的作用机理

从税制改革对产业结构升级演进的影响过程来看,税制改革促进产业结构优化可以表现为"信号发出—传递信号—接收信号—信号反馈"的过程。首先,国家通过"营改增"改革发出产业结构调整的信号,通过税制改革的替代效应与总量效应改变企业的投资收益率。其次,税制改革通过改变企业的投资收益率,进而改变企业的投资结构与资源配置方向,将税制改革的信号传递给微观企业主体,微观企业主体通过改变要素投入方向与资源配置调节整个社会的资本投向。最后,企业依据税制结构变动带来企业税收负担的调整,改变产业间以及产业内部投入结构,最终实现产业结构的合理化与高级化。

以"营改增"为主线索的税制改革作为近年来财税领域最重要的政策调整,将原来增值税并行于第二产业、营业税并行于第三产业的二元流转税税制模式,彻底转变为以增值税为主体的一元流转税税制模式。产业结构的演进与升级主要取决于不同行业的资本回报率,中国一般政府预算收入超过70%来源于流转税,而流转税的税负最终是由企业承担,"营改增"所带来税负与税制结构的改变必然导致不同产业资本回报率的变动。"营改增"对产业结构升级演进的影响主要体现在以下两个方面:第一,调整税负在不同产业间的分配,"营改增"彻底贯通了第二产业与第三产业之间以及第三产业内部的增值税抵扣链条,实质上对第三产业来说是一种变相的减税,同时为二三产业相互融合提供了更好的税制环境,综合来看"营改增"降低了第三产业的税收负担,有利于资本向第三产业转移。第二,基于对税收在经济运行中的作用机理可知,差异化的税制结构影响投资、消费、资源配置,"营改增"带来第三产业与第二产业之间商品税负担的调整,最终必然体现在商品服务的价格上,进而改变需求,有利于传统工业转型为服务型工业,促进工业服务化。

(二)理论模型构建

2019年,第一产业占中国GDP比重仅为7.1%,同时考虑到流转税的税种属性及其对第一产业作用的局限性,笔者假设经济系统中只有第二产业与第三产业;接着,将"营改增"改革变量引入到鲍莫尔提出的非均衡增长模型中[1],数理模拟"营改增"对产业结构优化的传导机制与作用机理,从流转税

---

[1] William J. Baumol, "Macroeconomics of Unbalanced Growth: The Anatomy of Urban Crisis", *The American Economic Review*, 1967, Vol.57, No.3, pp.415-426.

改革视角为产业结构优化提供经济解释。

在模型构建过程中,笔者只考虑"营改增"改革对第二、第三产业的影响。其中,假设第二产业主要要素投入包括三部分劳动、资本、财政支出(主要来源于税收,可近似的等价于税收);考虑到第三产业主要是服务业,假设劳动为第三产业的主要投入要素,同时将一部分第二产业的产品作为中间投入。两部门生产函数表达如下:

$$Y_{it}^2 = K_{it}^\beta (\rho L_{it})^\alpha G_{it}^\gamma \quad (4-1)$$

$$Y_{it}^3 = [(1-\rho)L_{it}]^\sigma Y_{it}^\theta \quad (4-2)$$

公式 4-1 与公式 4-2 中 Y_{it}^2、Y_{it}^3 表示国民经济第二产业与第三产业的最终产出,公式 4-1 中 K_{it}、L_{it}、G_{it} 分别表示国民经济中第二产业投入的资本、劳动与政府支出等,依据中国现实国情,政府支出可近似的等价于税收。α、β 和 γ 分别表示第二产业投入的劳动、资本、政府支出三要素产出弹性,其取值范围界定为 $0<\alpha<1$,$0<\beta<1$,$0<\gamma<1$。ρ 为从事第二产业劳动力占总劳动力数量的比重。θ 表示第三产业生产过程中投入的部分工业品的产出弹性,σ 为第三产业投入劳动要素的产出弹性。$1-\rho$ 为第三产业投入劳动力比重。下面对各投入要素的增长率作如下定义:

$$\dot{L}_{it} = nL_{it} \quad (4-3)$$

$$\dot{K}_{it} = \kappa Y_{it}^2 \quad (4-4)$$

$$\dot{G}_{it} = gG_{it} \quad (4-5)$$

$$\dot{T}_{it} = \dot{G}_{it} = \tau G_{it} \quad (4-6)$$

其中,n 表示劳动人口增长率,κ 为储蓄率,g 表示财政支出增长率,τ 为税收收入增长率,因政府支出近似的等价于税收可知 $\tau = g$。那么,由公式 4-1 与公式 4-4 联立,可以得到资本增长率的表达式为:

$$\upsilon_\kappa = \frac{\dot{K}}{K} = \frac{\kappa Y_{it}^3}{K} = \kappa K_{it}^{\beta-1}(\rho L_{it})^\alpha G_{it}^\gamma \quad (4-7)$$

求公式 4-7 关于时间 t 的导数,并将公式 4-3、公式 4-4、公式 4-5 代入,可得:

$$\dot{\upsilon}_\kappa = \alpha n + (\beta-1)\upsilon_\kappa + \gamma g \quad (4-8)$$

经济达到稳态时,此时资本增长率保持稳定,也就是说 $\dot{\upsilon}_\kappa = 0$,并将 $\tau = g$ 代入,那么可以得到:

$$\upsilon_\kappa = \frac{\alpha n + \gamma\tau}{1-\beta} \qquad (4-9)$$

同时,公式 4-9 分别与公式 4-1、公式 4-2 联立,可得第二产业与第三产业的产出增长率,公式 4-10 为第二产业产出增长率,公式 4-11 为第三产业产出增长率。

$$\upsilon_2 = \alpha n + \beta\upsilon_\kappa + \gamma\tau = \frac{\alpha n + \gamma\tau}{1-\beta} \qquad (4-10)$$

$$\upsilon_3 = \rho n + \theta\upsilon_2 = \frac{(1-\beta)\rho n + \alpha\theta n + \gamma\theta\tau}{1-\beta} \qquad (4-11)$$

本部分主要考察"营改增"对产业结构变迁的影响,为了数理模型的方便,令 λ 表示第三产业产出增长率与第二产业产出增长率的比值,即:$\lambda = \upsilon_3/\upsilon_2$。如果"营改增"与相对增长速度 λ 具有正相关关系,这就意味着以"营改增"为主线索的流转税改革优化了产业结构,进一步可得:

$$\lambda = \upsilon_3/\upsilon_2 = \frac{(1-\beta)\rho n + \alpha\theta n + \gamma\theta\tau}{\alpha n + \gamma\tau} = \frac{(1-\beta)\rho n}{\alpha n + \gamma\tau} + \theta \qquad (4-12)$$

随着"营改增"推广到全行业,增值税彻底取代营业税,完善了增值税抵扣链条,减税总额粗略估算超过 1 万亿元,"营改增"从本质上说降低了第三产业的总体税负,有利于资源配置向第三产业倾斜,促进传统工业服务化。基于上述分析,可知道"营改增"与税收增长呈现负相关关系。假定税收增长率 $\tau = f(cta)$,cta 表示"营改增"改革变量,可知 $f'(cta) < 0$。通过前述公式 4-6 可知,政府支出增长率与税收增长率相等,将 $\tau = f(cta)$ 代入公式 4-12 中得:

$$\lambda = \frac{(1-\beta)\rho n}{\alpha n + f(cta)\gamma} + \theta \qquad (4-13)$$

对于不同的参数估值,相对增长速度 λ 的经济含义不同,存在着三种不同的经济解释:第一,当 $(1-\beta)\rho n > (1-\theta)[\alpha n + f(cta)\gamma]$,此时 $\lambda > 1$,那么 $\upsilon_3 > \upsilon_2$,这时的经济含义为第三产业的相对增长速度更快。第二,当 $(1-\beta)\rho n = (1-\theta)[\alpha n + f(cta)\gamma]$ 时,此时 $\lambda = 1$,那么 $\upsilon_3 = \upsilon_2$,这时的经济含义为第三产业的增长速度与第二产业的增长速度相等。当 $(1-\beta)\rho n < (1-\theta)[\alpha n + f(cta)\gamma]$,此时 $\lambda < 1$,那么 $\upsilon_3 < \upsilon_2$,这时的经济含义为第二产业的相对增长速度更快。公式 4-14 是求关于"营改增"变量 cta 的一阶导数:

$$\frac{\partial \lambda}{\partial cta} = -\frac{(1-\beta)\gamma \rho n}{[\alpha n + f(cta)\gamma]^2} f'(cta) \qquad (4-14)$$

因为 $f'(cta) < 0$、$1-\beta > 0$，可知 $\partial \lambda / \partial cta > 0$，其经济含义为相对增长速度（$\lambda$）与"营改增"改革（$cta$）之间存在正相关关系，也就是说"营改增"改革会提高相对增长速度。这说明"营改增"改革所带来的税制改革效应使更多的资源配置到第三产业，优化了产业结构。在此基础上，本部分提出有待检验的命题：随着增值税彻底取代营业税以后，营业税、增值税并行于第二产业与第三产业的流转税二元模式转化为一元流转税税制模式，那么以"营改增"为主线索的流转税改革优化了产业结构。

二、服务业"营改增"与制造业升级

本部分主要讨论营改增对制造业绩效的影响，首先对服务业"营改增"影响制造业绩效的机制进行深入考察，继而提出相应假说。

（一）"营改增"影响制造业绩效的作用机制

"营改增"作为新一轮税制改革的重头戏，是"分税制"改革以来政府最大的减税行为，实际上可以看作政府部门对企业部门的一次巨大让利。《营业税改征增值税试点方案》（财税［2011］110 号）的基本逻辑就是完善增值税抵扣链条，消除有效税率差异。"营改增"整个试点过程基本遵循这个原则。税收是企业经营成本的重要组成部分，减税将使企业的盈利能力增加。随着"营改增"彻底推广到全行业，原先的二元流转税体制彻底转变为一元流转税体制，完善了增值税抵扣链条，降低了服务业有效税率，消除了制造业与服务业之间有效税率差异。"营改增"后，原来应该归属于政府部门的税收让渡给企业部门，使得企业税收负担减轻，并为制造业绩效提升提供了制度基础，税制结构的优化则进一步释放了企业在生产经营过程中的自主性与活力。"营改增"的减税会分摊到制造业的抵扣链条，理顺第二产业与第三产业之间的投入产出关系，有力纠正资本在不同行业与产业之间的错配，加之其他的配套政策措施，带来企业生产率的提高，为提升中国制造业绩效提供了制度红利。

"营改增"推广到全行业以后，制造业企业购进的固定资产和不动产可以抵扣进项税额。依据增值税的核算方式，随着固定资产和不动产进入增值税抵扣链条，中间投入品的税负被大幅核减，降低了制造业企业税收成本，能促进产业分工，提高制造业利润水平。"营改增"作为近年来中国最大的结构性减税政策，惠及千万家企业，理顺产业间的投入产出关系，使整个减税收益分摊于产业链的上下游，制造业产业链上游企业的业务量得以拓展，形成了增值税抵扣的双重效应。此外，制造业税负的下降，等于国家变相给制造业一部分税收补贴,弱化政府征税对产品价格的扭曲,促进制造业企业服务外包、主辅业分离,优化资本在整个制造业链条上的配置结构,提高资本的产出水平,最终提升企业利润水平。也就是说,服务业的"营改增"不仅降低了制造业企业的实际税负,最主要的是减少税制结构不合理对资本结构的扭曲,为制造业绩效提升创造更为公平的税制环境。另外,"营改增"的全面实施,增强了企业活力,改善社会预期,提振市场信心,给企业带来政府稳定经济、与民分利的良好预期效应。基于短期时间维度,据此提出:

假说 4-1——"营改增"消除了制造业与服务业之间有效税率差异,降低制造业税收成本,纠正资本在行业与产业之间的错配,优化资本配置结构,对制造业绩效产生直接影响,提升中国制造业绩效。

(二)"营改增"影响制造业绩效的异质性分析

2012 年 1 月 1 日,"营改增"开始在上海试点,然后逐步推行到全国,并彻底推广到全行业。"营改增"试点所带来的政策洼地效应,有效降低先行试点地区企业的税负,激发企业的活力与积极性,直觉上会给先行试点的地区的制造业企业带来更大的绩效红利。同时,"营改增"刺激了先行试点地区的投资,将周边地区的投资吸引到试点地区,对于先行试点地区税源涵养、税基扩大起到积极作用。由于增值税抵扣链条的不完善,作为一个单独的税种来说,营业税税负要比增值税税负高三分之一左右,造成服务业有效税率要高于制造业。"营改增"试点以后,有效税率差异消除,直接降低服务业的有效税率,同时制造业通过增值税抵扣链条分享"营改增"的减税收益,提高制造业与服务业利润水平,进而提升两个产业的绩效水平。"营改增"全面实施为制造业企业更专业化的分工创造条件,优化投入产出结构,降低企业税收成本,有利于减少产业结构优化中的不确定性。基于对中国税收制度的深刻认知,增值税抵扣链条的完善增加了制造业企业来自服务业的进项税额的抵扣,减轻税收负担。增值税抵扣链条的完善以及税制结构的优化,给先行试点地区带来更大的制度红利,提高了制造业利润水平,促进先行试点地区制造业升级与新业态融合发展,对于先行试点地区的政策效果更为明显[①]。据此,提出:

假说 4-2——相对于后试点地区,先行试点地区产生"营改增"政策的洼地效应,给先行试点地区的制造业带来更大的绩效红利。

从国内体制改革的经验来看,国有企业是很多政策的最大获益者。大量的研究表明,国有企业对于税收成本不敏感,而"营改增"所有政策效果的实

---

① 李永友等:《服务业"营改增"能带动制造业升级吗?》,《经济研究》2018 年第 4 期。

施基础,就是基于对企业税收成本的影响。"营改增"在四年半的时间内逐步推广到全行业,不同行业的国有企业所占比重并不相同。例如,餐饮业国有企业比重比较低,而铁路运输业与金融业国有企业比重就比较高。同时,"营改增"对于不同行业的减税效果也有比较大的差异,交通运输业的减负效果要差一些,现代服务业的减税效果更好。国有企业作为市场经济的重要主体,也存在绩效考核的压力,也是政府"营改增"政策的重要实践者。相对于国有企业,非国有企业以利润最大化为目标,其依据"营改增"政策的决策目标也更为长远。因此,非国有企业不会为了享受"营改增"进项税额的抵扣而大量进行固定资产投资,而国有企业有可能为了响应"营改增"政策而大量购买应税服务,进行大量固定资产投资。综合来看,这些决策对不同所有制制造业绩效的影响存在不确定性。据此,提出:

假说4-3a——与试点非国有企业相比,"营改增"对于国有企业绩效的影响程度更大,更有利于国有制造业绩效提升。

假说4-3b——与试点非国有企业相比,"营改增"对于试点国有制造业企业绩效的影响无显著差异。

(三)"营改增"影响中国制造业绩效的长效机制

税制改革的政策效果取决于税收制度变迁对市场主体行为选择的复合影响,这种影响改变企业长期的市场反应。"营改增"是逐步在全国试点推行,政策存续期近五年,政策不仅当期直接降低制造业实际税负,消除价格扭曲效应,提高利润水平,对制造业绩效产生直接影响,而且会在以后的年度继续影响企业生产经营,在后续的年度继续增加制造业的利润,持续提升其绩效水平,也即是一种长效机制。随着更多的行业被"营改增"所覆盖,制造业企业可以抵扣更多的服务业进项税,引发制造业不同行业成本下降的联动反应。基于对增值税税制的深刻认知,"营改增"以后,允许原先征收营业税的企业进行中间产品的增值税抵扣,影响试点行业产品价格,税负随着价格的变化而发生转嫁,税负转嫁重新分配"营改增"的减税收益,使更多的制造业享受到减税红利,形成制造业绩效提升的联动效应。同时,作为增值税一般纳税人的制造业企业前期采购的固定资产也可以进入增值税抵扣链条,促使企业进行长周期投资,提高制造业资本存量水平,优化要素投入比例,使其长期成本最小化。同时,"营改增"大幅降低制造业产业分工与协作的税收成本,理顺产业间的投入产出关系,改变制造业企业投入产出比,影响资本深化速度,优化制造业资本配置的期限结构,对中国制造业绩效提升产生长期持续性的反应。"营改增"在上海试点以后,接着扩大试点至8省份,再将试点范围推广到全国。随着更多的省份与行业纳入试点范围,不同省份与行业政策趋同以后,形成政策效果的规模效应,又大幅提升"营改增"的政策效果。综上所述,"营改增"对制造业绩效的长期影响可以解读为,"营改增"推广到全行业,消除了重复征税,去除了有效税率差异,降低了制造业企业税收成本,有力地纠正了资本错配,提升了制造业绩效水平。据此提出:

假说4-4——"营改增"所引致的税制变迁,通过滞后效应和叠加效应对中国制造业绩效产生持续性的长期影响。

三、"营改增"提升生产性服务业与制造业协同融合程度

（一）"营改增"对生产性服务业与制造业协同融合的直接影响

1994年确立的"分税制"体制沿袭至今,形成了营业税存在于服务业,增值税存在于制造业的二元流转税体制。这种税制结构造成增值税抵扣链条不完善,普遍存在重复征税现象,不利于生产性服务业与制造业协同融合。2018年中央经济工作会议明确提出中国正处在转变发展方式、优化经济结构、转换增长动力的攻关期,将制造业与生产性服务业的深度融合作为未来一段时期的重点工作任务,促进生产型制造向服务型制造转变。"营改增"实施之前,中国制造业与生产性服务业互动更多地停留在价值链低端层面。从制造业中间投入中各细分生产性服务业投入比重来看,仓储业及交通运输业的消耗最大,商务和租赁服务次之,知识型、技术型的生产性服务业占制造业中间投入的比重比较低[1]。随着"营改增"彻底推广到全行业,生产性服务业的内部结构也在发生变化,由传统的劳动密集型逐渐转向资本密集型,并进一步向知识、技术密集型的新兴生产性服务业转变。

"营改增"实施之后,生产性服务业的进项税额进入增值税抵扣链条,打通产业链上下游,通过产业链整合更好地嵌入制造业,有力促进行业层面生产性服务业与制造业的融合发展。生产性服务业的空间集聚不仅提高自身产业效率,而且通过提高专业化水平[2]、降低中介服务业成本和交易成本等机制提升制造业效率[3]。"营改增"同时完善生产性服务业内部增值税抵扣链条,加快内部转型,除去生产性服务业嵌入制造业价值链的税收成本障碍,并进一步促进高端生产性服务业与制造业的协同融合发展。"营改增"将流

---

[1] 江小涓:《网络空间服务业:效率、约束及发展前景——以体育和文化产业为例》,《经济研究》2018年第4期。

[2] N. Laurel Powell, "Reasoning and processing of behavioural and contextual information: influences on pre-judgement reasoning, post-judgement information selection and engagement, and moral behaviour", *Journal of Mathematical Physics*, 2013, Vol.23, No.3, pp.354-356.

[3] Jed Kolko, David Neumark, "Do some enterprise zones create jobs?", *Journal of Policy Analysis and Management*, 2010, Vol.29, No.1, pp.5-38.

转税的二元税制模式转换为一元税制模式,消除了制造业与服务业之间有效税率的差异,完善增值税抵扣链条,特别为生产性服务业与制造业的协同融合提供最大的制度红利。伴随着"营改增"政策的实施,新兴生产性服务业逐渐发展壮大,已经成为创造制造业新供给和新需求的关键一环。基于上述考虑,提出:

假说4-5——"营改增"能够促进生产性服务业与制造业的协同融合。

(二)"营改增"促进生产性服务业与制造业协同融合的行业异质性

在国家发展战略驱动下,企业资本逐利的过程中,生产性服务业融入制造业升级过程会存在环节偏好,如偏好政府支持、资本回报率高的环节。2012年1月,"营改增"开始在上海交通运输业和部分现代服务业开展试点。2016年5月,"营改增"彻底推广到全行业。鉴于"营改增"在不同行业的试点时间存在极大差异,因此"营改增"会改变生产性服务业嵌入制造业的环节偏好。从产业链角度看,生产性服务业与制造业协同融合的关键增值点,在于如何在制造业产业链的上下游等附加值比较高的领域加强生产性服务业的渗透,特别是加大产业链上游研发设计服务、下游的信息技术服务、市场营销服务及融资租赁服务等新兴生产性服务业的投入[①]。整个产业链诸多环节嵌入生产性服务业的专业服务:(1)产业链上游,包含市场调研考察、方案可行性研究、风险资本收益评估、产品概念设计等专业服务;(2)产业链下游,包含广告营销、产品运输、售后维护、产品回收等专业服务。通过对产业链上下游阶段分析可以发现,下游阶段"营改增"试点时间要早于上游阶段,上游阶段主要属于高端生产性服务业,下游阶段主要属于低端生产性服务业。随着"营改增"试点行业从低端生产性服务业逐渐转向高端生产性服务业,必然促使生产性服务业与制造业协同融合的关键增值点,依据政策试点行业的轨迹进行转移。此外,已有研究表明"营改增"所带来的税制变迁产生联动反应,对企业科技研发投入的影响是大范围和长期性的[②]。随着时间的推移,持续促进基础研发设计、技术服务咨询等高端生产性服务业作为中间投入进入增值税抵扣链条,继续提高制造业中高端生产性服务业投入占比。据此,提出:

假说4-6:"营改增"提高制造业中间投入中高端生产性服务业占比,相对于低端生产性服务业,"营改增"进一步促进了高端服务业与制造业协同融

---

① 尹洪涛:《生产性服务业与制造业融合的主要价值增值点》,《管理学报》2015年第8期。
② 陈钊等:《"营改增"是否促进了分工:来自中国上市公司的证据》,《管理世界》2016年第3期。

合程度。

(三)"营改增"促进生产性服务业与制造业协同融合的长效机制

实际上,税制变革的政策效果取决于税收制度变迁对市场主体行为选择的复合影响,并且这种影响是长期的,而非短期的[①]。因此,以"改在服务业、惠及工商业"为宗旨的"营改增"是否实现了预期设想,评估"营改增"的政策效应需要一个较长的时间窗口。2012年1月"营改增"在交通运输业开始试点,并于2016年5月彻底推广到全行业,不仅降低了宏观税负规模,而且消除了重复征税,最重要的是提升了制造业价值链生产性服务业的嵌入程度,提供了二者协同融合发展的制度红利。生产性服务业与制造业的协同融合已成为全球产业发展的主流趋势,被视为克服鲍莫尔成本病的最有效途径[②]。"营改增"试点,不仅对当期生产性服务业与制造业协同融合产生直接影响,而且会持续影响后续年份制造业生产性服务业的中间投入,对此后一定时期内的生产性服务业与制造业的协同融合仍具有积极作用,会继续促进二者之间的协同融合。我们称之为滞后效应,也可称为长效机制。随着更多的行业被"营改增"覆盖,更多的生产性服务业进入增值税抵扣链条。此时,作为制造业中间投入的生产性服务业,通过整个产业链,使更多的制造业享受到"营改增"的减税收益,形成二者协同融合的联动效应。

2012年,"营改增"开始在上海试点,继而国务院扩大"营改增"试点至8省份,接着又将试点范围推广到全国。试点地区与试点行业的扩围,政策趋同以后,不同地区与行业的制度红利外溢,带来政策红利的叠加,形成政策效果的规模经济效应,放大了"营改增"试点的政策效果。长期来看,2012年开始的"营改增",扩大了增值税进项税额的抵扣范围,大幅度降低制造业中间投入的税收成本。依据国税总局数据测算,流转税占GDP的比重由2012年的9.8%降为2018年的8.0%。综上所述,"营改增"对生产性服务业与制造业协同融合的长期影响可以解读为,随着"营改增"彻底扩围到全行业,完善增值税抵扣链条,使更多的生产性服务业进入增值税抵扣链条,持续扩大了增值税进项税额的抵扣范围,在后续年度不断提升生产性服务业与制造业协同融合程度。据此提出:

[①] B. Javorcik, J.M. Arnold, M. Lipscomb, et al, "Services Reform and Manufacturing Performance: Evidence from India", *Economic Journal*, 2016, Vol.126, No.590, pp.1-39; H. Nishioka, "Efficiency Gains from Reducing the Capital Income Tax Rate in a Lucas' Endogenous Growth Model", *Journal of Economics Business & Law*, 2005, No. 7, pp.41-72.

[②] 中国经济增长前沿课题组等:《中国经济长期增长路径、效率与潜在增长水平》,《经济研究》2012年第11期。

假说 4-7——"营改增"不仅对当期的生产性服务业与制造业协同融合产生直接影响,而且继续促进后续年份生产性服务业与制造业协同融合程度。

第三节 "营改增"优化产业结构的实证分析

在前述理论模型构建基础上,为突破传统回归方法的局限性,克服省级面板数据可能存在的个体效应,并且考虑到模型估计方法的可操作性。运用面板向量自回归(PVAR)模型,从多个维度刻画"营改增"改革对产业结构变迁的影响。

一、计量模型构建

根据伊涅萨·洛夫(Inessa Love)、李·兹辛诺(Lea Ziccino)提供的 GMM 估计方法[①],特设定如下模型来考察"营改增"改革对结构变迁的政策冲击效应:

$$Y_{it} = \Gamma_0 + \sum_{p=1}^{n} \Gamma_{np} Y_{it-p} + \sum_{p=1}^{n} \Phi_{np} X_{it-p} + \phi_t f_i + \varepsilon_i + \mu_{it} \quad (4-15)$$

公式 4-15 中,Y_{it} 为模型的被解释变量,主要包括 Y_{it}^1、Y_{it}^2、Y_{it}^3,分别为三维列向量。其中,Y_{it}^1 表示第一产业比重,Y_{it}^2 表示第二产业比重,Y_{it}^3 为第三产业比重。Φ_{np} 是需要估计的参数矩阵,μ_{it} 为随机误差项。考虑到流转税改革对各省份产业结构影响的异质性,笔者在模型中引入 f_i 变量,代表以固定效应形式反应各个截面个体的差异性。X_{it-p} 为模型的解释变量,是严格外生的。另外,假设 Y_{it}、X_{it-p}、f_i 三组变量与随机误差项 μ_{it} 都是正交的。随后采取系统 GMM 获得待估参数 Γ 的一致有效估计量。

本部分的核心议题是"流转税改革对产业结构变迁的影响"。解释变量主要分为两部分:第一部分是核心解释变量,包括流转税(ct_{it})、营业税(bt_{it})和增值税(vt_{it})三个变量;第二部分为控制变量。因此,本部分用于分析流转税改革影响产业结构的 PVAR 模型可以具体表述为:

公式 4-16 为"营改增"改革对国民经济中第一产业的影响:

[①] Inessa Love, Lea Zicchino, "Financial development and dynamic investment behavior: evidence from panel VAR", *Quarterly Review of Economics and Finance*, 2005, Vol.46, No.2, pp. 190-210.

$$Y_{it}^1 = \Gamma_0 + \sum_{p=1}^n \Gamma_{np} Y_{it-p}^1 + \sum_{p=1}^n \Phi_{np} cta_{it-p}$$
$$+ \sum_{p=1}^n \Phi_{np} X_{it-p} + \phi_t f_i + \varepsilon_i + \mu_{it} \quad (4-16)$$

公式 4-17 为"营改增"改革对国民经济中第二产业的影响：

$$Y_{it}^2 = \Gamma_0 + \sum_{p=1}^n \Gamma_{np} Y_{it-p}^2 + \sum_{p=1}^n \Phi_{np} cta_{it-p}$$
$$+ \sum_{p=1}^n \Phi_{np} X_{it-p} + \phi_t f_i + \varepsilon_i + \mu_{it} \quad (4-17)$$

公式 4-17 为"营改增"改革对国民经济中第三产业的影响：

$$Y_{it}^3 = \Gamma_0 + \sum_{p=1}^n \Gamma_{np} Y_{it-p}^3 + \sum_{p=1}^n \Phi_{np} cta_{it-p}$$
$$+ \sum_{p=1}^n \Phi_{np} X_{it-p} + \phi_t f_i + \varepsilon_i + \mu_{it} \quad (4-18)$$

其中，Y_{it-p}^1、Y_{it-p}^2、Y_{it-p}^3 分别为国民经济三次产业滞后 P 阶作为动态面板模型的解释变量，cta 为核心解释变量"营改增"，包括流转税、营业税和增值税，X_{it-p} 为控制变量组，公式 4-16 至公式 4-18 中核心解释变量和控制变量组相同。面板向量自回归模型（PVAR）兼具时间序列与面板数据优点，不仅可以控制个体效应和时间效应，还可考察国民经济中不同产业受"营改增"影响的政策差异，同时又可以增加样本数量。

二、变量与数据

（一）变量设定

本部分运用面板向量自回归模型（PVAR）检验"营改增"改革对产业结构优化的政策冲击效应，并定量测算"营改增"对中国产业结构变动的贡献程度。模型中变量设定主要包括被解释变量、核心解释变量、控制变量组三部分。

被解释变量：主要包括国民经济中第一产业、第二产业以及第三产业占比。其中，Y_{it}^1 表示国民经济中第一产业占 GDP 比重，Y_{it-1}^1 为上一期第一产业比重；Y_{it}^2 表示国民经济中第二产业占 GDP 比重，Y_{it-1}^2 为上一期第二产业比重；Y_{it}^3 为国民经济中第三产业占 GDP 比重，Y_{it-1}^3 为上一期第三产业比重。

核心解释变量：cta 变量为计量模型的核心解释变量，包括流转税（ct_{it}）、营业税（bt_{it}）、增值税（vt_{it}）三个变量。财税政策是政府调整产业结构最重要的手段,而本部分主要研究目的就是考察"营改增"改革对产业结构变迁的影响。因此,将上述三个变量设定为计量模型的主要政策冲击变量。

其他控制变量:主要考察影响产业结构变迁的其他系统性因素:(1) 经济发展程度(pg_{it}),(2) 城镇化率(ur_{it}),(3) 固定资产投资比率(fi_{it}),(4) 利用外资水平(fdi_{it}),(5) 政府规模(sg_{it}),(6) 经济开放程度(ow_{it}),(7) 人口密度(pd_{it})。表4-1是对模型各变量的经济解释。

表4-1 主要变量说明

变量名称	变量定义
被解释变量	
第一产业(Y_{it}^1)	各省、自治区、直辖市第一产业占GDP的比重
第二产业(Y_{it}^2)	各省、自治区、直辖市第二产业占GDP的比重
第三产业(Y_{it}^3)	各省、自治区、直辖市第三产业占GDP的比重
核心解释变量	
营业税(bt_{it})	各省、自治区、直辖市营业税占GDP的比重
增值税(vt_{it})	各省、自治区、直辖市增值税占GDP的比重
流转税(ct_{it})	各省、自治区、直辖市流转税占GDP比重,包括营业税、增值税、消费税
企业所得税(et_{it})	各省、自治区、直辖市企业所得税占GDP的比重
个人所得税(pt_{it})	各省、自治区、直辖市个人所得税占GDP的比重
控制变量	
人均GDP(pg_{it})	各省、自治区、直辖市人均GDP自然对数值
城镇化进程(ur_{it})	各省、自治区、直辖市城镇人口占总人口的比重
固定资产投资比率(fi_{it})	各省、自治区、直辖市固定投资总额占GDP比重
利用外资水平(fdi_{it})	各省、自治区、直辖市利用外资规模占GDP比重
政府规模(sg_{it})	各省、自治区、直辖市政府"消费"占GDP的比重
经济开放度(ow_{it})	各省、自治区、直辖市进出口总额占GDP比重
人口密度(pd_{it})	各省、自治区、直辖市总人口/各省、自治区、直辖市面积

注:变量由作者定义。

（二）资料来源

本部分选取 30 个省级单位进行研究,西藏由于部分年份存在数据缺失,同时部分变量波动性太大,所以从样本中剔除。被解释变量数据 Y_{it}^1、Y_{it}^2、Y_{it}^3 主要来自于 Wind 数据库,核心解释变量 bt_{it}、vt_{it}、ct_{it}、et_{it}、pt_{it} 主要由《中国税收年鉴》《中国财政年鉴》、Wind 数据库、北大 CCER 数据库以及国家统计局、财政部官方网站整理获得。控制变量组 pg_{it}、ur_{it}、fi_{it}、fdi_{it}、sg_{it}、ow_{it}、pd_{it} 等数据主要来源于《中国统计年鉴》《中国城市年鉴》以及各省级单位统计年鉴。

（三）变量统计性描述

表 4-2 是对实证检验中各个变量进行描述性统计的结果。为了尽可能地消除异方差,并按照表 4-1 中的要求对变量进行了处理。包括被解释变量、核心解释变量、控制变量的样本数、均值、标准差、最小值、最大值。从核心解释变量的种类来看,增值税变量的样本均值大于营业税变量的样本均值。

表 4-2 主要变量的描述性统计

变量名	样本数	均值	标准差	最小值	最大值
第一产业（Y_{it}^1）	510	0.145 545 7	0.090 063 6	0.005 272 5	0.503
第二产业（Y_{it}^2）	510	0.460 884 9	0.078 811 6	0.198	0.615
第三产业（Y_{it}^3）	510	0.393 599 9	0.089 537 6	0.116 032 9	0.779 484
营业税（bt_{it}）	510	0.023 061 7	0.013 382 2	0	0.100 9
增值税（vt_{it}）	510	0.064 712 4	0.033 048 9	0	0.230 803 3
流转税（ct_{it}）	510	0.100 481 6	0.046 021 9	0.005 662	0.323 565 1
企业所得税（et_{it}）	510	0.026 327 6	0.033 449 7	0.004 647 6	0.270 887
个人所得税（pt_{it}）	510	0.009 117 9	0.007 232 3	0	0.054 460 5
固定资产投资比率（fi_{it}）	510	9.724 937	0.845 234 2	7.780 231	11.549 11
城镇化进程（ur_{it}）	510	0.467 637	0.216 633 4	0.144 414 2	1.210 822

续表

变量名	样本数	均值	标准差	最小值	最大值
利用外资水平（fdi_{it}）	510	0.441 332 4	0.191 463	0	0.896
经济开放度（ow_{it}）	510	0.311 198 3	0.391 454 6	0.031 641 1	1.683 793
政府规模（sg_{it}）	510	0.061 629 6	0.077 518 3	0.006 554 7	0.750 311 4
人口密度（pd_{it}）	510	0.176 528 7	0.084 154 7	0	0.627 422 6
人均GDP（pg_{it}）	510	5.401 138	1.257 186	1.940 735	8.255 902

资料来源：依据各年度以及各个省级单位《中国统计年鉴》《中国财政年鉴》《中国税务年鉴》中的资料整理。

三、主要实证结果

本部分将从多个层面上检验"营改增"改革对产业结构变迁的影响。计量检验的主要步骤包括广义矩估计（GMM估计）、脉冲响应图、方差分解三个部分。对于长面板数据，在做计量检验之前必须检验其是否平稳，主要目的是防止出现虚假回归。如果进行 VAR 检验的变量不平稳，估计参数存在偏误，则不能准确反映变量之间的内在逻辑关系。

（一）平稳性检验

为更全面检验各个变量的平稳性，考虑到不同检验方法侧重点不同，选择 IPS 检验、LLC 检验以及 HT 检验三种方法，考察被解释变量、核心解释变量、控制变量组的平稳性，得出结果见表 4-3。结果显示各个变量序列属于平稳序列，可以进行后续实证分析。

表 4-3 各序列平稳性检验

检验方法	变量名称				
	bt_{it}	vt_{it}	ct_{it}	et_{it}	pt_{it}
LLC	−3.19***	−9.56***	−10.95***	−2.39**	−6.22***
IPS	−15.18***	−11.41***	−11.87***	−17.27***	−14.60***
HT	−33.31***	−34.08***	−34.00***	−32.15***	−35.09***

续表

检验方法	变量名称				
	ur_{it}	pd_{it}	sg_{it}	pg_{it}	ow_{it}
LLC	−10.90***	−1.78*	−2.82**	−8.09***	−10.09***
IPS	−11.25***	−5.91***	−4.47***	−9.43***	−11.873***
HT	−33.026***	−18.29***	−12.52***	−23.20***	−29.67***

检验方法	变量名称				
	fi_{it}	fdi_{it}	Y^1_{it}	Y^2_{it}	Y^3_{it}
LLC	−2.37**	−9.20***	−11.53***	−2.73***	−7.14***
IPS	−8.63***	−11.25***	−10.67***	−12.38***	−13.68***
HT	−24.54***	−36.74***	−29.85***	−33.53***	−31.47***

注：*** 代表在该系数1%的置信水平通过检验，** 代表在5%的置信水平通过检验，* 代表在10%的置信水平通过检验。

（二）参数估计方法

流转税改革影响产业结构变动的计量模型估计，主要是借助于连玉君（2010）编写的 PVAR2 程序包。考虑到模型的有效性与稳定性，采用（AIC）信息准则判定 PVAR 模型的最优滞后阶数，通过检验发现最优滞后阶数为2阶。通过前述公式 4-16 至公式 4-18 的设定可知，模型的解释变量中包含被解释变量的滞后项。为了更好地控制个体效应以及内生性问题，采用广义矩估计方法（GMM）对模型参数进行有效估计。

（三）核心解释变量实证结果

实证分析主要包含"营改增"对国民经济三次产业结构变迁的影响，所有的计量检验过程都是采用 stata12 软件。为了更全面地考察"营改增"对各个产业的政策冲击效应，笔者用如下三个部分考察政策的冲击效应：第一，PVAR 方程 GMM 结果，描述"营改增"改革冲击对产业结构变动正负效果；第二，脉冲响应图，刻画"营改增"改革对产业结构变动影响是否平稳；第三，方差分解图，测算"营改增"改革对产业结构变动的贡献程度。

1. PVAR 模型的 GMM 估计

PVAR 模型实际是包含固定效应的动态面板模型，在进行 GMM 估计之前首先采用组内均值差分法去除时间效应，然后用向前均值差分法去除个体效应。由传统的 VAR 模型的原理可知,面板向量自回归模型并不区分内生变量与外生变量,而是将所有的变量都等同为内生变量。所以本部分产业结构、营业税、增值税、流转税等变量均作为 PVAR 模型的内生变量。对于"营改增"改革对三次产业占比政策冲击的检验,主要来自公式4-16至公式4-18实证分析结果。表4-4为 PVAR 模型的 GMM 估计结果,分别是"营改增"对三次产业结构占比的实证分析结果。

表4-4 PVAR 模型的 GMM 估计结果

| 第一产业 || 第二产业 || 第三产业 ||
| h_Y1 方程 || h_Y2 方程 || h_Y3 方程 ||
变量	系数	变量	系数	变量	系数
h_Y1 (-1)	-2.10* (-1.72)	h_Y2 (-1)	1.21*** (4.41)	h_Y3 (-1)	0.17*** (5.93)
h_Y1 (-2)	-2.14** (-2.34)	h_Y2 (-2)	0.96** (2.26)	h_Y3 (-2)	-0.53 (-0.36)
h_bt (-1)	-3.83 (-0.51)	h_bt (-1)	1.96** (2.12)	h_bt (-1)	-2.00** (-1.91)
h_bt (-2)	-2.10 (-0.54)	h_bt (-2)	1.56* (1.88)	h_bt (-2)	-1.13*** (-3.78)
h_vt (-1)	-5.20 (-0.86)	h_vt (-1)	-3.77*** (5.27)	h_vt (-1)	0.43* (1.94)
h_vt (-2)	-5.75 (-0.86)	h_vt (-2)	-1.53** (2.28)	h_vt (-2)	0.26*** (3.62)

注:使用stata12软件整理,***、**、*代表在1%、5%、10%的置信水平通过检验,h表示对各个变量进行前向差分,括号内的数字则代表估计系数的t检验值,对所有数字均保留两位小数。

依据表4-4中估计结果可知,被解释变量为 h_Y1 方程的计量检验结果主要来自公式4-16,可以看出滞后一期与滞后两期的 h_bt 与 h_vt 变量实证检验结果都不显著,说明"营改增"改革对第一产业占比变动没有影响,或者说是解释力度不大。这主要是由于流转税主要以第二产业与第三产业为课税主体。另外,滞后一期与滞后两期变量 h_Y1 方程系数都为正,这说明第一产业所占比重存在着自我增强机制。被解释变量为 h_Y2

方程的计量检验结果主要来自公式 4-17,营业税滞后一期与滞后两期变量对第二产业比重变动的影响均较为显著,并且估计系数符号都为正,这说明营业税变量对第二产业占比的变动有一个持续稳定的正向影响。增值税变量滞后一期与滞后两期对第二产业占比变量估计系数符号都为负,这说明增值税变量与第二产业占比变动具有显著的负相关关系。被解释变量为 h_Y3 方程的计量检验结果主要来自公式 4-18,营业税变量滞后一期与滞后两期对第三产业占比影响显著,并且估计系数符号显著为负,这说明营业税变量对第三产业占比变动有一个负向的影响。增值税变量滞后一期与滞后两期对第三产业占比估计系数符号都为正,这说明增值税变量与第三产业占比变动具有显著的正向关系。综合分析来看,以"营改增"为主线索的流转税改革降低了第二产业的比重,提高了第三产业的比重,优化了产业结构。

2. 脉冲响应

脉冲响应函数描述了内生变量对于误差变化大小的反应,是从动态反应角度判定各变量间时滞关系的一种方法,可以分析当某一个变量在基期发生单位变化时,对其他变量的影响程度,可以很直观地刻画变量之间的动态交互效应。这种动态反应主要是在其他变量对被解释变量不产生影响的前提下,通过随机扰动项的一个标准信息差的冲击对其他变量当前和未来值的影响轨迹来衡量。另外,中国每届政府任期为 5 年,任期最多两届。为更好地刻画流转税改革影响产业结构变迁的动态传导机制,将脉冲响应图持续时间设定为 10 期。

图 4-1 是通过蒙特卡罗 500 次模拟得到的"营改增"对三次产业占比变动政策冲击的脉冲响应图。图 4-1 中横轴表示脉冲响应的时间维度,虚线表示零刻度线。三条实线中,中间实线表示"营改增"改革政策冲击程度,两侧实线表示 95% 的置信区间。通过分析可知,对于一个标准差的流转税(ct_{it})变量的冲击,第二产业在当期就有一个负向脉冲响应,第 1 期逐渐达到顶峰,然后开始递减,在第 6 期以后逐渐平稳;第三产业当期有一个较大的正向脉冲响应,在第 8 期以后逐渐减少到 0。对于增值税(vt_{it})变量一个标准差冲击,第二产业占比当期有一个负向脉冲反应,这个脉冲响应在第 2 期达到顶峰,到第 6 期以后衰减为 0,第三产业在当期有个比较大的正向脉冲响应,这个脉冲响应在第 1 期就达到顶峰,直到第 10 期才减少为 0。对于营业税(bt_{it})变量一个标准差的冲击,第二产业占比开始有一个正向的脉冲响应,随着时间的推移逐步变小,到第 8 期以后逐步衰减为 0,第三产业占比有一个负向脉冲响应,第 1 期达到顶峰以后逐步减少,第 6 期以后趋向于平稳。

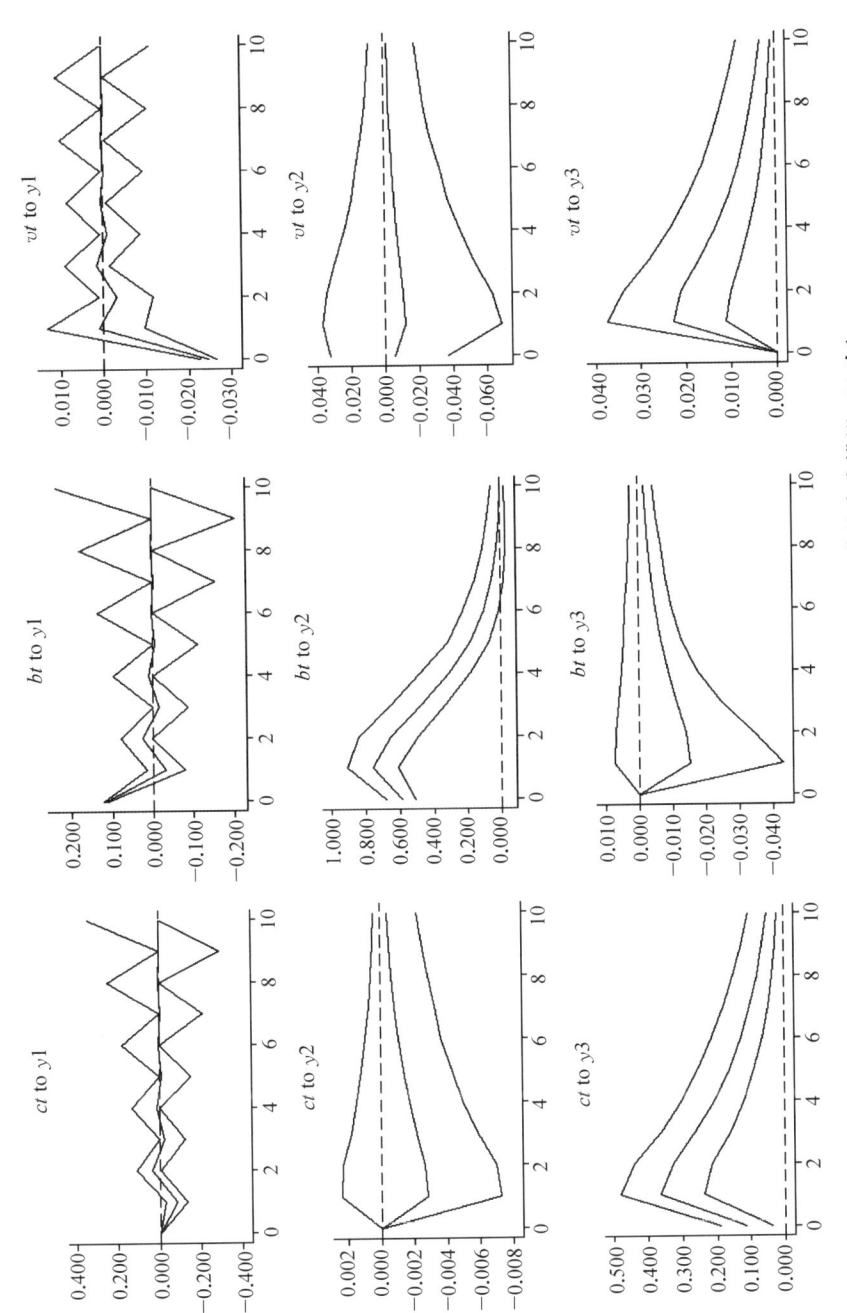

图 4-1 "营改增"对产业结构变动的冲击(蒙特卡洛模拟 500 次)

另外,面对营业税(bt_{it})变量、增值税(vt_{it})变量的冲击,国民经济中第一产业所占比重的反应并不是很明显,几乎可以忽略不计,脉冲响应程度也显得杂乱无章。继续通过考察流转税(ct_{it})变量对第一产业比重的冲击可以看出,"营改增"改革并不影响对国民经济中第一产业占比的变动。

综合脉冲响应图结果可以看出,"营改增"改革对第三产业比重的增加具有正向促进作用,对第二产业比重的增加具有负向促进作用,流转税改革优化了产业结构。另外,面对营业税(bt_{it})变量的冲击,第二产业的反应程度,也就是纵轴表示的时间刻度,大于第三产业的反应程度。面对增值税(vt_{it})变量的冲击,第三产业的反应程度更大。另外,通过对比可以看出,面对流转税(ct_{it})变量的冲击,第三产业的反应程度更大,这也从侧面说明"营改增"改革对第三产业的影响程度大于第二产业。

3. 方差分解

为了更好地验证前述回归与脉冲响应函数的结果,继续使用方差分解从多层次考察产业结构、营业税、增值税、流转税等变量之间的相互影响程度。方差分解分析是其自身扰动项共同作用的结果,通过分析内生变量的冲击对内生变量变化(通常用方差来度量)的贡献度,考察 PVAR 模型中扰动项对预测均方差的贡献度,进而评价不同内生变量冲击的重要性。表 4-5 为"营改增"改革影响产业结构变动的方差分解结果。

表 4-5 三次产业方差分解结果

被冲击变量		期 数	冲 击 变 量		
			Y^1_{it}	bt_{it}	vt_{it}
	Y^1_{it}	1	1	0	0
	Y^1_{it}	5	0.97	0.02	0.01
	Y^1_{it}	10	0.02	0.97	0.01
		期 数	冲 击 变 量		
			Y^2_{it}	bt_{it}	vt_{it}
	Y^2_{it}	1	0.877 6	0.033 4	0.089
	Y^2_{it}	5	0.892 3	0.037 8	0.069 9
	Y^2_{it}	10	0.902 1	0.042 7	0.055 2

续表

<table>
<tr><th rowspan="2">被冲击变量</th><th rowspan="2">期　数</th><th colspan="3">冲　击　变　量</th></tr>
<tr><th>Y_{it}^3</th><th>bt_{it}</th><th>vt_{it}</th></tr>
<tr><td rowspan="3">Y_{it}^3</td><td>1</td><td>0.783 3</td><td>0.062 7</td><td>0.154</td></tr>
<tr><td>5</td><td>0.825 1</td><td>0.061 9</td><td>0.113</td></tr>
<tr><td>10</td><td>0.831 7</td><td>0.059 2</td><td>0.109 1</td></tr>
</table>

注：运用stata12软件计算得到。

通过表4-5可以看出，在第1期，给定一个标准信息差增值税变量的冲击，第一产业比重没有变动，对第二产业变动的贡献程度为8.90%，对第三产业变动的贡献程度为15.40%。给定一个标准信息差的营业税变量的冲击，同样对第一产业占比的变动没有影响，对第二产业变动的贡献程度为3.34%，对第三产业变动的贡献程度为6.27%。随着时间的推移，基于"营改增"视角的流转税改革对中国第一产业占比变动的影响基本可以忽略不计，对第二产业变动贡献率一直维持在11%左右，对第三产业占比的影响在第一期以后贡献程度略有升高，第10期以后基本稳定在17%左右。

4. 控制变量组实证结果

现实经济复杂多变，除了"营改增"改革以外，还有诸多其他因素对产业结构变迁产生影响。图4-2和图4-3为其他控制变量对产业结构升级演进政策冲击的脉冲响应图。

综合控制变量组的实证分析结果来看，经济开放度（ow_{it}）与人均国民收入水平（pg_{it}）降低了第一产业占比。企业所得税（et_{it}）与个人所得税（pt_{it}）两个变量提高了第二产业占比，人口密度（pd_{it}）对第三产业占比提高具有正向促进作用。政府规模（sg_{it}）对第三产业占比的变动具有负向的促进作用，固定资产投资（fi_{it}）与政府规模（sg_{it}）两个变量都对第二产业占比提高具有正向的促进作用。经济发展程度（pg_{it}）提高了第二、第三产业的比重，利用外资水平（fdi_{it}）、城镇化率（ur_{it}）、经济开发度（ow_{it}）等变量提高了第二产业占比。这主要是由于，随着经济的发展以及更多的人口进入到城市中居住生活，造成第一产业从业人员出现下降，第二与第三产业从业人员增加，进而带来产业结构的优化升级。另外，随着人均居民收入的提高以及城镇居民的增加，伴随着社会前进，对高质量服务的需求也在增加，促进了经济结构服务化。

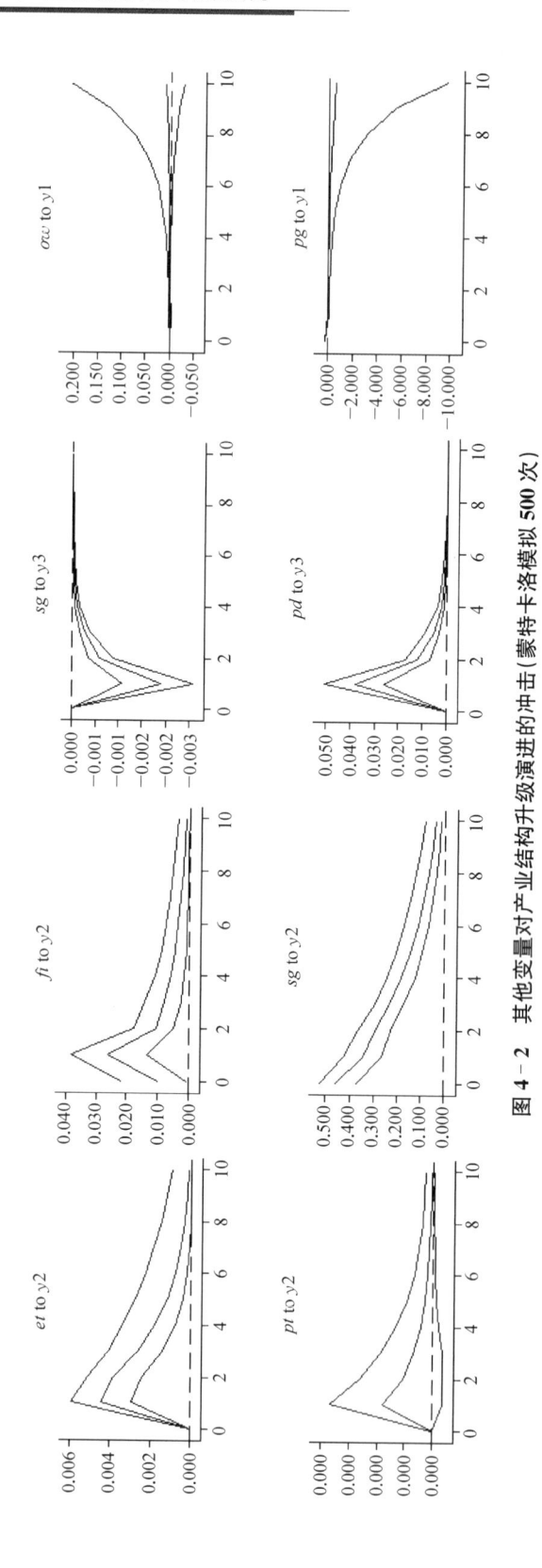

图 4-2 其他变量对产业结构升级演进的冲击（蒙特卡洛模拟 500 次）

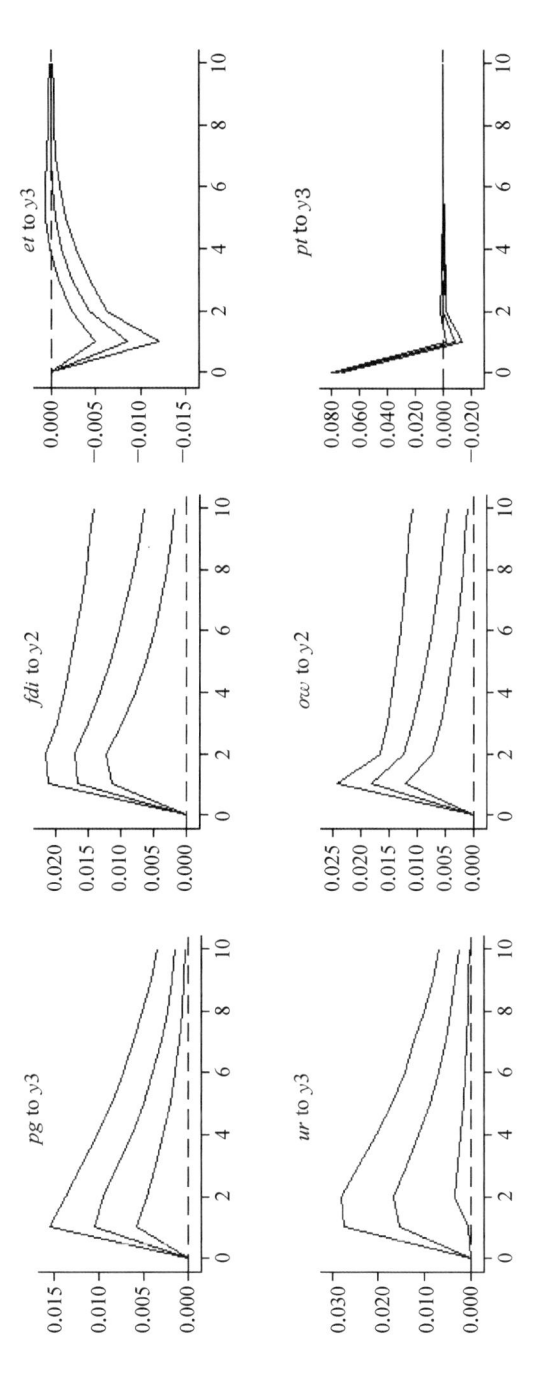

图 4-3 其他变量对产业结构升级演进的冲击（蒙特卡洛模拟 500 次）

5. 稳健性检验

依据 PVAR 模型的原理可知,面板向量自回归模型不区分内生变量与外生变量,而是将所有的变量都等同为内生变量。所以本部分产业结构、营业税、增值税、流转税等变量均作为 PVAR 模型的内生变量,为防止前述 GMM 估计系数、脉冲响应图以及方差分解等实证检验结果受变量次序的影响,避免模型估计系数出现偏误,在改变各变量的顺序后,重新考察了公式 4-16 至公式 4-18 的 GMM 估计、脉冲响应以及方差分解的实证检验,发现主要计量检验结果与前述实证分析基本吻合。综合上述分析,笔者认为模型正确反映了"营改增"改革与产业结构变迁之间的逻辑关系。限于篇幅,这里不将实证结果一一列出。

第四节 "营改增"促进制造业升级的经验检验

一、计量模型设定

(一)"营改增"影响制造业绩效的基准检验

在前述简单理论分析基础上,本部分选择 DID 方法构建如下基准检验模型:

$$buperf_{it} = \alpha + \beta_1 treat_{it} + \beta_2 policy_{it} + \beta_3 treat_{it} \times policy_{it} + \sum_{p=1}^{n} \theta_{np} X_{it} + f_i + \nu_t + \mu_{it} \quad (4-19)$$

其中,i 代表上市公司,t 代表年度,$buperf_{it}$ 为模型的被解释变量制造业绩效。参照已有文献的做法[1],依据受"营改增"政策影响的程度,将制造业企业区别为处理组和控制组。"营改增"是逐步推广到所有地区,$treat_{it}$ 为"营改增"政策实施的企业虚拟变量。如果上市公司为"营改增"试点制造业企业,$treat_{it} = 1$;反之,$treat_{it} = 0$。$policy$ 为"营改增"政策实施的时间虚拟变量。如果企业所在地区进行了"营改增"试点,且属于"营改增"试点当年及以后年度,$policy_{it} = 1$;反之,$policy_{it} = 0$。鉴于"营改增"先在部分行业开始试点,最终推广到全行业,不同行业"营改增"试点的时间节点不一样。

---

[1] 李永友等:《服务业"营改增"能带动制造业升级吗?》,《经济研究》2018 年第 4 期;Annette Alstadsater, Martin Jacob, Roni Michaely, "Do dividend taxes affect corporate investment?", *Journal of Public Economics*, 2017, No.151, pp.74-83; Zwick Eric, James Mahon, "Tax policy and heterogenous investment behavior", *American Economic Review*, 2017, Vol.107, No.1, pp.217-248.

因此,借鉴既有方法①,在公式 4-19 的基础上构造以下双向固定效应计量模型来实现双重差分,具体如下:

$$recap_{it} = \alpha + \beta_3 \, treat_{it} \times policy_{it} + \sum_{p=1}^{n} \theta_{np} X_{it} + f_i + \nu_t + \mu_{it}$$

(4-20)

公式 4-20 中,$treat_{it} \times policy_{it}$ 为"营改增"实施的企业虚拟变量与时间虚拟变量的交叉项。系数 β_3 为笔者关注的核心参数 $treat_{it} \times policy_{it}$,表示"营改增"政策实施前后对制造业绩效的实际净影响。如果 $\beta_3 > 0$,意味着"营改增"对制造业绩效具有正向影响,"营改增"政策对制造业绩效的提升具有直接效应。μ_{it} 为随机误差项,f_i 为时间效应列向量,ν_t 表示地区效应列向量,X_{it} 为影响制造业绩效的其他控制变量。

(二)"营改增"影响制造业绩效效应的异质性检验

考虑到"营改增"在时间与地区层面实施的先后顺序以及企业性质对政策效果的影响,笔者建立如下两个模型。"营改增"先在部分行业进行试点,并彻底推广到全行业。为了检验先行试点地区与后试点地区政策效果的差别,在公式 4-20 的基础上,计量模型设定如下:

$$buperf_{it} = \alpha + \beta_3 btvat_{it} \times regional_{it} + \sum_{p=1}^{n} \theta_{np} X_{it} + \mu_{it} \quad (4-21)$$

公式 4-21 中,$regional$ 为"营改增"政策实施的地区虚拟变量。如果试点企业位于 2012 年试点的省份,$regional_{it} = 1$;反之,$regional_{it} = 0$。系数 β_3 表示试点地区差异对"营改增"政策效果的异质性影响。其中,$btvat_{it} = treat_{it} \times policy_{it}$。为了检验不同企业性质对"营改增"政策效果的差别,在公式 4-20 的基础上,计量模型设定如下:

$$buperf_{it} = \alpha + \beta_3 btvat_{it} \times soe_{it} + \sum_{p=1}^{n} \theta_{np} X_{it} + \mu_{it} \quad (4-22)$$

公式 4-22 中,soe 为"营改增"政策实施的企业性质虚拟变量。如果试点企业为国有企业,$soe_{it} = 1$;反之,$soe_{it} = 0$。系数 β_3 表示试点企业所有制性质的差异,对"营改增"政策效果的异质性影响。

(三)"营改增"影响制造业绩效的长期持续性检验

"营改增"作为新一轮财税改革的重头戏,是当前深化市场机制改革的一种

---

① T. Beck, R. Levine, A. Levkov, "Big bad banks? the winners and losers from bank deregulation in the united states", *Journal of Finance*, 2010, Vol.65, No.5, pp.1637-1667.

长效激励机制,其对制造业绩效的提升不仅局限于当前,这种机制应该是长期持续的。为检验这种效应,笔者在公式4-20的基础上建立如下滞后期模型:

$$buperf_{it} = \alpha + \beta_3 treat_{it-p} \times policy_{it-p} + \sum_{p=1}^{n} \theta_{np} X_{it} + f_i + \nu_t + \mu_{it}$$

(4-23)

二、变量与数据

(一)变量设定与说明

被解释变量:制造业绩效。主要借鉴已有文献中的方法[①],选择净资产收益率(roe)作为被解释变量,稳健性分析中选择资产报酬率(roa)作为被解释变量。

核心解释变量:公式4-19中将$treat_{it} \times policy_{it}$设定为核心解释变量,表示"营改增"政策实施的政策变量。异质性检验相关变量:(1)政策实施地区虚拟变量($regional_{it}$)。如果上市公司所在地区为2012年试点的省份,则$regional_{it} = 1$;反之,则$regional_{it} = 0$。(2)上市公司的企业性质虚拟变量(soe_{it})。如果上市公司为国有企业,则$soe = 1$;反之,则$soe = 0$。

控制变量组:(1)流动比率($currt$);(2)速动比率($qckrt$);(3) Z指数($zindex$);(4)管理费用率($manar$);(5)资产负债率($dbassrt$);(6)总资产周转率($tasst$);(7)总固定资产增长率($nfass$)。

匹配变量:(1)公司规模($size$);(2)综合杠杆($intelevel$);(3)资本密集度($capint$);(4)存货周转率($invta$);(5)总营业收入增长率($oincomp$)。

(二)资料来源

本部分选取中国A股上市公司作为研究样本,样本区间为2009—2016年,依据"营改增"涉及的行业关键词,再通过上市公司公布的经营范围进行行业分析。如果上市公司处于"营改增"试点的"3+7"行业、建筑业、房地产业、生活服务业则视为处理组(不包含金融行业),对样本数据做了如下处理:(1)删除主要数据缺失的上市公司;(2)删除*ST、ST公司;(3)删除金融行业公司;(4)剔除实际业务不在试点行业范围的公司;(5)删除2009年以后上市的公司。此外,上市公司数据主要来源于Wind数据库、锐思(RESSET)数据库和国泰安(CSMAR)数据库。

[①] 陆挺等:《企业改制模式和改制绩效——基于企业数据调查的经验分析》,《经济研究》2005年第6期;徐建中等:《装备制造企业低碳技术创新对企业绩效的影响研究》,《管理评论》2018年第3期。

表 4-6 各变量说明与统计性描述

变量类型	符号	变量名称	变量含义	均值	标准差	最小值	最大值
因变量	roe	净资产收益率	净利润/股东权益余额(%)	0.1046	5.7939	-167.1070	713.2040
	roa	资产报酬率	(利润总额+利息收入)/总资产总额(%)	0.0489	0.9647	-51.9457	108.3520
	nprofitr	净利润增长率	企业净利润增长速度(%)	6.6307	1186.1600	-34051.2000	149442.0000
核心解释变量	treat	"营改增"行业虚拟变量	上市公司所在地区与行业虚拟变量	0.1654	0.3716	0.0000	1.0000
	policy	"营改增"时间虚拟变量	上市公司实施年份的虚拟变量	0.6888	0.4630	0.0000	1.0000
	regional	地区实施先后虚拟变量	依据文中相关说明	0.4119	0.4922	0.0000	1.0000
	soe	企业性质虚拟变量	依据文中相关说明	0.3254	0.4685	0.0000	1.0000
其他控制变量	currt	流动比率	流动资产对流动负债的比率(%)	19.9890	1.8671	7.1970	27.3198
	qckrt	速动比率	速动资产与流动负债的比率(%)	2.7898	4.9821	-5.1317	204.7420

续表

变量类型	符号	变量名称	变量含义	均值	标准差	最小值	最大值
其他控制变量	zindex	Z指数	第一大股东与第二大股东持股比例的比值	2.244 1	4.602 7	1.002 0	179.578 0
	manar	管理费用率	管理费用和主营业务收入之比（%）	95.116 3	2 833.031 0	−0.003 1	205 581.000 0
	dbassrt	资产负债率	总负债/总资产（%）	2.775 8	58.236 8	−685.026 0	6 270.050 0
	tasst	总资产周转率	销售收入净额/平均资产总额	11.080 0	38.604 8	0.000 0	2 996.500 0
	nfass	总固定资产增长率	固定资产增长速度（%）	0.264 5	15.232 7	0.000 0	2 115.000 0
	size	公司规模	公司总资产的自然对数	4.253 8	28.843 7	0.000 0	1 764.060 0
	intelevel	综合杠杆	净利润变化率/主营业务收入变化率	0.630 4	0.552 6	0.000 6	11.415 6
匹配变量	capint	资本密集度	总资产/销售额	19.989 2	1.867 1	7.197 0	27.320 4
	ircta	存货周转率	销售成本与平均存货的比率	21.818 1	12.504 5	0.010 0	99.000 0
	oincomp	总营业收入增长率	总营业收入增长速度（%）	6.633 4	467.300 2	−6 665.310 0	59 411.550 0

资料来源：依据 Wind 数据库、锐思（RESSET）数据库和国泰安（CSMAR）数据库中的资料整理。

三、"营改增"提升效应的证据与异质性分析

基于上述实证策略,本部分主要从基准检验、异质性检验以及长效机制三个层面探究"营改增"对制造业绩效的影响,并报告稳健性估计结果。基准检验与异质性检验主要运用 DID 方法,稳健性检验运用 PSM-DID 方法重新进行估计。

(一)"营改增"提升制造业绩效的基准检验

服务业"营改增"影响制造业绩效政策效应的基准检验,主要来自公式 4-20 的实证分析结果,具体见表 4-7。被解释变量为资产报酬率,实证结果主要分为六列。第一列为没有加入控制变量组和固定效应的简单检验,从中可以看出"营改增"政策企业与时间虚拟变量的交叉项通过了显著性检验,且系数为正,这说明"营改增"显著提升了企业资产报酬率。接着,加入控制变量与固定效应对其进行稳健性检验。第二列和第三列为加入不同控制变量的检验结果。实证结果显示,虽然交叉项的系数变小,但依然通过了 5% 的显著性检验。这说明加入影响制造业绩效的其他系统性影响因素以后,结论依然十分稳健。鉴于不同企业"营改增"试点存在时间差异,第四列控制了时间效应,没有控制地区效应,可以看出交叉项的系数依然通过了 10% 的显著性检验。第五列和第六列为同时加入时间与地区固定效应以后的检验结果。可以看出相对于第一列显著性同样变化不大,计量检验结果依旧通过了 5% 的显著性检验,这说明控制了地区和时间固定效应以后,"营改增"仍然能够显著提升企业资产报酬率。控制变量组方面,依据表 4-7 实证分析结果可知,暂以第四列检验结果为例进行解释。流动比率、Z 指数、总资产周转率、总固定资产增长率四个变量对制造业绩效提升具有正向影响。管理费用率与资产负债率两个变量对制造业绩效具有负向影响。

表 4-7 基准检验结果

解释变量	被解释变量					
	资产报酬率(roa)					
	(1)	(2)	(3)	(4)	(5)	(6)
treat× policy	0.0944** (0.0454)	0.0266*** (0.0096)	0.0261*** (0.0098)	0.0101** (0.0042)	0.0458*** (0.0168)	0.0256*** (0.0097)

续表

解释变量	被解释变量 资产报酬率(roa)					
	(1)	(2)	(3)	(4)	(5)	(6)
$currt$		0.008 12***	0.008 10***	0.006 81**	0.010 4***	0.006 35**
		(0.002 7)	(0.002 6)	(0.003 0)	(0.003 1)	(0.002 8)
$qckrt$		−0.001 36	−0.001 38	−0.004 33	0.001 38	
		(0.003 0)	(0.002 9)	(0.003 1)	(0.003 4)	
$zindex$		0.002 32***	0.002 10***	0.001 94**	0.001 66**	0.001 88**
		(0.000 8)	(0.000 7)	(0.000 7)	(0.000 8)	(0.000 7)
$manar$		−0.023 1***	−0.022 2***	−0.025 1***	−0.009 74***	−0.022 7***
		(0.004 5)	(0.004 2)	(0.004 3)	(0.003 5)	(0.004 6)
$dbassrt$		−0.543***	−0.530***	−0.566***	−0.477***	−0.532***
		(0.003 2)	(0.003 0)	(0.003 3)	(0.003 5)	(0.003 1)
$tassta$		0.038 5***	0.037 8***	0.039 5***	0.048 9***	0.036 6***
		(0.003 4)	(0.003 8)	(0.003 6)	(0.004 1)	(0.003 7)
$nfass$			0.010 0***	0.015 1		0.015 3
			(0.001 2)	(0.020 4)		(0.020 7)
$\_cons$	0.142***	0.133***	0.124***	0.156***	0.225***	0.142***
	(0.024 8)	(0.024 6)	(0.024 1)	(0.026 4)	(0.026 9)	(0.024 8)
R^2	0.153	0.231	0.058	0.139	0.183	0.106
个体	否	否	否	否	是	是
时间	否	否	否	是	是	是
N	5 807	6 354	6 354	6 807	6 027	5 847

注：括号内为标准误，*、** 和 *** 对应 0.10、0.05 和 0.01 的显著性水平。

为进一步系统全面检验服务业"营改增"对制造业绩效的影响，考虑到对不同企业影响的异质性，进一步做稳健性检验。首先，"营改增"作为新一轮税制改革的重头戏,政策持续四年半。2012年"营改增"在上海的"1+6"行业率先试点,以2013年1月1日为界,之前逐步在上海、北京、江苏、安徽、福建、广东、天津、浙江、湖北九个省份部分行业开始试点。首先,将实证方法更换为PSM-DID方法,将样本区间限定为"营改增"试点之前的2010—2011年和"营改增"试点之后2014—2015年,并重新匹配控制变量组(如表4-6所示),重新进行检验。其次,将被解释变量更换为净资产收益率,检验程序与前述程序一致,进一步讨论及稳健性检验,结果如表4-8所示。受限于篇幅,省略控制变量组的计量检验结果。进一步回归结果显示,"营改增"政策变量的系数符号,基本与前述实证分析结果一致。综上所述,可以得出"营改增"作为新一轮税制改革的主线索,提升了中国制造业绩效,假说4-1得到验证。

表4-8 基准回归的稳健性估计结果

解释 变量	被解释变量					
	净资产收益率(roe)					
	(1)	(2)	(3)	(4)	(5)	(6)
$treat \times policy$	0.094 4** (0.045 4)	0.261*** (0.098 1)	0.101** (0.042 1)	0.256*** (0.090 5)	0.253*** (0.095 5)	0.097 9** (0.045 3)
_cons	162.9* (84.843 8)	491.9*** (184.232 2)	176.0** (78.571 4)	483.1*** (181.616 5)	455.4** (178.588 2)	165.0* (85.051 5)
R^2	0.201	0.129	0.134	0.261	0.094	0.082
个体	否	否	否	否	是	是
时间	否	否	否	是	是	是
N	5 896	5 601	5 243	5 726	5 633	5 896

注:括号内为标准误,*、**和***对应0.10、0.05和0.01的显著性水平。

(二)"营改增"影响制造业绩效的异质性检验

"营改增"作为中国税制改革的重头戏,也是过去几年体制改革领域最大的制度性安排。考虑到不同行业税改的难度,同时为了降低改革的制度成本,"营改增"逐步在全行业试点,并推广到全国。直观上来说,位于先行试点省份的企业,鉴于"营改增"政策所带来的税收洼地效应,其政策效果应该更为显著。依据实施时间的先后,以2013年1月1日为界,"营改增"先在九个省份部分行业开始试点,然后推广到国内其他地区。鉴于此,设置了一个地区虚拟变量 regional。如果上市公司位于2012年试点的九个省份,那么地区虚拟变量取值为1,否则取值为0,然后考虑地区虚拟变量与"营改增"政策的交叉项。表4-9实证分析结果主要来源于公式4-21,btvat 为 treat 与 policy 两个变量的交叉项。依据表4-9的实证结果可以看出,地区虚拟变量与"营改增"政策变量的交叉项通过了显著性检验,并且系数为正,这说明先行试点的地区"营改增"提升制造业绩效的政策效果更为明显,假说4-2得到验证。

表4-9 "营改增"提升制造业绩效的异质性检验(试点地区)

解释变量	被解释变量 资产报酬率(roa)					
	(1)	(2)	(3)	(4)	(5)	(6)
$btvat \times regional$	0.006 27** (0.002 5)	0.011 6 (0.015 7)	0.023 5** (0.009 6)	0.022 0** (0.009 7)	0.021 8** (0.009 8)	0.021 7** (0.009 6)
_cons	0.031 5*** (0.004 0)	0.026 4*** (0.003 5)	0.167*** (0.025 2)	0.172*** (0.025 7)	0.169*** (0.025 7)	0.168*** (0.025 6)
R^2	0.182	0.179	0.167	0.138	0.142	0.153
个体	否	否	否	否	是	是
时间	否	否	否	是	是	是
N	5 750	4 031	4 031	4 822	4 822	4 822

注:括号内为标准误,*、** 和 *** 对应 0.10、0.05 和 0.01 的显著性水平。

面对相同的政策,不同所有制的企业会对"营改增"试点产生不同的反应,从而带来政策效果的差异性。已有研究表明,国有企业对税收成本的敏感性比较低,而"营改增"最直接的政策着力点就是减税。依据国家统计局2018年数据,"营改增"累计减税超过2.1万亿元。企业性质不同导致的税收敏感性的差异,与税务部门的关系也会存在一定的亲疏,可能会影响到"营改增"的政策效果。基于上述考虑,设置企业所有制性质虚拟变量 soe,如果上市公司的所有制性质为国有企业取值为1,否则取值为0,然后考虑所有制性质与"营改增"政策的交叉项。表 4-10 实证分析结果主要来源于公式 4-22,$btvat$ 为 $treat$ 与 $policy$ 两个变量的交叉项。依据表 4-10 实证分析结果可以看出,所有制性质虚拟变量与营改增政策变量的交叉项没有通过显著性检验,这说明企业的所有制性质并没有影响到"营改增"提升制造业绩效的政策效果。假说 4-3b 得到验证。

表 4-10 "营改增"提升制造业绩效的异质性检验(试点企业所有制性质)

解释变量	被解释变量					
	资产报酬率(roa)					
	(1)	(2)	(3)	(4)	(5)	(6)
$btvat \times soe$	−0.101 (0.210 4)	−0.017 3 (0.023 4)	−0.018 3 (0.012 6)	−0.018 8 (0.014 8)	−0.017 7 (0.014 2)	−0.014 3 (0.011 5)
_cons	−0.031 8 (0.046 8)	0.086 1** (0.042 8)	0.076 5 (0.044 7)	0.077 7 (0.045 2)	0.019 2 (0.049 2)	0.052 2 (0.052 2)
R^2	0.198	0.156	0.154	0.128	0.134	0.126 2
个体	否	否	否	否	是	是
时间	否	否	否	是	是	是
N	5 242	5 371	5 371	5 131	5 131	5 130

注：括号内为标准误,*、** 和 *** 对应 0.10、0.05 和 0.01 的显著性水平。

(三)"营改增"提升制造业绩效效应的长期持续性检验

"营改增"影响制造业绩效政策效应的长效机制检验,也就是"营改增"政策效果的滞后效应。即对公式 4-23 的计量检验结果详见表 4-11。由于篇幅所限,本部分只是列出核心解释变量的实证结果,其他控制变量组的结果并没有列出。表 4-11 分别对应公式 4-22 中滞后一年、滞后两年以及滞后三年的实证结果,也就是说"营改增"开始实施一年、两年、三年与制造业绩效之间的内在经济逻辑。其中,第一列至第三列的被解释变量为资产报酬率,第四列至第六列被解释变量为净资产回报率。可以看出无论用何种指标来衡量制造业绩效,"营改增"政策变量的交叉项均通过了 10% 的显著性检验。这说明随着"营改增"彻底推广到全行业,其对制造业绩效的影响持续三年以上。假说 4-4 得到验证。通过比较"营改增"政策变量交叉项的系数大小可以发现,服务业的"营改增"影响制造业绩效的持续性比较好,同时显著性基本没有下降。

表 4-11 "营改增"提升制造业绩效的长效机制

treat × policy	被解释变量					
	资产报酬率(roa)			净资产收益率(roe)		
	(1)	(2)	(3)	(4)	(5)	(6)
滞后一年	0.023 4***	0.022 3***	0.017 0***	0.028 5***	0.027 9***	0.054 4***
	(0.005 7)	(0.005 5)	(0.006 0)	(0.003 7)	(0.003 5)	(0.007 8)
滞后两年	0.003 41***	0.003 38**	0.001 85**	0.017 0**	0.016 9**	0.019 3**
	(0.001 3)	(0.001 5)	(0.000 8)	(0.007 8)	(0.006 3)	(0.008 6)
滞后三年	0.024 1***	0.023 4***	0.018 3***	0.032 0***	0.030 3***	0.010 4***
	(0.005 7)	(0.005 5)	(0.006 2)	(0.004 6)	(0.004 5)	(0.002 0)
个体	否	否	是	否	否	是
时间	否	是	是	否	是	是

注:括号内为标准误,*、** 和 *** 对应 0.10、0.05 和 0.01 的显著性水平。

这种服务业"营改增"提升制造业绩效的持续效应并不难理解。通过回顾前面"营改增"影响制造业绩效的理论机制可知,"营改增"主要通过完善增值税抵扣链条,促进产业分工,理顺企业之间的投入产出关系,促进资本深化以及纠正资本错配等作用渠道影响制造业绩效。这些传导机制中,结构性减税效应对制造业绩效的影响最明显。在"营改增"试点开始阶段,增值税抵扣链条完善所带来的减税效应也是最为明显。这种减税效应大幅降低了企业的税收负担,几乎惠及所有企业,提升企业投资收益率,提振市场信心,对企业绩效产生直接影响,增加了企业活力,提升了制造业绩效。这种减税效应是逐年累积起来的,同时结构性减税有力纠正资本在行业与产业之间的误配,这种滞后影响在后续的年份继续提升制造业绩效。随着时间的推移,结构性减税效应逐渐减弱,降低了"营改增"对制造业绩效的作用程度。同时,产业结构调整以及资本误配的纠正,随着时间的推移在逐渐加强。

第五节 "营改增"提升生产性服务业与制造业协同融合程度

一、研究设计

(一)计量模型设定

1. "营改增"影响生产性服务业与制造业协同融合的基准检验

已有文献关于"营改增"政策效果的评估,主要选择双重差分法,数据方面主要运用省级面板数据与上市公司数据。省级面板数据方面,主要考虑"营改增"是逐渐推广到不同省份,并彻底推广到全国,那么必然存在对照组与处理组难以区分的问题。上市公司数据方面,主要是通过缴纳营业税的多少来区分对照组与处理组,因为大多数上市公司存在混业经营的行为,某种程度上也不太符合"拟自然实验"的前提条件。结合"营改增"政策实施过程,可知行业层面数据更为契合"拟自然实验"的前提假设。本部分主要运用双重差分模型(DID),利用行业层面数据构建基准计量检验模型:

$$cocoup_{it} = \alpha + \beta_1 industry_{it} + \beta_2 policy_{it} + \beta_3 industry_{it} \times policy_{it} + \sum_{p=1}^{n} \theta_{np} X_{it} + \mu_{it} \quad (4-24)$$

其中,i 代表样本行业,t 代表具体年份,公式 4-24 中,$cocoup_{it}$ 为生产性服务业与制造业协同融合变量。"营改增"是逐步推广到所有行业,$industry_{it}$ 为"营改增"政策实施的行业虚拟变量。如果为政策实施行业,$industry_{it} = 1$;反之,$industry_{it} = 0$。$policy$ 为"营改增"政策实施的时间虚拟变量。如果属于"营改增"试点当年及以后年度,$policy_{it} = 1$;反之,$policy_{it} = 0$。$industry_{it} \times policy_{it}$ 为"营改增"实施的行业虚拟变量与时间虚拟变量的交叉项。系数 β_3 为核心参数,表示"营改增"政策实施前后对生产性服务业与制造业协同融合的实际净影响。如果 $\beta_3 > 0$,则表示"营改增"对生产性服务业与制造业的协同融合具有正向影响,说明"营改增"对生产性服务业与制造业协同融合具有直接促进效应。考虑到"营改增"在不同行业、不同时间政策效果的异质性,笔者借鉴既有方法[①],同时结合如下双向固定

---

① T. Beck, R. Levine, A. Levkov, "Big Bad Banks? The Winners and Losers from Bank Deregulation in the United States", *Journal of Finance*, 2010, Vol.65, No.5, pp.1637-1667.

效应计量模型来实现双重差分,检验"营改增"对生产性服务业与制造业协同融合的净效应:

$$cocoup_{it} = \alpha + \beta_3 industry_{it} \times policy_{it} + \sum_{p=1}^{n}\theta_{np}X_{it} + f_i + \nu_t + \mu_{it}$$

(4-25)

公式 4-25 中,μ_{it} 为随机误差项,f_i 为时间效应列向量,ν_t 表示行业效应列向量,X_{it} 为影响生产性服务业与制造业协同融合的其他控制变量。

2. "营改增"影响生产性服务业与制造业协同融合的行业异质性检验

本部分主要考察"营改增"促进高端生产性服务业与制造业协同融合的政策效果是否更为明显。为了检验高端服务业与低端服务业政策效果的差异,在公式 4-25 的基础上,计量模型设定如下:

$$cocoup_{it} = \alpha + \beta_3 btvat_{it} \times high_{it} + \sum_{p=1}^{n}\theta_{np}X_{it} + f_i + \nu_t + \mu_{it}$$

(4-26)

公式 4-26 中,$high_{it}$ 为"营改增"政策实施的高端生产性服务业行业虚拟变量。如果试点行业属于高端生产性服务业企业,$high_{it} = 1$;反之,$high_{it} = 0$。系数 β_3 表示试点行业差异对"营改增"政策效果的异质性影响。其中,$btvat_{it} = industry_{it} \times policy_{it}$。

为检验"营改增"长期持续性影响生产性服务业与制造业协同融合,在公式 4-25 的基础上建立如下滞后期模型:

$$cocoup_{it} = \alpha + \beta_3 industry_{it-p} \times policy_{it-p} + \sum_{p=1}^{n}\theta_{np}X_{it} + f_i + \nu_t + \mu_{it}$$

(4-27)

(二) 变量说明

被解释变量:生产性服务业与制造业协同融合程度($cocoup_{it}$)。主要借鉴已有学者提出的灰色 GM(1,N)模型[①]。

核心解释变量:公式 4-24 中将 $industry_{it} \times policy_{it}$ 设定为核心解释变量,表示"营改增"政策实施的行业与时间虚拟变量的交叉项。调节变量:(1) 生产性服务业集聚程度($prosec_{it}$),(2) 制造业集聚程度($managg_{it}$)。

---

① 刘思峰等:《GM(1,1)模型的几种基本形式及其适用范围研究》,《系统工程与电子技术》2014 年第 3 期;唐晓华等:《中国制造业与生产性服务业动态协调发展实证研究》,《经济研究》2018 年第 3 期。

控制变量组主要考察生产性服务业与制造业协同融合的其他因素：(1)行业规模($insize_{it}$)，(2)研发投入(rd_{it})，(3)资本密度($capden_{it}$)，(4)劳动生产率($lpro_{it}$)，(5)国有企业占比($staown_{it}$)，(6)资本深化($capd_{it}$)，(7)交易成本($tranco_{it}$)。

表 4-12 变量说明与统计性描述

类别	符号	名称	计算形式	均值	标准差	最小值	最大值
因变量	cocoup	协同融合程度	依据已有文献计算	0.769 0	0.091 1	0.575 0	0.966 0
核心解释变量	industry × policy	"营改增"试点变量	"营改增"试点行业与时间虚拟变量的交叉项	0.564 8	0.496 9	0	1
调节变量	prosec	生产性服务业集聚	生产性服务业空间基尼系数	0.382 1	0.086 4	0.153 7	0.729 4
	managg	制造业集聚	制造业空间基尼系数	0.362 9	0.060 7	0.285 1	0.534 6
控制变量	insize	行业规模	行业总产值的自然对数	9.259 5	1.312 8	6.809 4	12.929 5
	rd	产业创新能力	行业科技研发投入对数	0.125 1	0.078 5	0.009 2	0.438 7
	capden	资本投入	行业固定资产投资对数	10.463 3	11.790 1	8.721 0	12.642 8
	lpro	劳动生产效率	行业生产总值/行业从业人员	11.559 8	0.513 3	10.710 0	12.448 2
	staown	国有企业占比	行业国有企业比重	0.490 6	0.041 8	0.193 6	0.683 4
	capd	资本深化	行业资本总额/产出	0.256 0	1.562 7	0.194 3	0.623 8
	tranco	交易成本	公关招待费用/销售额(%)	2.830 1	8.674 8	0.002 7	21.067 4

资料来源：依据 Wind 数据库中的资料整理。

二、资料来源、测度方法与协同效应测算

(一)资料来源

本部分主要考察"营改增"对生产性服务业与制造业协同融合的作用机制。"营改增"于 2012 年开始在上海试行,2016 年彻底推广到全行业,政策改革持续四年多。鉴于 2009 年实行增值税转型改革,为了避免其影响,本部分将样本区间设定为 2010 年到 2018 年,选取 24 个行业的生产性服务业子行业的面板数据作为样本。2015 年生产性服务业新的分类标准才公布,2015 年之前部分新兴服务业数据从国家统计局或者相关网站整理。因变量测算所需数据主要来源于 Wind 数据库以及《第三产业年鉴》《中国工业经济年鉴》等。核心解释变量"营改增"主要依据政策实施行业的先后顺序设定相应因变量。调节变量以及控制变量组数据主要由《中国工业经济年鉴》《中国劳动统计年鉴》《中国统计年鉴》以及 Wind 数据库整理获得。文中所有变量均运用各样本省份的产品价格指数进行了平滑处理,并进行了相应的去量纲处理。

(二)测算方法

本部分借鉴已有学者提出的灰色 GM(1,N)模型[1],依据国家标准《国民经济行业分类》(GB/T4754-2017)以及新标准《生产性服务业分类(2015)》,将生产性服务业界定为 D44-D46、G53-G60、I63-I65、J66-J69、M73-M75、N76-78 区间内行业,从行业层面对生产性服务业各子行业与制造业协同融合程度进行测算。

收集生产性服务业各子行业与制造业协同融合程度测算所需的 2010—2018 年份数据 $p_{ij}^{(0)}(t)$。其中,$p_{ij}^{(0)}(t)$ 为协同融合程度测算所需各基础指标的数据集合,对数据集合进行去量纲处理。接着,对数据集合进行标准化处理,作一次累加生成新的数据集合 $p_{ij}^{(1)}(t)$,对 $p_{ij}^{(0)}(t)$ 做无量纲化处理。之后,形成不同数据数列之间的交叉点 $\bar{p}_{ij}^{(0)}(1)$:

$$\bar{p}_{ij}^{(0)}(1) = p_{ij}^{(0)}(t)/p_{ij}^{(0)}(1) \qquad (4-28)$$

其中,i 为生产性服务业子行业,j 为制造业子行业,为增强数据列的规律性,对无量纲化后的指标数据列作 1-AGO(一次累加)处理:

---

[1] 刘思峰等:《GM(1,1)模型的几种基本形式及其适用范围研究》,《系统工程与电子技术》2014 年第 3 期;唐晓华等:《中国制造业与生产性服务业动态协调发展实证研究》,《经济研究》2018 年第 3 期。

$$p_{ij}^{(1)} = (\bar{p}_{ij}^{(0)}(1), \bar{p}_{ij}^{(0)}(1) + \bar{p}_{ij}^{(0)}(2), \cdots, \quad (4-29)$$
$$\bar{p}_{ij}^{(0)}(1) + \bar{p}_{ij}^{(0)}(2) + \bar{p}_{ij}^{(0)}(N))$$

依据数据列 $p_{ij}^{(0)}(t)$ 的数据分布规律，利用集合 $p_{ij}^{(1)}(t)$ 建立各个指标之间的灰色 GM(1, N) 模型，计算出各个指标之间的协同融合值的数据集合 $\hat{p}_{ij}(t)$。

$$Y = \begin{bmatrix} -\frac{1}{2}(p_1^{(1)}(1) + p_1^{(1)}(2)), & p_2^{(1)}(2), & \cdots, & p_n^{(1)}(2) \\ -\frac{1}{2}(p_1^{(1)}(1) + p_1^{(1)}(3)), & p_2^{(1)}(3), & \cdots, & p_n^{(1)}(3) \\ \cdots, & \cdots, & \cdots, & \cdots \\ -\frac{1}{2}(p_1^{(1)}(N-1) + p_1^{(1)}(N)), & p_2^{(1)}(N), & \cdots, & p_2^{(1)}(N) \end{bmatrix}$$
$$(4-30)$$

将公式 4-30 与 $Q_N = (p_1^{(0)}(2), p_1^{(0)}(3), \cdots, p_1^{(0)}(N))$ 代入 $\hat{x} = (x, y_1, y_2, \cdots, y_{n-1})^T = (Y^T Y)^{-1} Y^T Q_N$，得到 $x, y_1, y_2, \cdots, y_{n-1}$，进行微分处理，计算得出：

$$\hat{p}_1^{(1)}(k+1) = (p_1^{(0)}(1) - \frac{1}{x}\sum_{i=2}^{n} y_{i-1} p_i^{(0)}(k+1)) e^{-ak} \quad (4-31)$$
$$+ \frac{1}{x}\sum_{i=2}^{n} y_{i-1} p_i^{(1)}(k+1)$$

其中，$i = 1, 2, 3, 4$。对数据列 $\hat{p}_1^{(1)}$ 进行一次累减还原，求出 $p_1^{(0)}$ 的灰色 GM(1, N) 模型值 $\hat{p}_1^{(0)}$：

$$\hat{p}_1^{(0)}(k+1) = \hat{p}_1^{(1)}(k+1) - \hat{p}_1^{(1)}(k) \qquad \hat{p}_1^{(0)}(1) = p_1^{(0)}(1)$$
$$(4-32)$$

公式 4-33 中，求出各个行业指标之间协同融合值 $\hat{p}_{ik}^{(0)}(t)$ 与 $\hat{p}_{ij}^{(0)}(t)$ 的关联系数 $r_{kj}(t)$，由灰色关联系数公式，得到：

$$r_{ij}(t) = \frac{\min|p_i(t) - p_j(t)| + \rho \max|p_i(t) - p_j(t)|}{|p_i(t) - p_j(t)| + \rho \max|p_i(t) - p_j(t)|} \quad (4-33)$$

公式 4-34 中，$i = S, C$ 对应生产性服务业与制造业两个产业集群；p_j 为 i 系统的第 j 个指标；$t = 1, 2, \cdots, N$ 为指标数据个数，$\max|p_i(t) - p_j(t)|$、$\min|p_i(t) - p_j(t)|$ 为生产性服务业与制造业两个数据列在 t 上的最大（最小）绝对差值。加入 $\rho \in (0.1, 1)$ 增强关联

系数 $r(t)$ 之间的差异分辨度,惯例上将其取值为 0.5。再通过指标列之间的关联系数,得到生产性服务业与制造业两个产业集群相对于自身指标的综合协同融合序列 $D_i(t)$:

$$D_i(t) = \sum_{k,j=1}^{n} r_{kj}(t) / \sum_{Z=1}^{n-1} Z \quad (j \neq k) \quad (4-34)$$

对各个产业集群的原始数据集合 $p_{ij}^{(0)}(t)$ 以及各个指标在系统中的权重进行处理,得到产业集群各个子行业的综合序列 $P_i^{(0)}(t)$,并按照公式 4-29 中所示方法将 $P_i^{(0)}(t)$ 做类似处理得到 $P_i^{(1)}(t)$,建立生产性服务业与制造业的灰色 GM(1,2) 模型。由灰色模型计算得到两个产业集群之间的协同融合值 $\hat{P}_i(t)$,还原后得到 $\hat{P}_i^{(0)}(t)$。

$$P_i^{(0)}(t) = \sum_{j=1}^{m} w_{ij} x_{ij}^{(0)} \quad (4-35)$$

运用公式 4-34 的方法,继续计算两个产业集群协同融合值之间的关联系数。最后计算出综合协调度 $D_0(t)$。在考虑两个产业集群不同指标相互影响的基础上,构建生产性服务业各子行业与制造业协同融合度 $D(t)$ 模型。其中,w_i 为产业集群的权重值:

$$D_0(t) = \frac{1}{6} \sum_{k,j=1}^{4} R_{kj}(t) \quad (4-36)$$

$$D(t) = k_1 \sum_{i=1}^{4} w_i D_i(t) + k_2 D_0(t) \quad (k_1 = k_2 = 0.5) \quad (4-37)$$

继而对灰色 GM(1,2) 模型进行求解,得出生产性服务业各子行业与制造业之间协同融合数值。

(三) 协同融合效应变化测度

2010—2018 年中国生产性服务业各子行业与制造业协同融合程度呈现明显的异质性特征,具体测算结果见表 4-13。2010 年,生产性服务业 24 个子行业与制造业协同融合程度平均值为 0.651 3。其中,交通运输等行业与制造业的协同融合程度比较高。随着"营改增"试点政策的推广,生产性服务业与制造业协同融合程度逐年提高。2018 年,生产性服务业 24 个子行业与制造业协同融合程度平均值为 0.890 8。其中,互联网和相关服务、软件和信息技术服务业、货币金融服务、资本市场服务等高端服务业与制造业协同融合程度超过平均值。可以看出,高端生产性服务业对制造业发展的影响日益加大,形成比较强的协调融合发展趋势。

表 4-13　生产性服务业各子行业与制造业协同发展变化值

年份	2010	2012	2014	2016	2018	年份	2010	2012	2014	2016	2018
D44	0.66	0.754	0.796	0.856	0.891	I64	0.637	0.657	0.686	0.757	0.827
D45	0.662	0.74	0.759	0.822	0.91	I65	0.701	0.724	0.808	0.879	0.906
D46	0.674	0.713	0.789	0.853	0.91	J66	0.788	0.862	0.876	0.961	0.909
G53	0.668	0.729	0.799	0.854	0.966	J67	0.612	0.653	0.748	0.846	0.926
G54	0.639	0.739	0.812	0.85	0.921	J68	0.641	0.722	0.763	0.81	0.92
G55	0.585	0.674	0.751	0.834	0.876	J69	0.611	0.655	0.783	0.838	0.878
G56	0.724	0.736	0.855	0.838	0.909	M73	0.595	0.627	0.673	0.765	0.86
G57	0.673	0.682	0.763	0.822	0.905	M74	0.641	0.729	0.795	0.853	0.791
G58	0.575	0.634	0.72	0.841	0.953	M75	0.666	0.711	0.752	0.806	0.831
G59	0.655	0.683	0.783	0.828	0.908	N76	0.641	0.726	0.799	0.878	0.918
G60	0.697	0.716	0.742	0.819	0.875	N77	0.616	0.677	0.725	0.788	0.896
I63	0.612	0.733	0.753	0.808	0.799	N78	0.657	0.729	0.784	0.821	0.893

注：指标为作者测算。

三、"营改增"促进效应与路径选择

（一）基准检验结果

"营改增"影响生产性服务业与制造业协同融合效应的基准检验，实证结果主要分为六列，主要来自公式 4-25 的计量检验结果。第一列为没有加入控制变量组和固定效应的简单检验，可以看出"营改增"政策行业与时间虚拟变量的交叉项通过了显著性检验，且系数为正，这说明"营改增"显著促进了生产性服务业与制造业的协同融合。第二列和第三列分别为加入不同控制变量后的计量分析结果，实证结果显示，虽然交叉项的系数变小，但依然通过了 1% 的显著性检验。这表示加入其他影响生产性服务业与制造业协同融合的系统性因素之后，"营改增"试点政策效果依然有效。考虑到生产性服务业各子行业，特别是高端生产性服务业与制造业的协同融合程度存在异质性，依据公式 4-25 设定计量模型。第四列至第六列分别为控制了行业与时间固定效应,并加入不同控制变量之后的实证结果。可以看出相对于第一列显著性同样变化不大,交叉项系数依旧通过了1%的显著性检验,这表示加入了时间与地区固定效应之后,"营改增"促进生产性服务业与制造业协同融合的政策效果依然显著。

表 4-14 基准检验结果

解释变量	被解释变量 协同融合程度（cocoup）						
	(1)	(2)	(3)	(4)	(5)	(6)
industry×policy	0.113***	0.109***	0.096***	0.0738***	0.0691***	0.0573***
	(0.0116)	(0.0132)	(0.0163)	(0.0093)	(0.0102)	(0.0095)
insize		0.235***	0.319**	0.491*	0.446*	0.454*
		(0.0739)	(0.1313)	(0.2683)	(0.2451)	(0.2428)
rd		0.0653***	0.0537***	0.0464***	0.0503***	0.0483***
		(0.0066)	(0.0065)	(0.0068)	(0.0080)	(0.0070)
capden		0.0309***	0.0462***		0.0273**	0.0221**
		(0.0072)	(0.0136)		(0.0118)	(0.0097)
lpro		0.0729***	0.0810***	0.613***	0.562***	0.705***
		(0.0089)	(0.0127)	(0.0859)	(0.1188)	(0.1536)
staown		−0.126***		−0.103**		−0.0846*
		(0.0231)		(0.0427)		(0.0445)
capd		0.0567***	0.0428***	0.0624***	0.0384***	0.0387***
		(0.0097)	(0.0086)	(0.0101)	(0.0091)	(0.0085)
tranco			−0.0482***	−0.0397**		−0.0206**
			(0.0071)	(0.0173)		(0.0092)
_cons	0.648***	0.348***	0.126***	0.649***	0.351***	0.328***
	(0.1810)	(0.0712)	(0.0260)	(0.1783)	(0.0893)	(0.1131)
χ^2	186***	193***	208***	261***	242***	226***

续表

解释变量	被解释变量 协同融合程度(cocoup)					
	(1)	(2)	(3)	(4)	(5)	(6)
行业	否	否	否	是	是	是
时间	否	否	否	是	是	是
N	216	216	216	216	216	216

注：括号内为标准误，*、** 和 *** 对应 0.10、0.05 和 0.01 的显著性水平。

为了更全面地验证"营改增"促进生产性服务业与制造业协同融合的政策效果，考虑到这种影响在不同行业的异质性，进一步做稳健性检验。"营改增"作为新一轮税制改革的重头戏，政策持续四年半。2012 年，"营改增"在上海的"1+6"行业率先试点，之后逐步推广到生产性服务业的 24 个子行业。首先，我们将实证方法更换为 PSM-DID 方法，将样本区间限定为"营改增"试点之前的 2010—2011 年和"营改增"试点之后 2016—2017 年，并重新匹配控制变量组，进行计量检验。其次，我们更换生产性服务业与制造业协同融合的测算方法，主要依据陈国亮和陈建军文中方法①。基准检验的稳健性估计结果如表 4-15 所示，受限于篇幅，省略控制变量组的计量检验结果。将稳健性估计结果与表 4-14 做对比，显示"营改增"政策变量的系数符号，基本与前述实证分析结果一致。综上所述，可认为"营改增"作为新一轮税制改革的主线索，能够促进生产性服务业与制造业之间的协同融合，假说 4-5 得到验证。

表 4-15 直接效应的稳健性估计结果

解释变量	被解释变量 协同融合程度(cocoup)					
	(1)	(2)	(3)	(4)	(5)	(5)
industry × policy	0.553*** (0.067 5)	0.478*** (0.083 4)	0.509*** (0.076 3)	0.438*** (0.079 8)	0.381*** (0.063 0)	0.326*** (0.067 9)

① 陈国亮等：《产业关联、空间地理与二三产业共同集聚——来自中国 212 个城市的经验考察》，《管理世界》2012 年第 4 期。

续表

解释变量	被解释变量 协同融合程度(cocoup)					
	(1)	(2)	(3)	(4)	(5)	(5)
_cons	0.648***	0.348***	0.648***	0.591***	0.619***	0.492***
	(0.0598)	(0.0368)	(0.0592)	(0.0706)	(0.0830)	(0.0700)
χ^2	164***	162***	144***	183***	139***	170***
行业	否	否	否	是	是	是
时间	否	否	否	是	是	是
N	96	96	96	96	96	96

注:括号内为标准误,*、**和***对应0.10、0.05和0.01的显著性水平。

(二)"营改增"影响生产性服务业与制造业协同融合的行业异质性

"营改增"作为中国税制改革的重头戏,也是过去几年财税领域最大的制度性安排。考虑到不同行业"营改增"试点的难度,同时也为了降低税制改革的制度成本,"营改增"在生产性服务业各子行业进行了分步骤试点,并运用四年半的时间推广到全行业。直观上来说,鉴于生产性服务业各子行业与制造业的关联程度不同,"营改增"的政策效果也会呈现一定的差异性。鉴于此,本研究设置了一个行业虚拟变量 $high$。如果生产性服务业属于高端服务业①,那么行业虚拟变量取值为1;否则取值为0。如果行业虚拟变量与"营改增"试点变量的交叉项的系数通过了显著性检验,则说明"营改增"政策试点呈现一定的行业异质性。表4-16实证分析结果主要来源于公式4-26, $btvat$ 为 $industry$ 与 $policy$ 两个变量的交叉项。依据表4-16的实证结果可以看出,行业虚拟变量与"营改增"政策变量的交叉项通过了显著性检验,并且系数为正,这说明"营改增"试点呈现行业异质性,高端生产性服务业的政策效果更明显。综上可以看出,虽然高端生产性服务业试点时间较晚,但是"营改增"促进其与制造业协同融合的政策效果更为明显。假说4-6得到验证。

---

① 有关高端服务业这个概念的界定,至今还没有统一的和权威的解释。本部分将电信、广播电视和卫星传输服务业、互联网和相关服务、软件和信息技术服务业、货币金融服务、资本市场服务、保险业、其他金融业、研究和实验发展、专业技术服务业、科技推广和应用服务业等生产性服务业定义为高端生产性服务业。

表 4-16 "营改增"政策效果的行业异质性

解释变量	被解释变量 协同融合程度(cocoup)					
	(1)	(2)	(3)	(4)	(5)	(6)
$btvat$ $\times high$	0.013 8** (0.005 9)	0.010 5** (0.004 7)	0.009 6* (0.005 2)	0.016 7* (0.008 7)	0.013 1* (0.007 3)	0.006 8* (0.003 9)
_cons	0.061 8*** (0.010 1)	0.065 4*** (0.008 0)	0.031 8*** (0.004 9)	0.348*** (0.039 0)	0.954*** (0.121 7)	0.193*** (0.036 5)
R^2	0.190	0.151	0.137	0.172	0.167	0.186
行业	否	是	是	否	是	是
时间	是	是	是	是	是	是
N	216	216	216	216	216	216

注：括号内为标准误，*、** 和 *** 对应 0.10、0.05 和 0.01 的显著性水平。

四、拓展性分析

（一）"营改增"促进生产性服务业与制造业协同融合的路径研究

前述部分对"营改增"促进生产性服务业与制造业协同融合的政策效应进行了计量检验。那么，"营改增"通过什么路径影响生产性服务业与制造业协同融合？通过理论机制分析可知，生产性服务业与制造业的协同融合与二者的集聚相伴而生，本部分主要考察"营改增"如何通过影响产业集聚进而影响生产性服务业与制造业的协同融合。本研究将公式 4-25 中被解释变量依次变为生产性服务业集聚与制造业集聚两个变量，分别进行计量检验，计量检验结果如表 4-17 所示。表 4-17 中前三列的被解释变量为生产性服务业集聚，后三列的被解释变量为制造业集聚。可以看出，被解释变量为生产性服务业集聚的回归方程中，"营改增"政策变量通过了显著性检验，而被解释变量为制造业集聚的变量没有通过显著性检验，"营改增"政策变量没有通过显著性检验，说明"营改增"试点并不影响制造业集聚，而是主要通过生产性服务业区域层面的集聚来促进生产性服务业与制造业行业层面的融合发展。对此可能的解释为，伴随着国内大循环为主体、国内国际双循环相互促进新发展格局的形成,生产性服务业与制造业也逐渐走向深度融合发展阶段。二者的协同融合更多的是伴随生产性服务业集聚而产生的。这也从侧面说明,以"营改增"为主线索的税制改革,加快了这个过程,促使二者的关系从制造业主导阶段走向二者协同融合发展阶段①。

表 4-17 路径检验

解释变量	被解释变量						
	生产性服务业集聚($prosec$)			制造业集聚($managg$)		
	(1)	(2)	(3)	(4)	(5)	(6)
$industry \times policy$	0.295**	0.227**	0.163**	0.280	0.235	0.285
	(0.121 4)	(0.097 8)	(0.067 9)	(0.186 7)	(0.169 1)	(0.343 4)
_cons	1.862***	1.927***	0.389***	0.354**	0.165	0.321
	(0.228 2)	(0.330 0)	(0.070 9)	(0.149 4)	(0.137 5)	(0.232 6)
χ^2	123***	155***	195***	168***	148***	158***
行业	否	是	是	否	是	是
时间	否	否	是	否	否	是
N	216	216	216	216	216	216

注:括号内为标准误,*、** 和 *** 对应 0.10、0.05 和 0.01 的显著性水平。

(二) 长效机制检验

"营改增"试点的长效机制检验主要来自公式 4-27 的计量检验结果,具体见表 4-18。考虑到篇幅,同样省略控制变量组的检验结果,只列出了核心变量的计量分析结果。表 4-18 分别对应公式 4-27 中滞后一年、滞后两年以及滞后三年的实证结果,也就是"营改增"开始实施一年、两年、三年与生产性服务业与制造业协同融合的关系。其中,第一列至第三列的被解释变量主要借鉴灰色 GM(1, N)模型测算②,第四列至第六列的被解释变量主要依

---

① 目前关于生产性服务业与制造业协同融合关系主要包括四种论述(顾乃华等,2006):一是需求遵从论;二是供给主导论;三是互补依赖论;四是融合发展论。

② 刘思峰等:《GM(1,1)模型的几种基本形式及其适用范围研究》,《系统工程与电子技术》2014 年第 3 期。

据陈国亮和陈建军文中方法测算①。可以看出,无论生产性服务业与制造业协同融合程度按照何种方法核算,"营改增"政策变量的交叉项均通过了10%的显著性检验。这说明随着"营改增"试点扩围到全行业过程中,其对生产性服务业与制造业协同融合的政策效果超过三年。长期来看,"营改增"政策效果分散在比较长的时间维度上,持续时间比较长,但是政策效果在减弱。通过前面"营改增"影响生产性服务业与制造业协同融合的理论机制可知,"营改增"主要通过完善增值税抵扣链条,理顺企业之间的投入产出关系,提高劳动生产率,对生产性服务业与制造业协同融合产生影响。这些传导机制中,在"营改增"试点开始阶段,增值税抵扣链条完善所带来的减税效应最为明显,大幅降低了企业的税收负担,几乎惠及所有企业,提高企业的投资收益率,提振市场信心,对生产性服务业与制造业协同融合产生直接影响。随着时间的延续,税负降低对生产性服务业与制造业协同融合的直接效应在逐渐减弱,同时理顺投入产出关系以及提高劳动生产率等机制,开始发挥作用,持续促进生产性服务业与制造业协同融合。综上所述,假说4-7得到验证。

表4-18 "营改增"试点的长效机制

industry ×policy	被解释变量					
	协同融合程度(cocoup)			协同融合程度(cocoup)		
	(1)	(2)	(3)	(4)	(5)	(6)
滞后一年	0.201***	0.196***	0.162***	0.431***	0.337***	0.391***
	(0.048 0)	(0.051 7)	(0.042 6)	(0.049 9)	(0.050 1)	(0.046 2)
滞后两年	0.097 5***	0.134**	0.081 5	0.218**	0.139**	0.168**
	(0.027 6)	(0.055 1)	(0.072 8)	(0.094 0)	(0.063 8)	(0.078 9)
滞后三年	0.068 3**	0.057 9*	0.025 9	0.094 3**	0.062	0.046
	(0.028 5)	(0.031 0)	(0.025 1)	(0.040 8)	(0.043 4)	(0.046 9)
行业	否	否	是	否	否	是
时间	否	是	是	否	是	是

注:括号内为标准误,*、** 和 *** 对应0.10、0.05 和0.01 的显著性水平。

---

① 陈国亮等:《产业关联、空间地理与二三产业共同集聚——来自中国212个城市的经验考察》,《管理世界》2012年第4期。

第六节 小 结

本章考察了"营改增"与产业结构升级演进之间的内在经济逻辑。首先,通过简单的理论分析,考察"营改增"对中国产业结构变迁的影响;其次,利用PVAR模型,实证检验了"营改增"对产业结构升级演进的促进作用,并定量测度了"营改增"对国民经济三次产业变动的贡献程度。实证结果发现三个方面的影响效应。

第一,"营改增"对产业结构优化的影响效应。综合广义矩估计与脉冲响应结果来看,"营改增"对第一产业占比基本没有影响,流转税改革降低了国民经济中第二产业比重,提高了国民经济中第三产业比重,也就是说"营改增"改革促进了产业结构优化升级。从脉冲函数响应的强度来分析,相对于营业税变量,国民经济中第二产业与第三产业都对增值税变量的反应程度更强烈。考察方差分解结果可知,相对于第二产业占比,"营改增"对国民经济中第三产业占比增加的贡献程度更大,并且"营改增"对国民经济中第一产业占比的变动基本没有贡献。

第二,服务业"营改增"对制造业绩效的影响效应。基准检验与稳健性检验结果显示,"营改增"能够显著提升中国制造业绩效。服务业"营改增"对制造业绩效的影响呈现一定的异质性,其对中国先行试点省份的制造业绩效提升作用更为明显,但对不同所有制类型的制造业绩效提升作用没有显著差异,这也从侧面反映了私有企业逐步成为中国税制改革的最重要获益者。通过考察"营改增"影响制造业绩效的长期政策效果发现,由于不同影响渠道对政策效果的影响呈现时间上的异质性,且表现出此消彼长的关系。因此,"营改增"试点政策效果持续时间比较长。随着时间的推移,这种滞后效应并没有显著减弱,也就是说"营改增"作为近年来最重要的财税改革,其制度红利比较持久。

第三,"营改增"对生产性服务业与制造业协同融合的影响效应。首先,通过简单的理论分析,深入考察"营改增"影响生产性服务业与制造业协同融合的作用机制;其次,运用双重差分法,利用行业层面数据,按照生产性服务业分类(2015)新标准,精准测算生产性服务业与制造业协同融合程度,计量检验"营改增"对生产性服务业与制造业协同融合的影响。实证结果表明:"营改增"能够显著促进中国生产性服务业与制造业协同融合。"营改增"促进生产性服务业与制造业协同融合的政策效果表现为一定的行业异质性,相对于低端生产性服务业,高端生产性服务业的政策效果更为明显。通过拓展性分析可以看出,"营改增"主要是通过促进生产性服务业集聚来影响其与制造业的集聚,总体来看,"营改增"改变了中国生产性服务业与制造业的互动模式。

第五章　流转税改革的国民收入分配效应研究

本章重点考察"营改增"经济效应评估的第二个层面,即流转税改革的国民收入分配效应研究,运用双重差分模型量化分析"营改增"改革对国民收入分配格局的影响,研究"营改增"改革试点与国民收入分配格局变动之间的内在逻辑关系。本章主要解决两个问题。第一,流转税改革对国民收入分配格局的优化到底有没有影响?第二,流转税对国民收入分配格局的影响程度有多大?最终实证结果表明:基于"营改增"视角的流转税改革使国民收入分配格局中政府部门所得份额下降,企业、居民部门所得份额提高,这表明"营改增"改革试点优化了国民收入分配格局。

第一节　引　　言

财政是国家治理的基础和重要支柱,相对于1994年的分税制改革,新一轮的财税改革重点是建立现代财政制度。近年来,中国经济经历了几轮依靠财政扩张、增加政府投资反危机操作之后,这种不注重财政支出效率、粗放型的财政扩张,对经济结构调整、资源配置的负面作用逐渐显现。营业税、增值税作为中国最重要的两个流转税税种,占到中国政府一般预算收入的65%以上。由于国民收入分配中三部门政府、企业和居民在消费、投资、储蓄等领域的行为模式不同,"营改增"改革作为新一轮财税改革的重点,势必影响三部门的行为模式,影响"经济蛋糕"的切割,进而影响国民收入分配格局,因此,研究流转税改革试点对于中国国民收入分配格局的优化具有重要意义。

经济社会发展到一定的水平,"公平分配蛋糕"就会变得与"做大蛋糕"一样重要,"公平分配蛋糕"从结果来看,也就是政府、企业、居民三部门在国民收入份额中的占比。三部门最终分配格局的形成,不是由外生力量直接决定,而是由技术条件和制度环境决定的。对于国民收入分配格局的优化,税收制度改革不仅通过分配环节而且通过深入生产过程发挥作用。始于1994年的分税制改革,主要目的是为适应当时经济发展水平与税收征管能力。到目前为止,现有财税体制已经不能更大限度为经济社会发展继续提供红利,甚至在一定程度上阻碍了经济社会发展。2012年1月1日,在上海开始实行的增值税扩围正式拉开了中国新一轮财税改革的序幕。"营改增"作为中国结构性减税的重要组成部分,必然影响政府收入规模、企业税收负担,进而影响收入分配中政府、企业所得份额,最后改变国民收入分配格局。调整完善政府、居民、企业的分配关系,首先需要控制政府的支出规模,政府支出规模的控制必然通过优化和调整政府的收入结构来实现。

中国的学术研究机构和政策决策部门普遍认为,基于"营改增"视角的新一轮财税改革会减少国家一般政府预算收入,增加企业、居民部门的收入,但是其研究分析主要停留在静态方面,对"营改增"优化收入分配格局的动态效应并没有做很好的探讨分析。本章在分析新一轮财税改革"营改增"的基础上,重点研究流转税改革对国民收入分配格局的动态影响,进而实证分析流转税改革对国民收入分配格局的作用。研究结果表明:"营改增"减少了税收征缴对价格的影响,在一定程度上提高了资源配置效率,减缓了政府税收增长速度,提高了企业、居民部门所得份额,从而优化了国民收入分配格局。

第二节 税制结构与国民收入分配格局

纵观历史,中国的税制结构与税收制度的变迁都是被动强制性的。1994年的分税制改革是中华人民共和国成立以来范围最广、规模最大的一次财税体制改革,发起改革的主体是国家,体现出自上而下强制性的特征。1994年的分税制改革考虑到中国的现实国情与税收征管水平,最大的特征就是由之前相对单一的税制改为目前比较复杂的复合税制。而新一轮的流转税改革,一定程度上可以看作倒逼的改革,最大的特征是由以流转税为主体的税制结构过渡到以所得税和流转税两税并重的税制结构。

一、基本假定

进入21世纪以来,中国国民收入分配格局的逐渐恶化已经成为经济社会可持续发展的重要障碍。在诸多调节国民收入分配格局的政策工具中,税收制度与税制结构天然具有不可取代的地位。中共十八大以后,中国经济社会发展进入"新常态",并且提出了到 2020 年人民国民收入翻一番的目标,也就是学界通常所说的"收入倍增计划"。此项计划的一个重要目标就是要跳出中等收入陷阱。要实现微观层面的居民收入倍增目标,在宏观层面上,必须完成国民收入分配格局的优化。如果不能扭转当前政府主导、企业偏向的国民收入分配格局,经济发展的成果就会更多地被政府和企业拿走,很难实现"收入倍增计划"。

无论是微观层面的"收入倍增计划",还是宏观层面的国民收入分配格局优化,都离不开税制结构调整、优化的制度基础以及优化税制结构的其他宏观配套政策革新。新一轮的财税改革,以"营改增"为线索,至 2015 年新《预算法规》开始实施,税制结构调整已经进入深水区。本章从理论和实践的视角探讨了流转税改革和国民收入分配格局之间的内在逻辑关系,为中国后续税收制度和税制结构的调整提供理论基础和实践依据。

本章第二部分探讨流转税改革对国民收入分配格局的影响。2014 年,中国政府财政收入超过 65% 来源于流转税,企业所得税和个人所得税分别占到政府财政收入的 15% 与 7% 左右。本部分将企业所得税设定为资本税,个人所得税设定为工薪税。假定政府部门收益主要来自税收(工薪税、流转税、资本税),居民部门收入主要来自劳动报酬,企业部门收益主要来自资本。

按照文献惯例,假定每个家庭只有 1 个个体,没有人口增长,经济体由同质连续具有无限生命的家庭组成,家庭的效用主要来源于消费和休闲。同时,家庭对消费和休闲的选择受到自身收入约束的限制。在不影响模型思想表达的前提下,为了简化起见,采用 Xie(1997)文中家庭效用函数:

$$U(c, l) = \ln^{(c-l)} \quad (5-1)$$

综合考虑中国政府税收来源以及税收制度特点,本章假设政府只课征三类税收。第一类是流转税,包括营业税、增值税、消费税。按照中国现实国情,流转税占中国政府一般预算收入的 65% 以上,本章将其简化为只对企业征收的流转税。第二类是工薪税,也就是劳动所得税。第三类是资本所得税,也就是企业所得税,课税对象为资本所得。同时,假设资本税税率为 κ_r,课税对象是企业资本所得;工薪税税率为 κ_l,课税对象为劳动报酬;流转税税率为 τ_f,因为流转税为间接税,只针对企业征收。那么,政府税收收入就可以写为:

$$T = \tau_f \varphi \cdot f(k, l) + \kappa_r rk + \kappa_l wl \quad (5-2)$$

其中,T 代表人均税收,r 代表资本平均收益率,w 代表劳动平均工资率,k 代表人均资本,l 代表人均劳动时间,$f(k, l)$ 代表人均产出,φ 代表对产出的征税范围，$0 < \varphi \leqslant 1$[①]。

另外，假定企业生产函数为：$f(k,l) = Ak^{\alpha}l^{1-\alpha}$。同时假定企业竞争性利润为零，规模报酬不变。因为对企业征收流转税，企业税后收入变为 $(1-\tau_f\varphi)f(k,l)$。企业还需要生产要素资本，其中资本租金为 rk，支付劳动者报酬支出为 wl。此时，企业利润最大化：

$$\max[(1-\tau_f\varphi)f(k,l) - rk - wl] \tag{5-3}$$

求解公式 5-3 的一阶条件可以求得均衡时资本平均收益率和工资率[②]：

$$w = (1-\tau_f\varphi)(1-\alpha)Ak^{\alpha}l^{-\alpha} \tag{5-4}$$

$$r = (1-\tau_f\varphi)\alpha Ak^{\alpha-1}l^{1-\alpha} \tag{5-5}$$

二、模型求解

基于上述假设条件，因此，既定家庭收入约束下，家庭效用最大化问题可以表述为：

$$\max \int_0^{\infty} e^{-\rho t} \ln^{(c-l)} dt \tag{5-6}$$

$$\text{St.} \dot{k} = rk + wl - \kappa_r rk - \kappa_l wl - c \tag{5-7}$$

构建现值汉密尔顿函数：

$$H(c,k,\lambda) = \ln^{c-l} + \lambda[rk + wl - \kappa_r rk - \kappa_l wl - c] \tag{5-8}$$

横截性条件：

$$\lim_{t \to \infty} k(t)\lambda(t)e^{-\rho t} = 0 \tag{5-9}$$

欧拉方程：

$$\dot{\lambda} = \rho\lambda - \lambda(1-\kappa_r)r \tag{5-10}$$

一阶条件：

$$\lambda(1+\kappa_r) = 1/(c-l) \tag{5-11}$$

$$\lambda w(1+\kappa_l) = 1/(c-l) \tag{5-12}$$

---

① 郭庆旺等：《论税收对要素收入分配的影响》，《经济研究》2011年第6期。
② 郭庆旺等：《论税收对要素收入分配的影响》，《经济研究》2011年第6期。

公式 5-11 与公式 5-12 联立可以求得：

$$w = (1+\kappa_r)/(1-\kappa_l) \qquad (5-13)$$

$$c = \frac{1}{(1+\kappa_r)\lambda} + l \qquad (5-14)$$

将公式 5-13 与公式 5-14 代入家庭预算约束公式 5-7 中可以得到：

$$\dot{k} = r(1-\kappa_r)k - 1/\lambda \qquad (5-15)$$

联立公式 5-13 和公式 5-15 可以得到：

$$k\lambda = 1/\rho \qquad (5-16)$$

联立公式 5-14 与公式 5-15 可以得到均衡时拉动供给[①]：

$$l = \left[\frac{A(1-\alpha)(1-\kappa_l)(1-\tau_f\varphi)}{1+\kappa_r}\right]^{\frac{1}{\alpha}} k \qquad (5-17)$$

进一步化简：

$$\frac{l}{k} = \left[\frac{A(1-\alpha)(1-\kappa_l)(1-\tau_f\varphi)}{1+\kappa_r}\right]^{\frac{1}{\alpha}} \qquad (5-18)$$

联立公式 5-18 与公式 5-5 可以得到资本收益率：

$$r = A\alpha(1-\tau_f\varphi)\left[\frac{A(1-\alpha)(1-\kappa_l)(1-\tau_f\varphi)}{1+\kappa_r}\right]^{\frac{1-\alpha}{\alpha}} \qquad (5-19)$$

下面对资本税税率、流转税税率以及工薪税税率是否影响工资率和资本收益率进行分析。通过公式 5-17 可以看出，征收资本税和工薪税可以提高工资率；分析公式 5-19 可知，征收工薪税、资本税和流转税可以降低资本收益率。由新古典生产函数的一般假定可知，资本收益率和工资率的高低是由两种生产要素的比重决定的。分析公式 5-18 可知，征收工薪税、流转税降低了劳动-资本比率，这就使劳动相对于资本变得稀缺，导致工资率上升，资本收益率下降。资本税的征缴，同样使劳动-资本比率提高，导致工资率上升，资本收益率下降[②]。

三、流转税改革对国民收入分配格局的影响

本章假定居民部门收入主要来自劳动报酬，企业部门收益主要来自资

[①] 郭庆旺等：《论税收对要素收入分配的影响》，《经济研究》2011 年第 6 期。
[②] 郭庆旺等：《论税收对要素收入分配的影响》，《经济研究》2011 年第 6 期。

本,政府部门收益主要来自税收(工薪税、流转税、资本税),那么可以求得各部门收入份额,其中:

居民部门收入所得份额:

$$\pi_l = (1-\kappa_l)wl/f(k, l) = (1-\alpha)(1-\kappa_l)(1-\tau_f\varphi) \quad (5-20)$$

企业部门收入所得份额:

$$\pi_r = (1-\kappa_r)rk/f(k, l) = (1-\alpha)(1-\kappa_r)(1-\tau_f\varphi) \quad (5-21)$$

政府部门收入所得份额:

$$\begin{aligned}\pi_t &= [\tau_f\varphi \cdot f(k, l) + \kappa_r rk + \kappa_l wl]/f(k, l) \\ &= \tau_f\varphi + (1-\tau_f\varphi)[\kappa_r\alpha + \kappa_l(1-\alpha)]\end{aligned} \quad (5-22)$$

其中资本税税率为κ_r、工薪税税率为κ_l、流转税税率为τ_f。通过对公式5-20、公式5-21、公式5-22的分析可以知道,流转税税率提高可以降低企业、居民两部门所得份额,提高政府部门所得份额;同理,流转税税率的降低可以提高居民、企业两部门所得份额,降低政府部门所得份额。基于"营改增"视角的新一轮流转税改革,实际上是一种变相的减税政策。通过估算可知,2015年底或2016年初,"营改增"扩围到全行业时,流转税的减税额大约为1万亿元,也就是说"营改增"改革降低了流转税税率。通过上述数理分析可知,"营改增"改革降低了政府部分所得份额,提高了企业和居民部门所得份额,流转税改革优化了国民收入分配格局。

四、模型表达的主要思想

本章理论模型表达的主要思想是国民收入按贡献分配,即各主体依据对生产的贡献决定其应获得的收入份额。理论模型的第一部分主要表述了在长期经济增长过程中,政府、企业、居民在投资、消费、储蓄等方面的行为模式,以及占有生产要素的多寡,决定了国民收入分配过程中各主体所得份额,三部门所得份额都与经济增长率直接相关。理论模型的第二部分主要表述了流转税改革影响国民收入分配格局的传导机制。新一轮流转税改革具体到流转税层面上来说,实际上是一种变相的减税。随着"营改增"的深入推进,流转税改革会不同程度地影响国民收入分配中三部门所得份额的变化。

(一)按贡献分配理论支柱

由于政府、企业、居民在经济增长过程中发挥作用不同,所以,三部门在国民收入分配中按照对经济增长的贡献获得报酬。按贡献分配是市场经济条件下融合各种分配形式为一体的统一分配原则,其理论前提是边际效应价值论。边际效应论是生产和消费的普遍规律,一切商品的价格或价值都决定于个人对所消费最后单位商品效应的主观评价,或者决定于企业对最后产品生产的边际成本。同样,资本和劳动作为企业和居民部门拥有的商品,其价值也是由他们提供最后单位产品的估价或最后产量决定的,企业部门和居民部门的最后收入实际上是他们各自依据劳动和资本所生产的商品。也就是说,若政府、企业、居民三部门在商品生产中的安排是正常的,那么组成小生产集团的各个部门都会获得他们应得份额。

本章对国民收入过程中三部门所得份额确定的理论基础主要来源于三部分:第一部分是克拉克的边际生产力理论。在克拉克的收入分配理论看来,三部门所得份额的确定是价格决定或动态经济过程的结果,收入分配理论属于静态经济分析,而价格决定属于动态经济范畴。本章对三部门所得份额的确定主要是在静态经济研究的基础上,探讨工资、利息以及生产税净额的分配问题。第二部分是马歇尔的均衡价格论。马歇尔是继克拉克之后把资产阶级的分配理论推向一个新高度的学者,他的价格分配理论以均衡理论为核心。从微观经济学视角来看,所谓收入分配的流量机制论实质是均衡价格分配机制问题。第三部分是凯恩斯主义的宏观收入分配理论。前述克拉克、马歇尔的分配理论大多是从微观视角对收入分配问题进行了探讨,很多经济学家认为分配问题本质上是微观经济问题。但是,从再生产或再分配的视角来看,宏观层面的国民收入构成以及循环转化是收入分配的一个重要内容。凯恩斯主义收入分配理论的核心是研究国民收入的决定,主要是从经济运动实证角度展开其体系。他认为,决定国民收入的是投资、税收、进口、储蓄、政府支出等因素,这些因素的变化会对整个国民收入的分配流程和运作造成影响。另外,凯恩斯关于国民收入流量分析的理论,很大程度上体现了宏观分析和微观分析的结合①。

(二)税收与国民收入分配格局

税收对国民收入分配格局的优化调控理论,主要是在西方经济学中的收入分配理论及西方国家宏观调控政策不断调整和完善的基础上发展起来的。古典经济学家强调市场"看不见的手"的作用,不主张政府对经济干预,分析了税收对收入分配的影响,但没有分析税收对国民收入分配的调控作用。凯恩斯主张通过改变税制结构来调节国民收入分配,强调税制结构要从间接税为主改变为直接税为主。随着时间的延续,凯恩斯关于国民收入分配的理论,相继被新古典综合派、新凯恩斯学派、新剑桥学派拓展。

---

① 田卫民:《最优国民收入分配研究》,经济管理出版社 2011 年版。

无论是在国民收入的初次分配还是再分配过程中,税收都具有重要作用。在国民收入初次分配过程中,分配是在各部门中自主进行的,属于微观行为。此时政府征收流转税具有双重职能:第一,政府获取的流转税直接来自参与生产过程中的要素收入,可以将流转税看成政府为企业提供公共产品或公共服务获得的报酬。第二,流转税是国民收入初次分配过程中政府唯一的调控手段。国民收入再分配过程中,政府参与收入分配的调控是一种宏观行为,在经常性转移中,收入税(包括企业所得税、个人所得税)具有重要作用,它形成政府的主要转移支付收入。

本章第二部分流转税改革影响国民收入分配格局的理论模型,主要是在梳理税收调节国民收入分配理论发展历程基础上,并结合中国具体国情构建起来的。在模型构建过程中,为了更好地体现税收在国民收入初次分配与再分配过程中的作用,本章假设政府只课征三类税收,第一类是流转税,包括营业税、增值税、消费税。按照中国现实国情来说,流转税占中国政府一般预算收入的65%以上,本章将其简化为只对企业征收的流转税。第二类就是工薪税,也就是劳动所得税,占中国财政收入的8%左右。第三类就是资本所得税,也就是企业所得税,课税对象为资本所得,占中国财政收入的12%左右。在此基础上,通过数理模型推导出流转税改革对国民收入分配格局中三部门所得份额的影响。通过模型分析结果可以看出,流转税改革提高了企业、居民部门所得份额,降低了政府部门的所得份额[①]。

第三节 "营改增"影响国民收入分配的实证策略

依据本章的研究目的,要准确揭示"营改增"的影响,至少要找到两类样本。这两类样本在改革前后基本一致,唯一的差别就是是否发生"营改增"改革。只有做到这一点,才有可能将这两类样本在"营改增"前后作对比分析。这就是评估公共政策中常用的双重差分法(DID)。

一、双重差分法设定

双重差分估计方法(Difference-in-Difference Estimation)是一种计量处理方法,近年来在评估政策效果方面得到了广泛的应用,本章评估"营改增"对

---

① 田卫民:《最优国民收入分配研究》,经济管理出版社2011年版。

国民收入分配格局的影响就是运用双重差分估计方法。为此,我们考虑两期面板数据:

$$y_{it} = \alpha + \gamma D_t + \beta x_{it} + \mu_i + \varepsilon_{it} (i = 1, \cdots, n; t = 1, 2) \quad (5-23)$$

其中,D_t 为实验期虚拟变量($D_t = 1$,如果 $t = 2$,实验后;$D_t = 0$,如果 $t = 1$,实验前),μ_i 为不可观测的个体特征,是政策虚拟变量(policy dummy,营改增)

$$x_{it} = \begin{cases} 1, & \text{若 } i \in \text{实验组}, \text{且 } t = 2 \\ 0, & \text{其他} \end{cases}$$

因此,当 $t=1$ 时(第一期),政策处理组与控制组并没有受到任何不同对待,x_{it} 都等于0。当 $t=2$ 时(第二期),政策处理组 $x_{it} = 1$,而控制组 x_{it} 依然等于0。如果该政策未能完全地随机化(比如,观测微观数据),则 x_{it} 可能与被遗漏的个体特征 μ_i 相关,从而导致 OLS 估计不一致。由于是面板数据,可以对公式 5-1 进行一阶差分(即第二期减去第一期)以消掉 μ_i,

$$\Delta y_i = \gamma + \beta x_{i2} + \Delta \varepsilon_i$$

用 OLS 估计上式,即可得到一致估计。根据与差分估计量(difference estimator)同样的推理可知:

$$\hat{\beta}_{ols} = \Delta \bar{y}_{treat} - \Delta \bar{y}_{control}$$
$$= (\bar{y}_{treat,2} - \Delta \bar{y}_{treat,1}) - (\bar{y}_{control,2} - \Delta \bar{y}_{control,1})$$

因此,这个估计方法称为"双重差分估计"(Difference-in-Difference Estimation,简记为 DID)[1]。

DID 方法是基于自然实验的实证检验方法,其准确性要依赖下面两个条件:(1)政策本身引起的两个实验组的内生性反应会造成估计偏误。具体到本章来分析,就是"营改增"政策实行以后不会对控制组产生影响。如果控制组能够预期到"营改增"的实施并且提前作出反应,那么此时比较处理组和控制组在"营改增"前后收入分配效应就是无效的。(2)实验对象的外生性。即实验对象的选择必须是随机的,如果有影响因变量的因素同时可以决定样本是否进入处理组,那么就会造成内生性。此时,DID 实证结果就是有偏的。下面将对上述两个条件在本章中的处理进行说明。

二、处理组内生性问题处理

"营改增"试点于 2012 年 1 月 1 日开始在上海实行,到 2012 年底推广到 8

---

[1] 陈强:《高级计量经济学及 Stata 应用》,高等教育出版社 2013 年版。

个省份,本章将这8个省份作为处理组,首先看样本存在不存在非随机的问题。上海、北京、江苏、安徽、广东(含深圳)、福建(含厦门)、浙江、天津、湖北等8个"营改增"试点省份,是经过国务院批准之后才进行的改革。在试点之前,试点省份经济主体基本可以提前获知"营改增"改革的内容。此外,中央在选择试点省份,更多考虑地方政府的经济体量以及产业结构等因素,也就是说中央在选择试点省份时存在一定的非随机性,造成处理组的内生性问题。

应用双重差分模型分析2012年开始实行的"营改增"改革对国民收入分配格局的影响时,首先需要确定处理组和控制组,为此设定实行"营改增"的省份为处理组,而未改革省份为控制组。实行"营改增"改革的省份在前面已经说明,在双重差分模型中,用 $DV=1$ 表示处理组,$DV=0$ 表示控制组。其次,需要剔除时间趋势因素对控制组和处理组产生的共同影响。所以在双重差分模型中,选择时间虚拟变量 $DT=1$ 表示改革后,$DT=0$ 表示改革前。经过上述两组虚拟变量的处理,就将全部样本分为四组,即改革前控制组($DV_{it}=0$,$DT_{it}=0$)、改革后控制组($DV_{it}=0$,$DT_{it}=1$)、改革前处理组($DV_{it}=1$,$DT_{it}=0$)和改革后处理组($DV_{it}=1$,$DT_{it}=1$),考虑到上述分析,本章建立如下基础模型:

$$\ln distr_{it} = \alpha + \gamma DV2012_{it} + \varphi DT2012_{it} + \rho DV2012_{it} \times DT2012_{it} + \beta X + \mu_i + \varepsilon_{it} \quad (5-24)$$

依据公式5-24,可以看出,参数 γ 描述了处理组与控制组之间的影响差异,φ 描述了时间趋势上的影响。ρ 刻画了实行"营改增"改革后,政策实行省份对改革所做的反应,这个反应衡量了政府、企业、居民三部门对"营改增"的真正影响。下面对公式5-24中基本逻辑进行分析。对于控制组,因为 $DV_{it}=0$,对于公式5-24,"营改增"实施前后国民收入分配格局分别记为:

$\ln distr_{it} = \alpha + \beta X + \mu_i + \varepsilon_{it}$ 当 $DT_{it}=0$,"营改增"改革实施前
$\ln distr_{it} = \alpha + \varphi + \beta X + \mu_i + \varepsilon_{it}$ 当 $DT_{it}=1$,"营改增"改革实施后

那么,在实施"营改增"改革前后,控制组的分配格局的变动为 $dif_1 = \varphi$。具体运算为 $(\alpha + \varphi + \beta X + \mu_i + \varepsilon_{it}) - (\alpha + \beta X + \mu_i + \varepsilon_{it})$。

对应地,对于处理组,此时 $DV_{it}=1$,对于公式5-2,"营改增"改革实施前后国民收入分配格局分别记为:$\ln distr_{it} = \alpha + \gamma + \beta X + \mu_i + \varepsilon_{it}$。

当 $DT_{it}=0$,"营改增"改革实施前

$\ln distr_{it} = \alpha + \gamma + \varphi + \rho + \beta X + \mu_i + \varepsilon_{it}$ 当 $DT_{it}=1$,"营改增"改革实施后

同理,在"营改增"改革实施前后,处理组的国民收入分配格局变动为 $dif_2 = \varphi + \rho$。具体公式是 $(\alpha + \gamma + \varphi + \rho + \beta X + \mu_i + \varepsilon_{it}) - (\alpha + \gamma + \beta X + \mu_i + \varepsilon_{it})$。

此时,"营改增"改革前后对国民收入分配格局的净影响,即为:

$$dif_2 - dif_1 = \varphi + \rho - \varphi = \rho$$

也就是交叉项的系数 ρ。

然而,正如前面论述,双重差分估计模型使用条件非常苛刻,要求"营改增"改革前后其他因素保持不变,也就是说,针对处理组和控制组,除了是否发生"营改增"改革外,其他特征应该基本保持不变。为克服处理组样本的内生性问题,做如下处理:(1)在模型中尽可能地引入其他控制变量。(2)在估计方法上,选择广义矩估计方法(GMM)来修正"营改增"改革所带来的内生性问题。基于上述两点考虑,本部分选择了影响国民收入分配格局的其他各个因素。国民收入分布格局包括政府、居民、企业三部门,选择的控制变量也会有所差异,具体见后面实证估计模型。μ_i 代表个体 i 不随时间变化的特征。基于上述分析,建立如下基础模型:

$$\begin{aligned}\ln distr_{it} =\ & \alpha + \gamma DV2012_{it} + \varphi DT2012_{it} + \rho DV2012_{it} \times DT2012_{it} \\ & + \beta_1 \ln distr_{it-1} + \beta_2 \ln st_{it} + \beta_3 \ln st_{it-1} + \beta_4 \ln vat_{it} \\ & + \beta_5 \ln vat_{it-1} + \beta_6 \ln ct_{it} + \beta_7 \ln cit_{it} + \beta_8 \ln iit_{it} \\ & + \beta_9 \ln fai_{it} + \beta_{10} \ln urb_{it} + \beta_{11} \ln rgdp_{it} + \mu_i + \varepsilon_{it}\end{aligned}$$

(5-25)

其中,$DV2012_{it}$ 是个体虚拟变量。如果省份 i 进行了"营改增"改革,那么,$DV2012_{it}$ 取值为 1;否则,$DV2012_{it}$ 取值为 0;$DT2012_{it}$ 是时间虚拟变量。$DT2012_{it}$ 取值为 1,表示 2012 年改革后;$DT2012_{it}$ 取值为 0,表示 2012 年改革前。$distr_{it}$ 表示国民收入分配格局,包括政府、企业、居民三部门分配格局。$distr_{it-1}$ 表示上一期的分配格局,依据适应性预期假设,鉴于分配格局的惯性作用,$distr_{it}$ 表示对当期分配格局的预期。另外,为了考察核心解释变量的作用,本部分还考察了营业税(st_{it-1})、增值税(vat_{it-1})的上期变量对本期分配格局的影响,因此,建立的是动态面板数据模型。[①] 其他控制变量,主要考察流转税对国民收入分配格局的影响,并考虑其他税种以及税种的大

[①] 一个国家或地区国民收入分配格局在一定时期内是相对稳定,决定国民收入分配格局最主要的因素就是一个社会的运行体制,宏观的看近几年对我国国民收入分配格局影响最大的因素就是"营改增",因此,本书将"营改增"设为影响国民收入分配格局的核心解释变量。

小。基于上述考虑主要选取企业所得税(cit_{it})、个人所得税(iit_{it})作为核心控制变量,同时考虑影响分配格局的系统性因素:(1)固定资产投资比率(fai_{it}),即利用各个省份的固定资产投资总额与GDP的比值,用来描述物质资本积累的影响;(2)城镇化水平(urb_{it})。城镇化水平在中国现实国情下,是影响国民收入分配格局的一个很重要变量。(3)利用外资水平(fdi_{it}),主要刻画各个省份利用外资的情形。(4)经济开放度(eo_{it}),描述各省进出口总额占GDP的比重。(5)人均GDP($rjgdp_{it}$),考察经济社会发展程度对国民收入分配格局的影响。

除虚拟变量$DV2012_{it}$、$DT2012_{it}$外,对所有的变量都进行了对数化处理。在估计方法上,为了消除"营改增"改革之后虚拟变量$DV2012_{it}$、$DT2012_{it}$的内生性问题,上述模型采用广义矩估计方法(GMM)进行估计。前面已经说明$DV2012_{it}$、$DT2012_{it}$的系数就是"营改增"改革对国民收入分配格局的净影响,此时参数ρ就是倍差估计量。如果ρ系数为负,则表明"营改增"降低本部门收入占比;如果系数为正,则表明"营改增"提高本部门收入占比。

本部分主要分析"营改增"对国民收入分配格局的影响,将收入分配格局分为政府、企业、居民三部门。

公式5-26代表"营改增"对政府部门所得份额的影响:

$$\ln distr\_G_{it} = \alpha + \gamma DV2012_{it} + \varphi DT2012_{it} + \rho DV2012_{it} \times DT2012_{it} \\ + \beta_1 \ln distr_{it-1} + \beta_2 \ln st_{it} + \beta_3 \ln st_{it-1} + \beta_4 \ln vat_{it} \\ + \beta_5 \ln vat_{it-1} + \beta_6 \ln ct_{it} + \beta_7 \ln cit_{it} + \beta_8 \ln iit_{it} \\ + \beta_9 \ln fai_{it} + \beta_{10} \ln urb_{it} + \beta_{11} \ln rgdp_{it} + \mu_i + \varepsilon_{it}$$

$$(5-26)$$

公式5-27代表"营改增"对居民部门所得份额的影响:

$$\ln distr\_R_{it} = \alpha + \gamma DV2012_{it} + \varphi DT2012_{it} + \rho DV2012_{it} \times DT2012_{it} \\ + \beta_1 \ln distr_{it-1} + \beta_2 \ln st_{it} + \beta_3 \ln st_{it-1} + \beta_4 \ln vat_{it} \\ + \beta_5 \ln vat_{it-1} + \beta_6 \ln ct_{it} + \beta_7 \ln cit_{it} + \beta_8 \ln iit_{it} + \beta_9 \ln fai_{it} \\ + \beta_{10} \ln urb_{it} + \beta_{11} \ln rjgdp_{it} + \mu_i + \varepsilon_{it}$$

$$(5-27)$$

公式5-28代表"营改增"对企业部门所得份额的影响:

$$\ln distr\_E_{it} = \alpha + \gamma DV2012_{it} + \varphi DT2012_{it} + \rho DV2012_{it} \times DT2012_{it} \\ + \beta_1 \ln distr_{it-1} + \beta_2 \ln st_{it} + \beta_3 \ln st_{it-1} + \beta_4 \ln vat_{it} \\ + \beta_5 \ln vat_{it-1} + \beta_6 \ln ct_{it} + \beta_7 \ln cit_{it} + \beta_8 \ln iit_{it} \\ + \beta_9 \ln fai_{it} + \beta_{10} \ln urb_{it} + \beta_{11} \ln rjgdp_{it} + \mu_i + \varepsilon_{it} \quad (5-28)$$

公式 5-26、公式 5-27、公式 5-28 因变量分别为政府、居民、企业分配格局，其他控制变量都与公式 5-25 相同。

三、政策预期的处理

另一个影响双重差分模型（DID）估计方法准确性的问题是经济主体对政策预期的作用。本部分主要研究"营改增"对国民收入分配格局的影响，如果试点省份的企业能够形成完全预期，那么它们就会影响到企业的投资、资源配置，造成不能准确测度到"营改增"试点对国民收入分配格局的影响，此时采用双重差分估计方法也是无效的。就中国"营改增"试点情况看，"营改增"试点主要从 2012 年开始。即使试点省份的企业能够形成预期，但是短期内跨地区转移资本比较困难，这也就是说试点省份的企业即使能够形成一定预期，但也不影响 DID 方法的有效性。为检验"营改增"预期作用是否影响国民收入分配格局，可以通过检验国民收入分配格局在 2011 年前后是否发生明显变化来检验市场是否对"营改增"形成明确预期。因此，可以在公式 5-26 至公式 5-28 的基础上，设定如下检验方程：

公式 5-29 检验"营改增"试点预期是否影响政府收入分配格局：

$$\begin{aligned}
\ln distr\_G_{it} = & \alpha_0 + \gamma_0 DV2011_{it} + \varphi_0 DT2011_{it} + \rho_0 DV2011_{it} \times DT2011_{it} \\
& + \beta_1 \ln distr_{it-1} + \beta_2 \ln st_{it} + \beta_3 \ln st_{it-1} + \beta_4 \ln vat_{it} \\
& + \beta_5 \ln vat_{it-1} + \beta_6 \ln ct_{it} + \beta_7 \ln cit_{it} + \beta_8 \ln ii_{it} \\
& + \beta_9 \ln fai_{it} + \beta_{10} \ln urb_{it} + \beta_{11} \ln rgdp_{it} + \beta_{12} \ln fdi_{it} \\
& + \beta_{13} \ln eo_{it} + \mu_i + \varepsilon_{it} \quad (5-29)
\end{aligned}$$

公式 5-30 检验"营改增"试点预期是否影响居民收入分配格局：

$$\begin{aligned}
\ln distr\_R_{it} = & \alpha_0 + \gamma_0 DV2011_{it} + \varphi_0 DT2011_{it} + \rho_0 DV2011_{it} \times DT2011_{it} \\
& + \beta_1 \ln distr_{it-1} + \beta_2 \ln st_{it} + \beta_3 \ln st_{it-1} + \beta_4 \ln vat_{it} \\
& + \beta_5 \ln vat_{it-1} + \beta_6 \ln ct_{it} + \beta_7 \ln cit_{it} + \beta_8 \ln ii_{it} \\
& + \beta_9 \ln fai_{it} + \beta_{10} \ln urb_{it} + \beta_{11} \ln rgdp_{it} \\
& + \beta_{12} \ln fdi_{it} + \beta_{13} \ln eo_{it} + \mu_i + \varepsilon_{it} \quad (5-30)
\end{aligned}$$

公式 5-31 检验"营改增"试点预期是否影响企业收入分配格局：

$$\begin{aligned}
\ln distr\_E_{it} = & \alpha_0 + \gamma_0 DV2011_{it} + \varphi_0 DT2011_{it} + \rho_0 DV2011_{it} \times DT2011_{it} \\
& + \beta_1 \ln distr_{it-1} + \beta_2 \ln st_{it} + \beta_3 \ln st_{it-1} + \beta_4 \ln vat_{it} + \beta_5 \ln vat_{it-1} \\
& + \beta_6 \ln ct_{it} + \beta_7 \ln cit_{it} + \beta_8 \ln ii_{it} + \beta_9 \ln fai_{it} + \beta_{10} \ln urb_{it} \\
& + \beta_{11} \ln rgdp_{it} + \beta_{12} \ln fdi_{it} + \beta_{13} \ln eo_{it} + \mu_i + \varepsilon_{it} \quad (5-31)
\end{aligned}$$

公式 5-29 至公式 5-31 分别是"营改增"试点预期对政府、居民、企业三部门收入分配格局的影响。其中,虚拟变量 $DV2011_{it}$、$DT2011_{it}$ 和前面虚拟变量 $DV2012_{it}$、$DT2012_{it}$ 定义一样,只是年份从 2012 年换成 2011 年。其他核心解释变量与控制变量与公式 5-26 至公式 5-28 相同。如果待估参数 ρ_0 是显著的,那么表明"营改增"预期对国民收入分配格局产生了影响。反之,表明"营改增"试点预期没有产生影响,采用双重差分估计方法仍然是准确有效的。

第四节 检验结果的经济阐释

实证分析主要分为两个部分,第一部分对"营改增"改革试点预期效用进行检验,第二部分检验"营改增"改革对国民收入分配格局的影响。

一、变量设定与数据处理

本部分主要分析"营改增"对国民收入分配格局的影响,以 1995—2013 年中国省级单位面板数据为样本,计量模型中出现的变量定义及特征如表 5-1 所示。国民收入分配格局资料来源于 1995—2014 年《中国统计年鉴》,以及 30 个省级单位统计年鉴。税收方面的资料由 1994—2014 年《中国税收年鉴》《中国财政年鉴》、Wind 数据库,以及国家统计局、国税总局、财政部数据库整理得到。按照惯例,本部分将重庆市数据并入四川省数据中。由于西藏部分年份数据缺失,剔除西藏数据。

表 5-1 变量选取与计算

变 量	计 算 方 式
政府收入占比($distr\_G_{it}$)	依据各省级单位年鉴计算获得
居民收入占比($distr\_R_{it}$)	依据各省级单位年鉴计算获得
企业收入占比($distr\_E_{it}$)	依据各省级单位年鉴计算获得
营业税(st_{it})	各省份中央和地方营业税收入与 GDP 比值
增值税(vat_{it})	各省份中央和地方增值税收入与 GDP 比值
消费税(ct_{it})	各省份中央和地方消费税收入与 GDP 比值

续表

变 量	计 算 方 式
企业所得税(cit_{it})	各省份企业所得税收入与GDP比值
个人所得税(iit_{it})	各省份个人所得税收入与GDP比值
人均国民收入($rgdp_{it}$)	由年鉴获得,以1994年为基期,利用CPI进行平减
经济开放度(eo_{it})	各省份进出口总额占GDP比重
固定资产投资比率(fai_{it})	各省份固定资产投资总额与GDP比值
城镇化水平(urb_{it})	中国现实国情下,影响收入分配格局的一个重要变量
利用外资水平(fdi_{it})	各省份利用外资水平与GDP比值

资料来源:依据各年《中国统计年鉴》《中国财政年鉴》《中国税务年鉴》等整理。

表5-2是对实证检验中各个变量进行的描述性统计结果,主要包括样本数、样本均值、样本标准差、最大值、最小值等。

表5-2 主要变量的描述性统计

变量名	样本数	均 值	标准差	最小值	最大值
$distr\_G_{it}$	522	0.117 644	0.045 650 1	0.033 142 8	0.274 2
$distr\_R_{it}$	522	0.512 711 5	0.096 923 1	0.310 816	0.733 813 7
$distr\_E_{it}$	522	0.369 634 1	0.078 313 7	0.181 377 6	0.544 936 4
st_{it}	522	0.021 781 9	0.014 503 8	0.001 306 4	0.102 655 3
vat_{it}	522	0.063 735 4	0.031 767 7	0.027 614 6	0.230 803 3
ct_{it}	522	0.012 359 6	0.013 049 3	0.001 339 9	0.096 949
cit_{it}	522	0.023 653	0.031 178	0.003 952 2	0.268 142 8
iit_{it}	522	0.008 006 5	0.006 706 8	0.000 851 8	0.042 074 8
$rgdp_{it}$	522	9.422 496	0.845 290 3	7.493 37	11.421 27
eo_{it}	522	0.296 280 7	0.372 262 5	0.031 666	1.749 404
fai_{it}	522	0.464 486 7	0.170 33	0.192 079	0.994 656 6
urb_{it}	522	0.422 542 3	0.172 751 1	0.003 55	0.893 040 7
fdi_{it}	522	0.028 849 6	0.031 366 6	0	0.243 556 5

资料来源:依据各年《中国统计年鉴》《中国财政年鉴》《中国税务年鉴》中的资料整理。

二、"营改增"试点改革预期的效用检验

表 5-3 中模型 1 至模型 3 对应公式 5-28 至公式 5-31 的计量检验结果。另外，模型 1 至模型 3 中，$AR(1)$ 的 P 值小于 0.1，$AR(2)$ 的 P 值大于 0.1，表示模型的残差项都不存在自相关，Sargan 统计量的 P 值，表明所有工具变量都是有效。因此，实证分析采用差分 GMM 方法是有效的。依据前述论述，虚拟变量 $dv.dt2011$ 的系数为倍差估计量，衡量"营改增"政策预期效果。

表 5-3 政策预期效用检验结果

模型 1		模型 2		模型 3	
被解释变量（$distr\_G_{it}$）		被解释变量（$distr\_R_{it}$）		被解释变量（$distr\_E_{it}$）	
$dv.dt2011$	−0.000 709	$dv.dt2011$	0.003 67	$dv.dt2011$	0.004 32
	(−0.7)		(0.80)		(1.00)
$distr\_G_{it-1}$	0.387***	$distr\_G_{it-1}$	0.367***	$distr\_G_{it-1}$	0.321***
	(29.9)		(10.99)		(11.9)
st_{it}	0.559***	st_{it}	−2.159***	st_{it}	−1.772***
	(6.91)		(−4.59)		(−4.34)
vat_{it}	−1.760***	vat_{it}	1.846	vat_{it}	3.178**
	(−6.53)		(1.49)		(3.02)
ct_{it}	0.307***	ct_{it}	3.099**	ct_{it}	−3.269***
	(3.85)		(3.17)		(−3.41)
iit_{it}	3.025***	iit_{it}	−0.584***	iit_{it}	−0.997
	(18.01)		(−9.04)		(−0.36)
cit_{it}	−0.116*	cit_{it}	0.263	cit_{it}	−1.298***
	(−2.13)		(0.77)		(−7.10)
$rgdp_{it}$	0.004 59	$rgdp_{it}$	−0.071 6***	$rgdp_{it}$	0.065 4***
	(1.94)		(−6.31)		(6.17)

续表

模型 1		模型 2		模型 3	
被解释变量($distr\_G_{it}$)		被解释变量($distr\_R_{it}$)		被解释变量($distr\_E_{it}$)	
eo_{it}	−0.012 0***	eo_{it}	−0.015 4	eo_{it}	0.021 3*
	(−3.43)		(−0.90)		(2.03)
fai_{it}	−0.001 01	fai_{it}	−0.011 6	fai_{it}	−0.027 7
	(−0.24)		(−0.33)		(−0.86)
urb_{it}	−0.127**	urb_{it}	−0.813***	urb_{it}	1.067***
	(−3.12)		(−3.93)		(5.36)
fdi_{it}	−0.037 4**	fdi_{it}	0.140**	fdi_{it}	−0.060 5
	(−2.68)		(3.01)		(−1.36)
常数项	−0.015 5	常数项	1.007***	常数项	−0.363***
	(−1.05)		(17.87)		(−5.20)
Sargan P 值	0.213 4	Sargan P 值	0.236 5	Sargan P 值	0.314 6
残差项是否存在自相关	否	残差项是否存在自相关	否	残差项是否存在自相关	否
χ^2	811***	χ^2	451***	χ^2	921***
估计方法	差分 GMM	估计方法	差分 GMM	估计方法	差分 GMM
N	464	N	464	N	464

注：符号 ***、** 和 * 分别表示在 1%、5%、10% 的显著水平上变量显著。表中括号内数字为 T 统计量。Sargan 统计量的零假设是所有工具变量都是有效的。

模型 1 至模型 3 的实证结果表明，虚拟变量 $dv.dt$2011 的系数在模型 1 中为负，在模型 2、模型 3 中为正，但是系数都不显著，这说明，在 2011 年，政府、企业、居民三部门分配格局并没有发生显著变化，经济中政府、企业、居民并没有对"营改增"试点形成明确预期，在"营改增"之前，政府并没有改变支出结构与规模，企业没有大范围调整自己资金配置方向，居民也没有对自己的消费结构做出明显改变。因此，依据前述讨论，政策预期引起的内生性问题在本章计量模型中可以忽略不计。这说明第二部分实证采用双重差分模型进行检验也是合理的。

从核心解释变量来看，模型 1 中增值税变量系数为负，营业税变量系数为正,这说明增值税变动与政府收入占比重呈现反方向变化,营业税变动与政府收入占比呈现同方向变化;模型2与模型3中增值税系数为正,营业税系数为负,这表示增值税变动与企业、居民收入占比呈现同方向变化,营业税变动与企业、居民占比呈现反方向变化。通过实证分析可以看出,在2012年,"营改增"改革预期提高了企业、居民所得份额,减少了政府收入所得份额。从实证结果看,"营改增"改革优化了国民收入分配格局。

三、"营改增"改革对国民收入分配格局影响

表5-3检验结果表明,采用双重差分模型估计方法检验"营改增"改革对国民收入分配格局的影响是合理的。表5-4进一步分析了"营改增"对国民收入分配格局的影响,模型4至模型6分别对应公式5-26至公式5-28的估计结果。Sargan统计量的P值,表明控制变量是有效的,并且模型不存在自相关,采用差分GMM估计是有效的。

表5-4 "营改增"改革效应检验结果

模型 4		模型 5		模型 6	
被解释变量($distr\_G_{it}$)		被解释变量($distr\_R_{it}$)		被解释变量($distr\_E_{it}$)	
$dv.dt2012$	−0.011 4***	$dv.dt2012$	0.017 5**	$dv.dt2012$	0.048 1***
	(−7.43)		(2.65)		(7.97)
$distr\_G_{it-1}$	0.440***	$distr\_R_{it-1}$	0.331***	$distr\_E_{it-1}$	0.316***
	(31.68)		(11.48)		(10.25)
st_{it}	1.896***	st_{it}	1.604	st_{it}	−3.200**
	(7.21)		(1.18)		(−2.63)
vat_{it}	−0.473***	vat_{it}	2.086***	vat_{it}	1.740***
	(−4.83)		(3.53)		(4.20)
ct_{it}	0.399*	ct_{it}	3.349***	ct_{it}	−3.260***
	(2.27)		(3.70)		(−3.56)
iit_{it}	2.054***	iit_{it}	−1.394**	iit_{it}	−4.291**
	(10.94)		(−3.98)		(−2.91)

续表

模型 4 被解释变量($distr\_G_{it}$)		模型 5 被解释变量($distr\_R_{it}$)		模型 6 被解释变量($distr\_E_{it}$)	
cit_{it}	0.071 0*	cit_{it}	0.139	cit_{it}	−0.263***
	(2.31)		(0.41)		(−9.98)
$rgdp_{it}$	−0.006 00*	$rgdp_{it}$	0.074 7***	$rgdp_{it}$	0.065 6***
	(−2.20)		(8.74)		(8.41)
eo_{it}	−0.009 56**	eo_{it}	−0.009 71	eo_{it}	0.022 0*
	(−3.16)		(−0.48)		(2.13)
fai_{it}	−0.007 59	fai_{it}	−0.013 3	fai_{it}	−0.026 5
	(−1.66)		(−0.45)		(−1.05)
urb_{it}	−0.157***	urb_{it}	0.688***	urb_{it}	1.021***
	(−4.35)		(3.39)		(4.80)
fdi_{it}	−0.026 2*	fdi_{it}	0.125*	fdi_{it}	−0.061 7
	(−2.48)		(2.43)		(−1.41)
常数项	−0.033 6	常数项	1.068***	常数项	−0.362***
	(−1.61)		(21.32)		(−6.36)
Sargan P 值	0.201 8	Sargan P 值	0.217 8	Sargan P 值	0.293 9
残差项是否存在自相关	否	残差项是否存在自相关	否	残差项是否存在自相关	否
χ^2	455***	χ^2	431***	χ^2	865***
估计方法	差分 GMM	估计方法	差分 GMM	估计方法	差分 GMM
样本数	464	样本数	464	样本数	464

注：符号***、**和*分别表示在1%、5%、10%的显著水平上变量显著。表中括号内数字为T统计量。Sargan统计量的零假设是所有工具变量都是有效的。

从表5-4分析结果可以看出，模型4中$dv.dt2012$系数显著为负，模型5与模型6中$dv.dt2012$系数显著为正。从前面分析可知道，$dv.dt2012$为"营改增"对国民收入分配格局的净影响。这说明"营改增"改革降低了政府在国民收入分配中的所得份额,提高了居民、企业在国民收入分配中的所得,也就是说"营改增"优化了国民收入分配格局。对比表5-4与表5-3可以发现,公式5-23与公式5-26,公式5-24与公式5-27,公式5-25与公式5-28中,营业税与增值税变量的系数基本一致,这也从侧面说明了实证结果的科学性。

从其他控制变量系数来看,模型4中企业所得税与个人所得税变量的系数为正,模型5中个人所得税变量系数为负,模型6中企业所得税变量系数为负,这说明企业所得税与个人所得税征缴提高了国民收入分配中政府部门收入占比,企业所得税征缴降低了国民收入分配中企业部门占比,个人所得税征缴降低了国民收入分配中居民部门收入占比,这基本与中国现实国情吻合。另外,计量结果表明,消费税征缴提高了政府和居民收入分配占比,降低了企业收入分配占比。

表5-4中,人均GDP的提高降低了政府部门在国民收入分配中的比重,但是降低作用不明显,人均GDP的提高提高了居民和政府部门收入占比。这说明随着经济社会的发展,政府收入增长的速度会逐渐降低,国民收入分配会更趋向于公平。对外开放度和城镇化率的提高降低了政府部门所得份额,提高了企业部门所得份额,这说明随着经济开放度的提高,市场经济更加完善,市场中企业配置资源的能力大幅提高,城镇化率的提高,城乡二元结构的消失,有利于社会财富更多地向企业部门集中。外资引进提高了居民部门所得份额,降低了政府、企业部门所得份额,这主要是因为,外资引进的同时,地方政府配套了大量的税收优惠政策,外资企业的竞争力普遍优于本土企业。外资的引进降低了企业部门所得份额,这也从侧面说明了,外资企业薪酬待遇高于国内企业。

第五节 小 结

本章基于"营改增"改革的实证结果表明:第一,中国"营改增"改革不存在显著的政策预期效果,"营改增"改革前一年,国民收入分配格局未因为"营改增"改革试点发生显著变化,因此,本部分采用双差分模型是有理论基础的。第二,基于GMM方法修正潜在内生性问题的计量结果表明,并通过虚拟变量的系数可以发现,基于"营改增"视角的流转税改革,降低政府部门所得份额,提高了企业、居民部门的所得份额。通过对比增值税和营业税变量的系数,也佐证了"营改增"改革与国民收入分配格局的优化具有内在的逻辑关系,"营改增"改革试点改变了国民收入分配向政府部门倾斜、政府所得对企业和居民所得持续挤压的局面。但本研究同时也表明,"营改增"改革对国民收入分配格局的净影响相对较小,这主要是由于影响国民收入分配格局的因素复杂多变,现阶段单纯依靠流转税改革达到优化国民收入格局的目的是不现实的。在建立现代财政制度过程中,必须配套其他政策来进行综合调控。

计量检验结果进一步表明,随着经济社会发展,人均国民生产总值的提高,国民收入分配格局更趋向于优化,政府在国民收入分配中占比会越来越少,企业、居民所得份额会逐渐增多,这也从侧面说明国民收入分配格局和经济发展所处的阶段有关系。对外开放度的提高更有利于国民财富向企业部门聚集,城镇化率的提高,城乡二元结构的消失,有利于居民部门所得份额的提高。外资的引进降低了政府和企业部门的所得份额,提高了居民部门所得份额,这主要是由于,外资的引进,伴随着一系列的税收优惠政策,甚至在一定程度上是以牺牲政府、企业的收益为代价的。但不可否认,外资企业薪酬待遇总体上优于国内企业,在一定程度上提高了居民部门收入份额。

第六章　流转税改革对全要素生产率的影响效应

在经济转型与结构调整的大背景下,如何通过税制改革提高全要素生产率,推动经济高质量增长已经被提升到国家战略高度。本章通过简单的理论分析,考察"营改增"与全要素生产率改善之间的内在经济逻辑。结果发现:以"营改增"为主线索的新一轮流转税改革能够显著改善中国全要素生产率,为中国经济高质量增长提供制度红利;这是通过降低固定资产投资资金成本,提高企业自主创新投入,改善金融发展程度和促进产业结构升级等中介效应改善全要素生产率而实现的。"营改增"对全要素生产率的影响具有"滞后效应",随着时间的延续这种滞后效应逐渐减弱,这意味着后续相关配套政策的出台也是全要素生产率改善、经济高质量增长的关键。另外,本研究为"营改增"影响全要素生产率提供了的新证据。

第一节　引　　言

克鲁格曼(Krugman)曾经说,生产率不等于一切,但从长期来看它几乎意味着一切[1]。当前,中国面临着经济转型与结构调整的双重挑战。中共十九大报告明确判断,中国经济已由高速增长阶段转向高质量发展阶段,推动经济发展质量变革、效率变革、动力变革。过去依靠过度投资支撑中国经济高速增长的模式已经不可持续,粗放型的发展模式面临着边际报酬递减、人口红利消失的挑战,已经达到环境承受的极限。中国迫切需要探寻引领经济增长与质量变革的新动力,其核心就是全要素生产率的改善。现实经济中,

---

[1] Paul Krugman, "Increasing Returns and Economic Geography", *Journal of Political Economy*, 1991, Vol.99, No.3, pp.483-499.

财税体制无疑是影响全要素生产率的最关键因素之一。"营改增"作为新一轮税制改革的主线索,是"分税制"改革以来政府最大的减税行为。流转税改革作为体制改革的重要举措,惠及千万家企业。依据国家税务总局 2018 年 1 月份统计数据,"营改增"总减税额超过 2.1 万亿元,不仅降低了整个宏观经济的税负,而且优化了资源配置,对全要素生产率的改善提供了因势利导的支持。在经济增速下滑,人口红利减退的大背景下,未来一段时期,财税体制改革将提供中国经济高质量增长的制度红利。

自索罗提出全要素生产率的概念以来,全要素生产率及其影响因素的研究备受国内外学者关注[1]。从宏观层面上来看,财税体制改革制度成本最小[2],无疑是推动全要素生产率提升的关键因素。相对于财政补贴或者是税收优惠,税制改革对于全要素生产率的影响更为彻底。"营改增"作为新一轮税制改革的重要举措,将二元流转税体制转变为一元流转税体制,去除有效税率差异,优化资本配置的产业结构,为全要素生产率改善、经济高质量增长提供重要的制度红利。"营改增"作为中国税制史上的重要举措,对中国税制结构产生长期衍生的影响,这也是中国当前学者研究的热点与重点问题。税收成本是影响企业成本的核心因素,增值税改革对企业的生产经营成本产生重要影响[3]。国内不少学者考察了"营改增"对中国流转税税负的影响[4],发现"营改增"降低了企业的流转税税负,消除了有效税率的差异[5],这为全要

---

[1] S. Kumar, R. Russell, "Technology change, technological catch-up, and capital deepening: relative contributions to growth and convergence", *The American Economic Review*, 2002, Vol.92, No.3, pp.527 - 548; Pedro R. D. Bom, Jenny E. Ligthart, "Public infrastructure investment, output dynamics, and balanced budget fiscal rules", *Journal of Economic Dynamics and Control*, 2014, Vol.40, No.2, pp.334 - 354;蔡昉:《中国经济增长如何转向全要素生产率驱动型》,《中国社会科学》2013 年第 1 期;余泳泽等:《要素禀赋、适宜性创新模式选择与全要素生产率提升》,《管理世界》2015 年第 9 期;吕越等:《全球价值链中的制造业服务化与企业全要素生产率》,《南开经济研究》2017 年第 3 期。

[2] 高培勇:《论完善税收制度的新阶段》,《经济研究》2015 年第 2 期。

[3] John Piggott, John Whalley, "VAT base broadening, self supply, and the informal sector", *The American Economic Review*, 2001, Vol.91, No.4, pp.1084 - 1094; Michael Smart, Richard M. Bird, "The economic incidence of replacing a retail sales tax with a value-added tax: evidence from canadian experience", *Canadian Public Policy*, 2009, Vol.35, No.1, pp.85 - 97; Jonathan R. Kesselman, "Consumer impacts of BC's harmonized sales tax: tax grab or pass-through?", *Canadian Public Policy*, 2011, Vol.37, No.2, pp.139 - 162.

[4] 童锦治等:《"营改增"、企业议价能力与企业实际流转税税负——基于中国上市公司的实证研究》,《财贸经济》2015 年第 11 期;曹越:《"营改增"是否降低了流转税税负——来自中国上市公司的证据》,《财贸经济》2016 年第 11 期。

[5] 陈晓光:《增值税有效税率差异与效率损失——兼议对"营改增"的启示》,《中国社会科学》2013 年第 8 期。

素生产率的改善提供了财税制度基础。"营改增"不仅能够减轻企业税收负担,而且通过减税效应深化产业间的专业化分工,有效推动跨地区的分工与协作①,同时通过价格效应改变企业与产业之间的投入产出关系②。专业化分工的深化与投入产出关系的改变理顺了产业链,最终影响到全要素生产率。

从目前相关文献来看,过往学者主要探讨了总量财政政策对全要素生产率的影响③,很少有学者从"营改增"视角考察其对全要素生产率的影响,更鲜有学者讨论经济高质量增长下"营改增"的制度红利。因此,本章第一个具体的工作就是探讨"营改增"政策实行过程中,以及彻底推广到全行业以后其对全要素生产率提高是否具有"生产率效应",是否提供了经济高质量增长的制度红利。既有研究表明,"营改增"在资源配置、宏观税负、产业结构调整方面具有积极作用④。这些作用均有可能提高全要素生产率,继而改变经济增长方式,但其背后的微观机制始终没有得到系统全面的计量检验。因此,本章的第二个具体工作就是通过中介作用机制探究"营改增"对全要素生产率的微观作用机制。"营改增"作为当前财税体制改革的重头戏,政策持续期为四年,对全要素生产率的影响是长期的。鉴于"营改增"是分期逐步推广到全行业的,探究对当期及其后续年份全要素生产率的影响有何异同,这对于合理评估"营改增"政策效果具有重要的现实意义。因此,本章第三个具体工作就是结合"营改增"微观作用机制,对"营改增"影响全要素生产率的长效机制进行检验。

本章的边际贡献具体如下:首先,对"营改增"影响全要素生产率的理论机制进行简单分析,丰富税制改革影响全要素生产率的文献研究。其次,运用中介效应模型,考察"营改增"影响全要素生产率的作用路径,研究发现"营改增"显著提高了全要素生产率,提供了经济高质量增长的制度红利,并通过降低固定资产投资成本,加大企业自主创新投入,改善金融发展程度和促进

---

① 范子英等:《"营改增"的减税效应和分工效应:基于产业互联的视角》,《经济研究》2017年第2期。
② 倪红福等:《"营改增"的价格效应和收入分配效应》,《中国工业经济》2016年第12期。
③ 郭庆旺:《中国全要素生产率的估算:1979—2004》,《经济研究》2005年第6期;G. Everaert, F. Heylen, R. Schoonackers, "Fiscal policy and TFP in the OECD: measuring direct and indirect effects", *Empirical Economics*, 2015, Vol.49, No.2, pp.605 – 40; S. Muhammad Hussain, "The contractionary effects of tax shocks on productivity: an empirical and theoretical analysis", *Journal of Macroeconomics*, 2015, Vol.56, No.43, pp.93 – 107.
④ 高培勇:《论完善税收制度的新阶段》,《经济研究》2015年第2期;范子英等:《"营改增"的减税效应和分工效应:基于产业互联的视角》,《经济研究》2017年第2期;孙正:《"营改增"视角下流转税改革优化了产业结构吗?》,《中国软科学》2016年第12期。

工业化程度等中介效应来改善全要素生产率。但随着时间的延续,"营改增"提高全要素生产率的政策成效在减弱,这说明经济高质量增长需要后续其他财税政策的跟进。本章在深入考察"营改增"影响全要素生产率作用机制的基础上,从理论与实证两个维度探讨"营改增"与全要素生产率改善之间的内在经济逻辑。充分发挥税制改革的"定向诱导"功能,对于从税制改革视角改善全要素生产率、提高经济发展质量、推动效率变革具有重要的理论和现实意义。

第二节 流转税改革促进全要素生产率提升的理论分析

本章核心议题为"流转税改革对全要素生产率的影响"。首先对"营改增"影响全要素生产率的机制进行深入考察。然后通过简单的数理模拟,考察以"营改增"为主线索的流转税改革影响全要素生产率的机理。

一、"营改增"影响全要素生产率的作用机制

一个国家(地区)影响全要素生产率的重要因素是税负成本。"营改增"实施六年多以来,减税绝对规模超过2.1万亿元,惠及千万家企业,理顺产业间的投入产出关系,降低企业税负,优化资源配置,带来了帕累托效率改善,加之其他配套的政策措施,提高了全要素生产率,给中国经济高质量增长带来了"制度红利"。概括起来主要存在以下几种机制:

(一)"营改增"对全要素生产率的直接影响

一个国家(地区)影响全要素生产率的重要因素是税负成本。《营业税改征增值税试点方案》(财税〔2011〕110号)规定试点的基本原则就是,消除有效税率差异,降低试点行业的税收成本。后续"营改增"试点过程基本遵循这个原则。依据国家税务总局2018年1月份统计数据,"营改增"实施六年多以来,减税绝对规模超过2.1万亿元,惠及千万家企业,推动了效率变革,为全要素生产率的提高创造了积极有利的条件。原先营业税存在于服务业、增值税存在于制造业的二元流转税体制彻底转变为一元流转税体制,清除了制度性障碍,给中国经济高质量增长带来了制度红利。

"营改增"对全要素生产率的直接影响主要体现在如下几个方面:首先,"营改增"完善了增值税抵扣链条,允许服务业中间投入品的进项税额进行抵扣,避免了对服务业中间投入品的重复征税,降低了企业税负。"营改增"改

革之前,在销售收入一定的条件下,进项税额不能抵扣,则企业名义流转税税负越高,企业经营成本也就越大,不利于企业全要素生产率的改善。"营改增"以后,在既定的销售收入下,随着进项税额抵扣的增加,企业名义流转税税负降低,降低了企业经营成本,有利于企业全要素生产率的改善。其次,"营改增"理顺产业间投入产出关系,提升专业化水平,促进了生产分工[①],有利于全要素生产率的提高。原先二元流转税体制下,第三产业中间投入品没有进项税额的抵扣,降低了企业生产过程中选择横向企业中间产品的积极性,不利于企业专业化分工水平的提高。从某种程度上来说,这种二元流转税体制成为全要素生产率改善的制度性障碍。随着"营改增"彻底推广到全行业,增值税抵扣链条被打通,允许第三产业中间投入品的进项税额进行抵扣,有利于产业分工细化与产业之间的融合发展,完善了增值税实际征收中的抵扣机制。再次,"营改增"有力地纠正资本在服务业与制造业之间的结构性错配。营业税作为一个整体税种,比增值税的税负要高三分之一左右。"营改增"的实施,降低了服务业的有效税率,使更多的资本配置到服务业,优化资本在制造业与服务业之间的配置结构,带来帕累托效率改善,加之其他配套的政策措施,对全要素生产率改善产生直接影响。基于短期时间维度,据此提出假说6-1:

"营改增"降低企业税负,消除有效税率差异,有力纠正资本在制造业与服务业之间的结构性错配,带来帕累托效率改善,提升了中国全要素生产率。

(二)"营改增"对全要素生产率的间接影响

"营改增"不仅对全要素生产率产生直接影响,而且还通过中介变量对全要素生产率产生间接影响。第一,"营改增"通过加大科技研发投入来提升全要素生产率。"营改增"以后,企业的科技研发投入能够进入增值税抵扣链条,提高企业加大研发投入的积极性,特别是大幅降低新技术或者新经济业态的税收成本,提高整个经济体的研发投入水平[②],极大改善企业生产技术水平,有利于全要素生产率的提高。第二,"营改增"降低产业结构转型升级的不确定性,改善全要素生产率。"营改增"政策实施之前,由于增值税抵扣链条的断裂和重复征税,企业如果进行专业化的分工与协作,势必加重上下游产业的税收负担,从而增加产业分工与结构转型的不确定性和风险。"营

[①] 范子英:《"营改增"的减税效应和分工效应:基于产业互联的视角》,《经济研究》2017年第2期。

[②] A.Mukherjee, M. Singh, Alminas Žaldokas, "Do corporate taxes hinder innovation?", *Journal of Financial Economics*, 2017, Vol.56, No.1, pp.195-221.

改增"促进产业结构升级与新业态融合发展[1],加快了经济转型与结构调整,进而改善全要素生产率。第三,"营改增"通过改变资本密度来改善全要素生产率。增值税抵扣链条的完善以及税制结构的改变必然影响到资本的投向和规模[2],"营改增"政策所引致的税制变迁产生长期衍生的影响,改变行业间税负,提高利润水平,优化资本的投资结构和规模,提高资本密度。第四,"营改增"通过金融深化来改善全要素生产率。金融业实施"营改增"以后,提升了整个金融行业的产出效率,同时提高了金融资源对税收的敏感程度,一部分金融成本进入增值税抵扣链条,为全要素生产率的提升提供更优质的金融服务。综上所述,"营改增"通过改变行业间税负、资本密度、科技研发投入、工业化以及金融发展程度,对全要素生产率产生间接影响。据此,提出假说 6-2：

"营改增"通过资本密度、科技研发投入、金融深化程度以及产业转型等变量,对中国全要素生产率产生间接影响。

(三)"营改增"对全要素生产率的长效影响

税制改革对全要素生产率具有长期持续性的影响[3]。以"营改增"为主线索的流转税改革政策存续期超过四年,不仅当期的"营改增"所带来增值税的抵扣效应,降低了企业的名义税负,对全要素生产率产生直接影响,而且当期"营改增"会持续影响到后续年份政策实施行业的税负,对此后若干期的全要素生产率的提升仍具有积极作用。我们称后者为"滞后效应",也可称为长效机制,这种长效机制为经济高质量增长提供了持续的制度红利。一方面,随着"营改增"在越来越多的行业开始实施,更多的行业纳入增值税抵扣链条,形成行业减税政策效果的规模经济效应。另一方面,随着更多的地区进行"营改增"政策试点,不同地区政策趋同以后,原先试点省份的政策红利外溢到后续试点省份,形成政策效果的外溢效应。不同行业"营改增"实施所带来的规模效应,与不同地区实施"营改增"政策的外溢效应,形成"营改增"政策效果的叠加效应,这种叠加效应又进一步放大了"营改增"的政策效果[4]。因此,要全面系统评估"营改增"的政策效应,需要一个较长的时间窗口。通过测算,2012 年营业税与增值税占 GDP 的比重分别为 2.9%、4.9%,2016 年"营改增"彻底推广到全行业以后,营业税与增值税占 GDP 的比重分别调整

---

[1] 孙正：《"营改增"视角下流转税改革优化了产业结构吗?》,《中国软科学》2016 年第 12 期。
[2] 吕冰洋等：《中国省际资本、劳动和消费平均税率测算》,《财贸经济》2015 年第 7 期。
[3] H. Nishioka, "Efficiency gains from reducing the capital income tax rate in a Lucas' endogenous growth model", *Journal of Economics Business & Law*, 2005, No.7, pp.41-72.
[4] 高培勇：《论完善税收制度的新阶段》,《经济研究》2015 年第 2 期。

为1.5%、5.4%。同时,流转税占 GDP 的比重由2012年的9.8%降为2016年的8.7%。综上来看,"营改增"所带来有效税率的降低,优化资源配置,对中国全要素生产率的提升产生持续性的影响,推动经济高质量增长。据此,提出假说6-3：

"营改增"对中国全要素生产率的提升产生长期持续性的影响,要全面系统评估"营改增"的政策效应,需要一个较长的时间窗口。

二、简单理论模型构建

通过简单的理论分析,考察"营改增"影响全要素生产率的作用机制,从流转税改革视角为全要素生产率的改善给出一个合理的经济解释。本章理论模型的构建主要借鉴巴洛(Barro)[①]的生产函数经典假设和吕冰洋[②]的模型设定。为更好地考察"营改增"与全要素生产率之间的内在经济逻辑,将资本投入分为私人投资与公共投资两个部分,这也基本符合中国现实国情。为了简化模型,假定每个地区的人口都为1,同时不考虑劳动与闲暇之间的替代关系,建立一个内生增长常设的 AK 形式的厂商生产函数：

$$y = Ak^\alpha g^\beta \tag{6-1}$$

其中,y 为厂商人均产出,A 表示全要素生产率,k 表示人均私人资本存量,g 是地区人均生产性财政支出,人均政府生产性支出等同于公共投资支出。α、β 分别表示私人资本与政府支出的产出弹性,$0<\alpha<1$,$0<\beta<1$,且二者之和 $\alpha+\beta=1$。对于全要素生产率 A,设定为人均私人资本(k)、资本所得税率(τ_k)、商品税(流转税)税率(τ_c)和政府人均生产性支出(g)的函数,即：

$$A = A(k, \tau_c, \tau_k, g) \tag{6-2}$$

消费者是"理性人"并且寿命无限延长,同时也是厂商,定义即期效应函数为：

$$u(c(\tau_c)) = (c(\tau_c)^{1-\sigma} - 1)/(1-\sigma) \tag{6-3}$$

公式6-3中,$c(\tau_c)$ 表示消费函数,$-\sigma$ 为边际效应弹性,τ_c 表示商品税税率(流转税),$c'(\tau_c)<0$,即商品税的累退性,那么将消费者一生效应的

[①] Robert J. Barro, "Government spending in a simple model of endogenous growth", *Journal of Political Economy*, 1990, Vol.98, No.5, pp.S103-S125.

[②] 吕冰洋等：《中国税收高速增长的源泉：税收能力和税收努力框架下的解释》,《中国社会科学》2011年第2期。

现值表示为：

$$U = \int_0^\infty e^{-\rho t} u(c) dt \qquad (6-4)$$

公式 6-4 中，ρ 是时间偏好率，也就是贴现因子。因为个人所得税占比较低，假设政府对企业主要征收商品税（流转税）与资本税（企业所得税），并且全部用于生产性支出。则人均政府财政收入为：

$$g = \tau_c c(\tau_c) + \tau_k r k \qquad (6-5)$$

其中，r 为市场利率。假设经济体厂商间为竞争均衡，从而厂商仅获得正常利润，资本的边际报酬等于市场利率，有：

$$rk = \alpha y \qquad (6-6)$$

市场均衡时，可得：

$$\dot{k} = y - c(\tau_c) - g - x \qquad (6-7)$$

公式 6-7 中，x 为人均净出口，假设为负，表示中国需要通过出口来消化过剩产能。

那么，构建汉密尔顿函数求解均衡增长路径，其过程如下：

$$H = \frac{c(\tau_c)^{1-\theta} - 1}{1 - \theta} + \lambda[y - c(\tau_c) - g - x] \qquad (6-8)$$

动态优化条件为：将公式 6-1、公式 6-2、公式 6-5 代入公式 6-8 中，求解一阶条件：

$$\frac{\partial H}{\partial c} = 0 \qquad (6-9)$$

$$\rho \lambda - \dot{\lambda} = \frac{\partial H}{\partial c} \qquad (6-10)$$

公式 6-10 中，λ 为资本的影子价格。横截面条件为：

$$\lim_{t \to \infty} \lambda k e^{-\rho t} = 0 \qquad (6-11)$$

那么，当经济达到稳态时，也就是私人资本增长率不再发生变动，此时消费和资本公式分别为：

$$\frac{\dot{c}}{c} = \frac{1}{\theta} \{\alpha A(k, \tau_c, \tau_k, g) k^{\alpha-1} [t_c c(\tau_c) + \tau_k r k]^\beta\}$$

$$+ (1-\alpha) A(k, \tau_c, \tau_k, g) k^\alpha [t_c c(\tau_c) + \tau_k r k]^{\beta-1} \tau_k r - \rho - \tau_k r$$

$$(6-12)$$

$$\dot{k} = A(k, \tau_c, \tau_k, g)k^\alpha [\tau_c c(\tau_c) + \tau_k rk]^{1-\alpha} \\ - (\tau_c c(\tau_c) + \tau_k rk) - c - x \quad (6-13)$$

在公式 6-12 与公式 6-13 中，可以控制的外生变量包含流转税税率（τ_c）、资本税税率（τ_k）以及政府人均生产性财政支出（g），外需（x）是外生的，其余变量为该经济系统内生参数。上文中设定全要素生产率为资本、商品税税率、资本税税率和人均政府财政性支出的函数。由于影响全要素生产率的主要是资本积累过程。因此，由公式 6-13 可得：

$$A = A(k, t_c, t_k, g) = \frac{\dot{k} - \tau_k rk + (\tau_c c(\tau_c) + c + x)}{t_c c(\tau_c) k^\alpha + \tau_k rk} \quad (6-14)$$

稳态均衡中，由于稳定的内生增长路径中，$\dot{k}$ 不再变化，令 $\phi = \dot{k} + \tau_k rk + c + x$、$\varphi = \tau_k rk$，则公式 6-14 可以化简为：

$$A(k, \tau_c, \tau_k, g) = \frac{\phi - \tau_c c(\tau_c)}{\tau_c c(\tau_c) k^\alpha + \varphi} \quad (6-15)$$

中国的商品税主要包括营业税与增值税。据统计，"营改增"从开始试点到彻底推广到全行业六年以来，累计减税绝对规模超过 2.1 万亿元。通过测算，2012 年营业税与增值税占 GDP 的比重分别为 2.9%、4.9%，2016 年"营改增"彻底推广到全行业以后，营业税与增值税占 GDP 的比重分别调整为 1.5%、5.4%。同时，流转税占 GDP 的比重由 2012 年的 9.8% 降为 2016 年的 8.7%。综上可以看出，"营改增"与商品税税率之间存在着负相关关系。依据前述分析，可知道公共投资主要来源于政府财政支出，财政支出又依赖于税收，税收增长与经济、政策、税制以及管理等因素息息相关。"营改增"作为近年来最大的税制变革因素必然影响到税收增长率，因此用 $bcvat$ 表示"营改增"，具体用流转税占国民生产总值的比重来衡量。同时，设定 $\tau_c = f(bcvat)$，且 $f'(bcvat) < 0$，表示商品税（流转税）税率与"营改增"呈现负相关关系。将 $\tau_c = f(bcvat)$ 代入公式 6-16 中得到：

$$A(k, t_c, t_k, g) = \frac{\phi - f(bcvat)c(f(bcvat))}{f(bcvat)c(f(bcvat))k^\alpha + \varphi} \quad (6-16)$$

公式 6-17 中，A 表示全要素生产率的增长率，继而对公式 6-16 求导数可知：

$$\frac{\partial A}{\partial (bcvat)} > 0 \quad (6-17)$$

由公式 6-17 可知，全要素生产率的增长率 A 与 $bcvat$（营改增）之间存在正相关关系,这也就意味着"营改增"政策必然会带来全要素生产率的改善。相应的政策含义可以解读为,随着营业税彻底退出历史舞台,"营改增"所带来投入产出关系、企业、行业以及宏观税负的改变,优化了资源配置,改善了全要素生产率,为经济高质量增长提供了制度红利。在此基础上,提出有待检验的命题:随着"营改增"彻底推广到全行业,基于"营改增"视角的流转税改革将会改善全要素生产率,提供经济高质量增长的制度红利。

第三节 计量模型、变量与数据说明

税制改革是影响全要素生产率的重要因素,前述对"营改增"影响全要素生产率的作用机理进行了简单的分析。为进一步深入考察"营改增"对全要素生产率的影响,本章尝试建立中介效应模型,检验流转税改革与全要素生产率改善之间的内在经济逻辑。

一、计量模型设定

(一)"营改增"全要素生产率效应的基准检验

在前述简单理论分析基础上,构建如下基准模型:

$$TFP_{it} = \Pi_0 + \beta_{it} bcvat_{it} + \sum_{p=1}^{n} \theta_{np} X_{it} + \phi_t f_i + \varepsilon_i + \nu_t + \mu_{it} \quad (6-18)$$

其中,i 代表省份,t 代表年度。Z_{it} 为模型的被解释变量全要素生产率,也是衡量经济高质量增长的重要变量。系数 β、θ 是待估计参数。系数 β 为核心参数,若该系数显著大于 0,则说明"营改增"能够影响全要素生产率,提供了经济高质量增长的制度红利。μ_{it} 为随机误差项,ε_i 为时间效应列向量,ν_t 表示地区效应列向量。考虑到"营改增"对不同地区全要素生产率影响的异质性,在模型中引入 f_i 变量,代表以固定效应形式反应各个截面个体的差异性。$bcvat_{it}$ 表示核心解释变量,X_{it} 为影响全要素生产率的其他控制变量。

(二)"营改增"影响全要素生产率效应的机制检验

为了更有效地验证"营改增"影响全要素生产率的作用机理,继续通过中介效应模型,考察"营改增"影响全要素生产率的作用机理。这主要体现在如下几个方面:(1)通过"营改增"改变固定资产投资的资金成本,提高企业固定资产投资的积极性,同时也降低企业的融资约束,提升投资效率;(2)通过降低企业研发投入的税收成本,提高企业科研投入,推进企业技术进步;(3)通过改变企业技术引进、消化吸收新技术的税收成本,加大企业技术引进力度;(4)"营改增"推广到金融业以后,降低了金融业的税负,改善了金融业的服务环境,有利于企业投资环境的改善,最终影响到全要素生产率;(5)"营改增"将原来营业税适用于第三产业、增值税适应于第二产业的二元流转税结构彻底改为一元流转税体系,进而改变产业税负,影响产业结构[①]。基于上述分析,参照巴龙(Baron)和肯尼(Kenny)[②]提出的方法,建立如下中介效应模型:

$$TFP_{it} = a_0 + a_{it}bcvat_{it} + v_{1it} \quad (6-19)$$

$$capden_{it} = b_0 + b_{it}bcvat_{it} + v_{2it} \quad (6-20)$$

$$indi_{it} = c_0 + c_{it}bcvat_{it} + v_{3it} \quad (6-21)$$

$$imii_{it} = d_0 + d_{it}bcvat_{it} + v_{4it} \quad (6-22)$$

$$dfina_{it} = e_0 + e_{it}bcvat_{it} + v_{5it} \quad (6-23)$$

$$dindu_{it} = f_0 + f_{it}bcvat_{it} + v_{6it} \quad (6-24)$$

$$TFP_{it} = g_0 + g_{1it}bcvat_{it} + g_{2it}capden_{it} + g_{3it}indi_{it} \\ + g_{4it}imii_{it} + g_{5it}dfina_{it} + g_{6it}dindu_{it} + v_{7it} \quad (6-25)$$

为更好地衡量"营改增"通过中介效应对全要素生产率模型的影响,本部分将 $bcvat_{it}$ 设定为增值税变量与营业税变量的比值。这里,中介变量 $capden_{it}$ 为资本密度,以各个样本省份的固定资产投资与从业人员的比值来表示。$indi_{it}$ 为自主创新投入,用各个样本省份的科技研发投入与 GDP 的比值来衡量。$imii_{it}$ 为模仿创新投入,以各个样本省份的技术引进与消化吸收这些技术所投入经费与 GDP 的比值来表示。$dfina_{it}$ 为金融发展程度,主要运用各个样本省份金融业产值的区位熵来表示。$dindu_{it}$ 为工业化发展程度,以各个样本省份的第二产业与 GDP 的比值来表示。

公式 6-19 为"营改增"对全要素生产率的总效用,$a_{it} > 0$ 表示"营改增"能够提高全要素生产率;公式 6-20 为"营改增"对资本密度的影响,

---

[①] 孙正:《流转税改革促进了产业结构演进升级吗?——基于"营改增"视角的 PVAR 模型分析》,《财经研究》2017 年第 2 期。

[②] R. M. Baron, D. A. Kenny, "The moderator-mediator variable distinction in social psychological research: conceptual, strategic, and statistical considerations", *Journal of personality and social psychology*, 1999, Vol.51, No.6, p.1173.

$b_{it}>0$ 表示"营改增"能够提高各样本省份的资本密度;公式 6-21 为"营改增"对自主创新投入的影响,$c_{it}>0$ 表示"营改增"能够促进各地区加大自主创新研发资金投入;公式 6-22 为"营改增"对模仿创新投入的影响,$d_{it}>0$ 表示"营改增"促进了各地区技术引进与消化吸收的投入;公式 6-23 为"营改增"对金融发展程度的影响,$e_{it}>0$ 表示"营改增"提高了金融业的发展程度;公式 6-24 为"营改增"对工业化程度的影响,$f_{it}<0$ 表示"营改增"促进了产业结构升级演进;公式 6-25 中 g_{1it} 为"营改增"对全要素生产率的直接影响。将公式 6-19 至公式 6-24 中代入公式 6-25,可得:

$$TFP_{it} = (g_0 + g_{2it}b_0 + g_{3it}c_0 + g_{4it}d_0 + g_{5it}e_0 + g_{6it}f_0) + (g_{1it} + g_{2it}b_{it} + g_{3it}c_{it} + g_{4it}d_{it} + g_{5it}e_{it} + g_{6it}f_{it})bcvat_{it} + v_{8it}$$

(6-26)

公式 6-26 中,g_{1it} 衡量"营改增"对全要素生产率的直接效应。$g_{2it}b_{it}$ 衡量的是"营改增"通过增加资本密度来提高全要素生产率的中介效应。$g_{3it}c_{it}$ 衡量"营改增"通过增加企业自主科技研发投入来提高全要素生产率的中介效应。$g_{4it}d_{it}$ 衡量"营改增"通过减税效应,增加企业的技术引进与消化吸收资金投入来提高全要素生产率的中介效应。$g_{5it}e_{it}$ 衡量"营改增"通过金融业发展程度来提高全要素生产率的中介效应。$g_{6it}f_{it}$ 衡量"营改增"通过促进产业结构升级演进来提高全要素生产率的中介效应。v_{8it} 为随机误差项,服从均值为零,方差为 Ω 的正态分布。同时,公式 6-19 至公式 6-26 中都包含省份、时间的固定效应。简化起见,这里不一一列出。

(三)"营改增"影响全要素生产率的长期持续性检验

"营改增"作为新一轮财税改革的重头戏,是当前深化市场机制改革的一种"长效激励"机制,对全要素生产率的提高不应仅局限于当前,这种机制应该是长期持续的。这种长效机制主要表现在如下两个方面:(1)"营改增"改革对当期的全要素生产率就有显著影响,而且对此后若干期的全要素生产率提高仍具有积极作用,即具有"滞后效应",也可称为长效机制。(2)2012 年"营改增"在上海的"1+6"行业率先试点,2016 年 5 月 1 日彻底推广到全行业,政策推行周期超过四年,逐步推广到全部样本省份与全行业。当期和前期政策效果、不同行业不同地区政策趋同以后的"规模经济"效应,带来全要素生产率的不断提高,可称为"叠加效应"。"滞后效应""叠加效应"所带来的综合效应,可称为"营改增"影响全要素生产率的长期持续性效应。为检验这种效应,在公式 6-18 的基础上建立如下滞后期模型:

$$TFP_{it} = \Pi_0 + \beta_{it} bcvat_{it-p} + \sum_{p=1}^{n} \theta_{np} X_{it} \qquad (6-27)$$
$$+ \phi_t f_i + \varepsilon_i + \nu_t + \mu_{it}$$

二、资料来源

本章主要考察"营改增"影响全要素生产率作用机制。"营改增"于2012年开始在上海试行,2016年彻底推广到全行业,政策改革持续四年多。鉴于西藏部分年份存在大面积的数据缺失,将西藏从样本中剔除,选取30个省份的面板数据进行研究,将样本区间定为2006—2015年。由于部分变量的个别年份也存在数据缺失,所以为非平衡面板数据。全要素生产率变量主要依照前述方法计算得来,营业税、增值税数据主要来源于2007—2016年《中国税务年鉴》《中国财政年鉴》及Wind数据库。中介变量主要来源于Wind数据库、2007—2016年《中国统计年鉴》以及《新中国60年统计资料汇编》。制度环境变量采用樊纲于2011年编著的《中国市场化指数——各地区市场化相对进程报告》中披露的中国31个省、自治区和直辖市的市场化指数,2009—2015年市场化指数依据其方法计算得来。其他控制变量组数据主要从2007—2016年《中国统计年鉴》《新中国60年统计资料汇编》《中国劳动统计年鉴》《中国人口年鉴》《中国工业经济年鉴》以及Wind数据库整理获得。

三、变量说明

核心解释变量：公式6-1中将$bcvat_{it}$设定为核心解释变量,主要包括营业税(st_{it})、增值税(vat_{it})两个变量,通过中介效应进行机制检验时将$bcvat_{it}$设定为增值税变量与营业税变量。中介变量：(1)资本密度($capden_{it}$),(2)自主创新投入($indi_{it}$),(3)模仿创新投入($imii_{it}$),(4)金融发展程度($dfina_{it}$),(5)工业化发展程度($dindu_{it}$)。将以下几个影响中国全要素生产率的其他系统性因素作为控制变量组[1]：(1)制度环境($inse_{it}$),主要考察"营改增"影响全要素生产率的制度环境,采用樊纲于2011年编著的《中国市场化指数——各地区市场化相对进程报告》中披露的中国31个省、自治区和直辖市的市场化指数。该指数越大,表明市场化程度越高,制度环境越好,市场作用机制越完善,影响全要素生产率的传导机制越有效。2009—2015年市场化指数依据其方法计算得来。(2)经济发展程度($lnpgdp_{it}$)。(3)经济开放度($eopen_{it}$)。(4)外商投资水平($ifinv_{it}$)。(5)高等教育人口比重($humc_{it}$)等。

---

[1] 余泳泽等：《要素禀赋、适宜性创新模式选择与全要素生产率提升》,《管理世界》2015年第9期。

表6-1 各变量说明与统计性描述

变量类型	符号	变量名称	变量含义	均值	标准差	最小值	最大值
因变量	TFP	全要素生产率	依据公式(6-3)计算得出	-0.004 9	0.021 7	-0.086 7	0.075 4
核心解释变量	st	营业税	营业税与GDP比值	0.025 7	0.010 8	0.010 6	0.065 9
	vat	增值税	增值税与GDP比值	0.013 0	0.005 2	0.006 3	0.041 1
中介变量	indi	自主创新投入	R&D投入与GDP比值(%)	1.003 9	0.576 1	0.058 3	2.327 0
	imii	模仿创新投入	技术引进+消化吸收支出与GDP比值(%)	0.070 5	0.137 0	0.000 0	0.919 6
	capden	资本密度	固定资产投资与从业人员的比值	10.463 3	0.642 8	8.721 0	11.790 1
	dindu	工业化程度	第二产业与GDP的比值	0.405 4	0.079 9	0.131 2	0.530 4
	dfina	金融发展程度	金融业产值的区位熵	0.711 2	0.350 5	0.262 1	2.029 1
控制变量	inse	制度环境	市场化指数	7.186 6	3.232 4	0.000 0	14.452 6
	lnpgdp	经济发展程度	人均GDP自然对数	10.351 4	0.583 8	8.736 4	11.579 7
	eopen	经济开放度	进出口总额与GDP比值	0.327 8	0.398 6	0.035 8	1.727 3
	ifinv	外商投资水平	工业外商投资水平与工业产值比值	0.190 7	0.194 9	0.009 7	0.947 2
	humc	高等教育程度	大专以上人口所占比重	0.090 7	0.057 7	0.025 0	0.393 0

资料来源：依据2007—2016年《中国统计年鉴》以及Wind数据库中的资料整理。

表6-1为各个变量统计性描述,并依据前述相关说明进行了处理。依据统计性描述结果可以看出,各样本省份全要素生产率的均值为负值,近几年中国全要素生产率呈现下降趋势。营业税均值超过增值税均值一倍,2016年5月1日以后,"营改增"彻底推广到全行业,增值税彻底取代营业税,这也从侧面反映出"营改增"改革力度之大。对比自主创新收入与模仿创新收入的均值,发现前者是后者14倍左右,这说明推动中国全要素生产率改善的自主科研创新能力加强。受过大专以上高等教育的人口比重的均值接近总人口的10%。

第四节 全要素生产率测算

鉴于效率是经济增长质量的核心,因此国内学者[①]将全要素生产率作为衡量经济高质量增长的重要指标,并给出了合理的经济学解释。国际权威机构(包括世界银行、经合组织)也经常将全要素生产率作为衡量中国经济增长质量的重要指标。为了真实反映省际全要素生产率,本研究在比较借鉴其他学者的一些测算方法后[②],基于生产函数估算的随机前沿法,采用超越对数生产函数形式,估算全要素生产率。此外,考虑到不同投入要素对全要素生产率的贡献,将其分解为技术进步、规模效率、技术效率、配置效率。具体计算过程简要介绍如下:

将随机前沿生产函数设定为超越对数形式,通过对系数的显著性检验来确定生产函数的最终形式,如下所示:

$$\ln Y_{it} = \gamma_0 + \gamma_1 \ln L_{it} + \gamma_2 \ln K_{it} + \gamma_3 t + 1/2\gamma_4 (\ln K_{it})^2 \\ + 1/2\gamma_5 (\ln L_{it})^2 + 1/2\gamma_6 t^2 + \gamma_7 \ln K_{it} \ln L_{it} \\ + \gamma_8 t \ln L_{it} + \gamma_9 t \ln K_{it} + \varepsilon_{it} - \omega_{it} \tag{6-28}$$

$$\omega_{it} = \{\omega_{it} \exp[\eta(t-T)]\} \sim iidN^+(\mu, \sigma_\omega^2) \tag{6-29}$$

公式6-28中,Y表示各地区总产出,以2000年为基准,进行了相应的平减。K表示各样本省份物质资本存量,主要参考余泳泽文中方

[①] 刘建国等:《中国经济效率和全要素生产率的空间分异及其影响》,《地理学报》2012年第8期;蔡昉:《中国经济增长如何转向全要素生产率驱动型》,《中国社会科学》2013年第1期;吴敬琏:《以深化改革确立中国经济新常态》,《探索与争鸣》2015年第1期。

[②] 余泳泽:《异质性视角下中国省际全要素生产率再估算:1978—2012》,《经济学(季刊)》2017年第3期。

法进行计算①。L 表示各样本省份的劳动力数量。为了体现不同地区劳动力投入的异质性,将运用人均受教育年限进行了调整,具体为 $EL_{it} = L_{it}/E_{it} \times E_{at}$,其中 E_{it} 代表第 i 个省份第 t 年劳动力平均受教育年限,E_{at} 代表第 t 年全国劳动力平均受教育年限。ω_i 表示技术无效率项,ε_i 为随机干扰项,η 为技术效率水平的时变参数,ω 和 η 可以自由取值。依据贝特西(Battese)和科埃利(Coelli)的方法进行模型的适宜性检验②。参照昆巴卡的分解法③,把公式 6-28 对 t 进行求导,为了简洁省略下标 it。

$$\frac{\dot{Y}}{Y} = \frac{\partial \ln f(R, t)}{\partial t} + \sum_j \frac{\partial \ln f(R, t)}{\partial \ln R_j} \frac{\partial \ln R_j}{\partial R_j} \frac{dR_j}{dt} - \frac{\partial U}{\partial t} \quad (6-30)$$

$$= \frac{\partial \ln f(R, t)}{\partial t} + \sum_j \varepsilon_j \frac{\dot{R}_j}{X_j} - \frac{\partial U}{\partial t}$$

$$T\dot{F}P = \dot{T}E_{it} + TP_{it} + (E-1)\sum_j \frac{E_j}{E}\dot{R}_j \quad (6-31)$$

依据公式 6-31 对 $T\dot{F}P$ 的分解公式,可得:

$$TP_{it} = \frac{\partial \ln Y_{it}}{\partial t} = \gamma_3 + \gamma_6 t + \gamma_8 \ln l_{it} + \gamma_9 \ln k_{it} \quad (6-32)$$

$$TE_i = E[\exp(-\omega_i) | \varepsilon_i - \omega_i] \quad (6-33)$$

$$SE = (E-1)\sum_j \frac{E_j}{E}\dot{R}_{ij} \quad (j = 1, 2) \quad (6-34)$$

$$E_j = \gamma_j + \sum_{k \geqslant j} \gamma_{jk} k + \gamma_{tj} t \quad (j = 1, 2) \quad (6-35)$$

其中,$\dot{R}_j$ 表示第 j 种投入要素的增长率。$T\dot{F}P$ 表示全要素生产率的增长率,$\dot{T}E_{it}$ 表示生产效率变化率,TP_{it} 代表技术进步率。E_j 代表要素产出弹性,$E = \sum E_j$ 表示规模弹性。

---

① 余泳泽:《异质性视角下中国省际全要素生产率再估算:1978—2012》,《经济学(季刊)》2017 年第 3 期。
② G. E. Battese, T. J. Coelli, "Frontier production functions, technical efficiency and panel data: with application to paddy farmers in India", *Journal of Productivity Analysis*, 1992, Vol.3, No.1-2, pp.153-169; G. E. Battese, T. J. Coelli, "A model for technical inefficiency effects in a stochastic frontier production function for panel data", *Empirical Economics*, 1995, Vol. 20, No.2, pp.325-332.
③ S.C. Kumbhakar, C. A. K. Lovell, *Stochastic Frontier Analysis*, Cambridge: Cambridge University Press, 2000.

第五节 流转税改革生产率效应的实证分析

在检验"营改增"对全要素生产率改善的政策冲击效应时,实证分析的核心为"营改增"变量的设定。为更好地刻画"营改增"对全要素生产率的影响,在基准效应与长效机制检验中,将营业税、增值税占国民生产总值的比重设置为核心解释变量,在机制效应检验中,将营业税与增值税比值设定为"营改增"变量。随着"营改增"的推进,营业税、增值税占 GDP 的比重必然受到这次改革的影响而发生改变,不同税种税负的改变必然通过行业税负、结构性减税投入产出的改变以及资源配置效应影响全要素生产率,并提供经济高质量增长的制度红利。

一、"营改增"生产率效应的基准检验

"营改增"全要素生产率效应的基准检验,主要来自公式 6-14 的计量检验结果,具体分析结果见表 6-2,实证结果主要分为五列,第一列为没有加入控制变量组和固定效应的简单检验,营业税、增值税两个变量系数都通过了 10% 的显著性检验,并且营业税系数符号为负,增值税符号为正,这说明"营改增"显著改善了全要素生产率,为经济高质量增长提供了制度红利。继续加入控制变量与固定效应对其进行稳健性检验。第二列和第三列为加入不同控制变量的检验结果。实证结果显示,营业税变量系数增大,显著性下降,增值税变量显著性和系数大小都略微下降,但两个变量都通过了显著性检验。这说明加入影响全要素生产率的其他系统性影响因素以后,结论依然十分稳健。鉴于全要素生产率在不同的省份存在时间与地区差异,第四列和第五列分别为加入时间与地区固定效应以后检验结果。可以看出相对于第一列显著性进一步下降,但计量检验结果仍然通过了显著性检验,这说明控制了地区和时间固定效应以后,"营改增"仍然能够显著改善全要素生产率。综上所述,可认为"营改增"作为新一轮税制改革的主线索,提高了中国全要素生产率,为经济高质量增长提供了制度红利。

依据表 6-2 实证分析结果可知,对于控制变量组,估计结果比较稳健。以公式 6-5 检验结果为例进行解释。制度环境变量系数为正,说明随着制度环境改善,市场化指数的提高,企业的经营、管理以及交易成本全方位降低,带来全要素生产率的提高。人力资本系数显著为正,说明随着受过高等教育人口比重的提高,带动全社会人均受教育年限增加,改善劳动力综合素

表 6-2 基准检验结果

解释变量	被解释变量				
	全要素生产率(TFP)				
	(1)	(2)	(3)	(4)	(5)
sat	−0.104***	−0.227***	−0.286*	−1.058***	−0.711*
	(−5.92)	(−7.63)	(−2.22)	(−3.18)	(−2.09)
vat	0.961***	0.354***	0.406***	1.769***	0.479***
	(14.60)	(9.53)	(6.75)	(4.10)	(3.13)
inse		0.000 946*	0.001 52***	0.004 95**	−0.000 007 81
		(2.28)	(3.73)	(2.88)	(−0.02)
humc		0.001 55***		0.002 19***	0.009 12***
		(9.11)		(10.14)	(10.54)
lnpgdp		−0.013 3***	−0.014 0***	−0.012 5***	−0.023 8***
		(−5.74)	(−6.62)	(−5.95)	(−6.45)
eopen		0.016 6**	0.017 2***	0.005 77***	0.001 31***
		(3.30)	(3.62)	(5.45)	(7.11)
ifinv		0.025 3	0.024 1	0.010 8	0.031 4
		(1.01)	(0.70)	(0.43)	(1.21)
_cons	−0.014 7***	0.118***	0.121***	−0.197***	0.211***
	(−4.71)	(5.56)	(6.04)	(−6.50)	(5.96)
地区	否	否	否	否	是
时间	否	否	否	是	是
N	290	272	290	272	272

注：括号内数字为 T 统计量，***、** 和 * 表示在 0.01、0.05、0.10 的水平显著。

质，为全要素生产率提高打下良好的人力资本基础。经济发展程度系数显著为负，说明经济发展程度对全要素生产率有负向的影响，可能的解释为过去中国高投入、高消耗的经济发展模式，虽然带来国民生产总值的提高，但是部分行业、局部地区产能过剩,造成全要素生产率的下降。经济开放度系数显著为正,说明随着进出口水平的提高,经济开放度的增加,有利于全要素生产率的改善。外商投资规模变量系数不显著,可能的解释为随着中国自主创新能力的提高,受制于国外对核心技术的出口限制,外商投资对中国全要素生产率的提高作用越来越小。综合控制变量的实证结果,可以看出,除了"营改增"以外,制度环境、人力资本、经济开放度以及外资引进也提供了经济高质量增长的制度红利。

为进一步系统全面检验"营改增"对全要素生产率的影响,需要考虑到这种政策影响在不同地区的异质性。通过前述对全要素生产率的计算可知,全要素生产率可以分解为规模效率(SE)、技术进步(TP)和技术效率(TE)。将上述三者做因变量进行重新检验,同时与表6-2中估计结果作对比,检验前述实证分析结果是否稳健(如表6-3所示)。篇幅受限,控制变量的实证结果不一一列出。进一步回归结果显示,"营改增"两个变量对规模效率(SE)、技术进步(TP)和技术效率(TE)影响的系数符号,基本与前述被解释变量为全要素生产率的回归结果一致。比较系数大小可以发现,营业税与增值税两个变量对技术进步(TP)和技术效率(TE)两个变量的影响更大,对规模效率(SE)的影响程度较低,这说明"营改增"主要通过影响技术进步与技术效率达到提高全要素生产率的目的。

表6-3 基准回归的稳健性估计结果

解释变量	被解释变量					
	规模效率(SE)				
	(1)	(2)	(3)	(4)	(5)
sat	−0.007 63*** (−7.31)	−0.026 8*** (−6.98)	−0.004 16*** (−5.15)	−0.294*** (−4.20)	−0.232*** (−3.46)
vat	0.247*** (5.81)	0.166*** (3.35)	0.170** (3.28)	0.392*** (4.31)	0.285*** (3.41)
解释变量	技术进步(TP)				
	(1)	(2)	(3)	(4)	(5)
sat	−0.144*** (−5.58)	−0.603*** (−10.56)	−0.614*** (−11.40)	−0.234*** (−4.08)	−0.219*** (−3.70)

续表

解释变量	被解释变量				
	技术进步(TP)				
	(1)	(2)	(3)	(4)	(5)
vat	0.682*** (4.92)	0.077 6*** (5.75)	0.078 7*** (4.79)	0.334*** (4.50)	0.437*** (5.93)

解释变量	技术效率(TE)				
	(1)	(2)	(3)	(4)	(5)
sat	−0.048 0*** (−5.43)	−0.404** (−2.80)	−0.332* (−2.44)	1.586*** (3.86)	1.163** (2.86)
vat	0.526** (2.73)	0.444*** (7.81)	0.498* (2.05)	2.495*** (4.68)	1.202* (2.37)

注：括号内数字为T统计量，***、**和*表示在0.01、0.05、0.10的水平显著。

二、基于中介效应模型的"营改增"生产率效应机制分析

中介效应模型的回归结果参照表6-4。依据前述变量设定可知，本部分"营改增"变量设定为增值税与营业税的比值。关于"营改增"影响全要素生产效率机制的分析，第一列为对公式6-15的检验结果，"营改增"对全要素生产率的综合效应显著为正。第二列至第七列分别为公式6-16至公式6-21的回归结果。自主创新、工业化程度、金融发展程度和资本深化四个变量与"营改增"的关系符合前述理论预期，系数均通过显著性检验，表明"营改增"有利于自主创新投入的提高，促进了产业结构的升级演进，有利于改善金融发展程度，促进了资本深化。但是，关于公式6-18的回归结果显示，模仿创新投入系数符号不显著，这说明"营改增"并没有促进企业模仿创新投入的增加。综合上述分析结果可知，"营改增"对于全要素生产率的改善产生了积极影响，并且通过中介效应影响全要素生产率的提高。

在前述对机制检验进行初步分析的基础上，继续通过公式6-22对中介变量的作用，也就是"营改增"通过中介变量影响全要素生产率是否显著做进一步研究。温忠麟总结了一种中介效应检验程序，从而提高了效率[①]，任曙

---

① 温忠麟等：《中介效应检验程序及其应用》，《心理学报》2004年第5期。

明和吕镯对其进行了实践①。参考既有研究②,并结合自身模型设定的特点,按照以下步骤对中介效应进行检验:(1) 检验 $H_0: a_{it}=0$。如果显示接受原假设,则检验结束,进而得出不存在中介效应结论;如果原假设被拒绝,则继续进行检验。(2) 检验 $H_0: b_{it}=0$ 和 $H_0: g_{2it}=0$。如果二者都拒绝原假设,则得到企业自主创新投入存在中介效应的结论,那么检验跳到第四个步骤;如果二者之中至少有一个原假设被接受,则继续检验。(3) 检验 $H_0: g_{2it}b_{it}=0$。如果接受原假设,则得出自主创新投入不存在中介效应的结论,并继续检验;如果拒绝原假设,则检验结束,得出自主创新投入存在中介效应的结论,继续其他中介变量检验。(4) 重复第二个步骤和第三个步骤,分别检验模仿创新投入、工业化程度、金融发展程度以及资本深化是否具有中介效应。按照如上步骤检验,结果显示:工业化程度、金融发展程度以及资本深化这三个中介变量均通过显著性水平检验,强烈拒绝原假设,说明以上三个变量全部存在中介效应;而模仿创新投入这个中介变量的相应检验接受原假设,说明"营改增"并没有通过提高模仿创新投入这一机制作用于全要素生产率。

综合以上实证结果,"营改增"除了直接改善全要素生产率外,还通过增加自主创新投入,促进资本深化,提高金融发展程度,促进产业结构升级演进,提供经济高质量增长的制度红利,但并没有通过增加模仿创新投入来提高全要素生产率。依据表 6-4 实证分析结果可以看出,第七列为公式 6-22 回归结果,全要素生产率与模仿创新投入的相关性在统计上不显著;第三列为公式 6-18 回归结果,可以看出"营改增"与模仿科技创新投入的相关性在统计上也不显著。从而表明,"营改增"尚不具有通过提高模仿科技创新投入来改善全要素生产率的作用机制。

三、"营改增"生产率效应的长期持续性检验

"营改增"影响全要素生产率效应的长期性检验,也就是对"营改增"政策效果的滞后效应,即公式 6-23 的计量检验结果详见表 6-5 至表 6-7。由于篇幅所限,只是列出核心解释变量的实证结果,其他控制变量组的结果并没有列出。表 6-5 至表 6-7 分别对应公式 6-23 中滞后一年、滞后两年以及滞后三年的实证结果,也就是说"营改增"开始实施一年、两年、三年与全要素生产率之间的内在经济逻辑。综合来看,营业税与增值税变量系数均通过

---

① 任曙明等:《融资约束、政府补贴与全要素生产率——来自中国装备制造企业的实证研究》,《管理世界》2014年第11期。
② 于新亮等:《企业年金的"生产率效应"》,《中国工业经济》2017年第1期。

表6-4 "营改增"全要素生产率效应作用机制检验结果

解释变量	被解释变量						
	TFP	自主创新投入	模仿创新投入	工业化程度	金融发展程度	资本深化	TFP
	(1)	(2)	(3)	(4)	(5)	(6)	(7)
bcvat	0.017 9***	0.036 0***	−0.008 72	−0.507***	1.218***	9.473***	0.009 42***
	(4.12)	(7.31)	(−0.61)	(−38.53)	(17.04)	(56.81)	(13.58)
indi							0.005 19***
							(12.48)
imii							0.071 0
							(0.54)
dindu							0.060 6*
							(2.05)
dfina							−0.020 7**
							(−3.04)

续表

解释变量	被解释变量						
	TFP (1)	自主创新投入 (2)	模仿创新投入 (3)	工业化程度 (4)	金融发展程度 (5)	资本深化 (6)	TFP (7)
$capden$							0.002 97** (2.64)
$\_cons$	−0.014 7*** (−4.78)	0.372*** (6.51)	0.028 6*** (3.50)	−0.049 0*** (−7.41)	−0.267*** (−7.17)	0.316*** (3.52)	−0.005 41*** (−7.46)
地区,时间	控制	控制	控制	控制	控制	控制	控制
N	290	290	290	290	290	290	290

注:括号内数字为T统计量,***、**和*表示在0.01、0.05、0.10的水平显著。

显著性检验,营业税系数符号为负,增值税系数符号为正,这说明随着"营改增"彻底推广到全行业,其对全要素生产率的影响持续三年以上。通过比较营业税与增值税变量的系数大小可以发现,其效应在逐渐减弱,也就是说"营改增"提供经济高质量增长的制度红利在减弱。按照基准检验中方法,将全要素生产率分解为规模效率(SE)、技术进步(TP)和技术效率(TE),进一步检验"营改增"影响全要素生产率的"滞后效应"。发现其检验结果基本与表6-5至表6-7中实证分析结果一致。限于篇幅,不一一列出。

表6-5 "营改增"滞后效应检验结果(滞后一年)

解释变量	被解释变量		
	全要素生产率(TFP)		
	(1)	(2)	(3)
L.sat	−0.813* (−2.14)	−0.453*** (−4.10)	−0.813* (−2.14)
L.vat	1.629** (3.01)	0.621*** (4.12)	1.590** (3.09)
_cons	−0.308*** (−14.85)	0.208*** (14.15)	−0.327*** (−15.04)
地区	否	否	是
时间	否	是	是
N	243	243	243

注:括号内数字为T统计量,***、**和*表示在0.01、0.05、0.10的水平显著。

这种"滞后效应"逐年衰减并不难理解,通过前述分析可知道"营改增"主要通过结构性减税效应、改变投入产出、产业结构调整、宏观税负以及资源配置效应来影响全要素生产率。这些传导机制中,结构性减税效应对全要素生产率的影响最明显,以"营改增"为主线索的流转税改革,可以说是近年来税制改革领域最大的结构性减税举措,其减税规模超过2.1万亿元。这种减负规模直接降低了企业税负,惠及千万家企业,增加了企业活力,改善了全要素生产率,为经济高质量增长提供了制度红利。随着时间的推移这种结构性减税效应逐渐减弱,降低了"营改增"对全要素生产率的作用程度。同时,产业结构调整、宏观税负以及资源配置效应随着时间的推移也在减弱。

表6-6 "营改增"滞后效应检验结果(滞后两年)

解释变量	被解释变量		
	全要素生产率(TFP)		
	(1)	(2)	(3)
L2.sat	−0.514***	−0.050 5***	−0.448 3***
	(−5.20)	(−7.11)	(−8.20)
L2.vat	1.212*	1.062***	1.118*
	(2.37)	(5.47)	(2.37)
_cons	−0.335***	0.198**	−0.323***
	(−10.56)	(3.00)	(−11.56)
地区	否	否	是
时间	否	是	是
N	214	214	214

注：括号内数字为T统计量，***、**和*表示在0.01、0.05、0.10的水平显著。

表6-7 "营改增"滞后效应检验结果(滞后三年)

解释变量	被解释变量		
	全要素生产率(TFP)		
	(1)	(2)	(3)
L3.sat	−0.394***	−0.018 4***	−0.287***
	(−7.25)	(−10.39)	(−14.87)
L3.vat	0.176*	0.604**	0.264*
	(2.27)	(2.79)	(2.27)
_cons	−0.015 2***	0.144***	−0.016 7***
	(−7.06)	(5.82)	(−7.78)
地区	否	否	是
时间	否	是	是
N	185	185	185

注：括号内数字为T统计量，***、**和*表示在0.01、0.05、0.10的水平显著。

基于上述分析,为进一步考察"营改增"政策效果评估中各中介变量"滞后效应"如何发挥作用,以前述中介效应模型为基础进行考察。同样本部分将核心解释变量设定为增值税与营业税的比重,考察各变量的滞后项,也就是对公式6-22中各变量滞后一年、滞后两年、滞后三年分别进行检验。结果如表6-8所示。可以看出,"营改增"对全要素生产率的直接效应虽然显著,但是随着时间的推移,政策效果呈现逐渐下降的趋势。对滞后一年的作用机制进行分析,除模仿创新投入外,"营改增"通过自主创新投入、工业化程度、金融发展程度以及资本深化等四个变量对全要素生产率产生积极影响。分析滞后两年的影响机制可以发现,自主创新投入、工业化程度以及资本深化三个变量具有积极影响;若是滞后三年,"营改增"只通过自主创新投入、工业化程度两个变量对后期的全要素生产率的改善具有积极影响。"营改增"对全要素生产率的影响存在"滞后效应"意味着,在"营改增"政策实行的四年半过程中及其彻底推广到全行业以后,当期政策效果会持续一段时间,在"营改增"当期效应和"滞后效应"的共同作用下,全要素生产率是持续改善的。综上可知,为进一步维持经济高质量增长,需要辅以其他政策措施。

表6-8 "营改增"滞后效应的内在作用机制

解释变量	被解释变量		
	全要素生产率(TFP)		
	滞后一年	滞后两年	滞后三年
$bcvat$	0.063 7*** (7.85)	0.042 5*** (3.35)	0.026 7* (1.98)
$indi$	−0.017 7*** (−4.13)	−0.010 7* (−2.54)	−0.013 2** (−2.97)
$imii$	0.016 47 (0.68)	0.031 3 (0.96)	−0.035 5 (−1.30)
$dindu$	−0.044 57*** (−10.48)	−0.113** (−3.30)	−0.093 9** (−2.67)
$dfina$	0.042 2*** (4.14)	0.030 7 (1.10)	0.025 4 (0.32)

续表

解释变量	被解释变量		
	全要素生产率(TFP)		
	滞后一年	滞后两年	滞后三年
$capden$	0.001 367***	0.003 68*	0.001 34
	(5.82)	(2.44)	(0.76)
N	280	270	260

注：括号内数字为 T 统计量，***、**和*表示在 0.01、0.05、0.10 的水平显著。

第六节 小 结

财税改革对于中国经济高质量增长具有重要的现实意义，本章探讨"营改增"与全要素生产率之间的内在经济逻辑。首先，通过简单的理论分析，数理模拟"营改增"对中国全要素生产率的影响；其次，通过中介效应模型系统全面考察"营改增"影响全要素生产率的作用机制，并深入分析"营改增"对全要素生产率的长效作用机制。实证结果表明：通过基准回归及其稳健性检验结果可以看出，"营改增"能够显著提高中国全要素生产率，提供了中国经济高质量增长的制度红利。依据中介效应模型的计量检验结果可知，以"营改增"为主线索的流转税改革之所以能够提高全要素生产率，提供经济高质量增长的制度红利，主要是通过降低固定资产投资成本、增加企业自主创新投入、提高金融发展程度以及推动工业化等机制实现，但没有表现出通过增加企业模仿创新投入来提高全要素生产率的作用机制。从长效机制的实证检验结果来看，"营改增"在推广到全行业与全部地区的过程中，不仅能提高当期的全要素生产率，而且这种提高还具有滞后性，也就是说后期的全要素生产率既受到当期"营改增"的影响，也受到前期"营改增"的影响。但随着时间的推移，这种"滞后效应"逐渐减弱。另外，"营改增"通过中介效应对全要素生产率的影响也是逐年减弱。综合来看，"营改增"不仅直接提供了经济高质量增长的制度红利，还通过其他变量的作用为经济高质量增长提供制度红利，但长期来看，这种制度红利在减弱。

第七章 流转税改革对资本回报的影响研究

资本回报率对于理解宏观经济运行具有重要的意义。当前,中国面临着经济转型与结构调整的双重挑战,中共十九大报告明确指出,中国经济已由高速增长阶段转向高质量发展阶段,应当推动经济发展质量变革、效率变革、动力变革。过去依靠过度投资支撑中国经济高速增长的模式已经不可持续,粗放型的发展模式面临着资本边际报酬递减、人口红利消失的挑战,已经达到环境承受的极限。迫切需要探寻引领中国经济增长与质量变革的新动力,其核心就是纠正资本错配,提升资本回报率。传统经济增长模式下,依靠人口红利支撑的粗放发展模式使中国长期处于全球价值链的低端,资源消耗也已经达到环境承载的极限。

第一节 背景介绍

经济发展的现实表明税制改革是影响资本回报率的最关键因素之一。2017年的增值税税率简并,以及紧随其后的2019年"减税降费"政策,将增值税税率下调近四分之一,总减税规模超过2万亿元,降低了整个宏观经济的税负。增值税减税作为"减税降费"政策的重头戏,实现了全链条的普惠性税收优惠,切实减轻了企业生产经营过程中的税负压力,提高了资金使用效率。资本回报率受到国内外学者的广泛关注,那么推动资本回报率提升的背后动力是什么?近年来的税制改革,特别是针对增值税实行的一系列改革政策,所带来的减税红利越来越引起重视,无疑是推动中国资本回报率提升的关键因素。2017年开始实施的增值税税率简并政策,以及2019年的"减税降费"政策,降低了企业税收负担,对有效税率、资本深化以及资金成本产生直接影响,增加企业利润规模,最终影响资本回报率。增值税减税之前,中国相继实行了"增值税转型"与"营改增"政策,相对于前两次改革,增值税减税对资本回报率的影响逻辑上存在较大差别。因此,本部分在深入考察增值税减税如何影响资本回报率作用机制的基础上,从理论与实证两个维度探讨增值税减税与资本回报率提升之间的内在经济逻辑。充分发挥税制改革的定向诱导功能,从增值税减税角度解释资本回报率提升,这对于提高经济发展质量、推动效率变革具有重要的理论和现实意义。

已有文献对资本回报率进行了深入细致的研究,主要集中于两个方面:一方面是对宏观、微观层面的资本回报率进行定量测算;另一方面是考察影响资本回报率的主要因素。资本回报率的测算主要从微观、宏观两个维度上进行。阿尔斯塔德塞特(Alstadsater)等主要以上市公司等微观企业的财务数据为基础,也有不少学者以宏观数据为基础,对资本回报率进行测算。相对微观数据,宏观数据视角更为全面综合,国内学者也更倾向于使用宏观数据,但由于折旧率、统计口径选择上的差异,不同学者的研究结果相去甚远。这种研究结果上的差别,很大程度上源于学术界的争议。鉴于此,部分学者开始转向研究资本回报率的决定因素。对资本回报率决定因素的研究起始于"卢卡斯悖论",大量文献表明产业结构是影响资本回报率的重要因素,同时实证研究发现全要素生产率改善是资本回报率提升的主要原因。诸多研究表明中国经济存在资本错配问题,资本错配影响到全要素生产率,进而带来资本回报率的降低。部分学者认为,科技研发投入以及技术外溢可以提升中国资本回报率。也有不少学者指出税收成本上升会显著降低资本回报率。通过对中国资本回报率的定量测算,有学者发现资本深化具有显著作用。

增值税减税作为"减税降费"的重头戏,是当前学者研究的热点与重点问题。税收成本是影响企业行为的重要因素之一,已有文献主要关注增值税转型对企业生产经营活动的影响,主要包括税收成本、经济周期以及经营绩效等。也有部分学者研究了增值税的影响机制,认为增值税虽然具有中性特征,但从宏观角度看,增值税一方面是政府重要的政策执行工具,另一方面也是调节经济结构的重要中介桥梁。目前,也有不少学者探讨了增值税税率与资源配置之间的关系,认为增值税税率的差异,影响企业生产效率,最终带来资源误置,特别是带来资本的误配。"营改增"作为"减税降费"政策的前奏,是中国近年来重要税改政策,国内学者已经做了比较深入的研究,主要包括减税效应、分工效应、投入产出以及产业结构等视角。通过对已有文献的梳理可以发现,鲜有学者从政府减税的视角来评估其对资本回报率的影响。本部分将从增值税减税角度,系统全面评估其对中国资本回报率的影响。

国内学者对于增值税减税展开了比较丰富的研究。对比来看,相对于"增值税转型"与"营改增"政策对解决增值税抵扣链条不完善问题的影响,增值税减税对资本回报率的影响也在逻辑上存在较大差别。本部分的边际贡献主要体现在:首先,通过梳理中国近年来税制改革举措,对政策进行横向对比研究,提炼出增值税减税影响资本回报率的作用机制,继而阐释增值税减税影响资本回报率的理论基础,也给出增值税减税影响资本回报率的逻辑框架,这是对增值税减税相关研究的有益补充。其次,选择合适方法,在对省级资本回报率进行精准测算的基础上,计量检验增值税减税对资本回报率的影响,发现增值税减税能够直接提升资本回报率,并通过加大科技研发投入、提升全要素生产率等中介效应来提升资本回报率。进一步检验结果显示,2017年开始实行的增值税减税政策对资本回报率的影响具有滞后效应,政策效应持续时间相对较长,但随着时间的推移政策效果在逐渐减弱。最后,本部分为中央"减税降费"的积极政策效应提供了直接的经验证据,同时也为后续增值税制度的改革与完善提供了有益借鉴。

第二节 "营改增"影响资本回报的机制

本节主要研究"营改增"对中国资本回报率的影响,从短期直接影响、间接影响以及长效机制三个方面,对"营改增"影响资本回报率的理论机制进行阐释,提出相应假说,为后续计量检验奠定理论基础。

一、"营改增"影响总体资本回报的作用机制

(一)"营改增"对资本回报率的直接影响

1994年确立的"分税制"体制沿袭至今,形成了营业税存在于服务业、增值税存在于制造业的二元流转税体制。这种税制结构造成增值税抵扣链条不完善,普遍存在重复征税现象,不利于资本配置结构的优化,降低了资本回报率。《营业税改征增值税试点方案》(财税[2011]110号)的基本逻辑就是完善增值税抵扣链条,消除有效税率差异,"营改增"整个试点过程基本遵循这个原则。"营改增"是近年来中国最大的结构性减税政策,依据国家税务总局2018年统计,"营改增"实施六年多以来,减税绝对规模超过2.1万亿元,惠及千万家企业,理顺了产业间的投入产出关系,给中国资本回报率的提升带来制度红利。同时,依据国家税务总局2019年估算,2017年的增值税税率

简并,以及2018年、2019年的增值税改革,预计减税规模超过1.4万亿元,这些减税措施大幅降低了增值税有效税率。已有研究表明,资本回报率的重要影响因素就是有效税率与税收负担,"税率差异导致效率损失"这个基本经济法则,对于理解"营改增"影响资本回报率的经济学含义具有重要意义。依据达乌迪(Davoodi)等的内生经济增长模型理论可知,减税可以提高资本回报率。既有实证研究也验证了税收负担的减轻,会提高资本回报率。"营改增"所带来的宏观税负降低,本质上是国民收入分配格局的优化。政府部门将一部分国民收入转移到企业部门,提高企业部门的投资收益,对资本回报率的提升产生直接影响。近两年开始实行的增值税改革,下调了增值税基准税率,实质上降低了企业税负,极大地优化了中国税制。此外,增值税改革所带来减税效应,特别是期末留底退税政策,带来企业现金流的增加,刺激企业投资,提高整个经济体的投资效率,最终提升了资本回报率。

随着"营改增"彻底推广到全行业,原先的二元流转税体制彻底转变为一元流转税体制,完善了增值税抵扣链条,降低了服务业有效税率,消除了制造业与服务业之间有效税率差异。一方面,"营改增"直接降低服务业和制造业的有效税率。由于增值税抵扣链条的不完善,作为一个单独的税种来说,营业税税负要比增值税税负高三分之一左右,造成服务业有效税率高于制造业。"营改增"试点以后,有效税率差异消除,直接降低服务业的有效税率,同时制造业通过增值税抵扣链条分享"营改增"的减税收益,提高制造业与服务业利润水平,进而提升两个产业的资本回报率。另一方面,"营改增"有力纠正资本在服务业与制造业之间的结构性错配。有效税率差异的消除,带来服务业税负水平的降低,使原先配置于制造业的资本更多地配置到服务业,优化同一地区内资本配置的产业结构。依据资本边际报酬递减规律可知,资本配置结构的优化同时提高制造业与服务业资本的边际报酬,有利于两个产业资本回报率的提升。同时,"营改增"降低投资的税收成本,刺激投资需求,可以使这个经济体的投资需求增长约5.29%。综合来看,"营改增"所带来的减税效应,消除有效税率差异,增强企业活力,提振市场信心,给企业带来政府稳定经济、与民分利的良好预期。考虑到"营改增"对资本回报率的短期影响,提出假说7-1:

"营改增"试点政策对资本回报率产生直接影响,能够显著提升中国资本回报率。

(二)"营改增"对资本回报率产生的间接影响

"营改增"不仅通过企业税负、有效税率对中国资本回报率产生直接影响,还通过其他中介变量影响资本回报率。现有大量文献表明,产业结构、科技研发投入以及资本深化是影响资本回报率的重要因素。"营改增"作为中国税制改革史上重要举措,也通过上述中介变量对中国资本回报率产生长期深远影响。第一,"营改增"通过减少产业结构优化的不确定性来提升资本回报率。在利用国民收入核算数据测算资本回报率的过程中,不少学者发现,工业化进程也就是产业结构变迁是影响资本回报率的重要因素。现有研究表明,"营改增"促进生产性服务业与制造业的协同融合,推动传统工业向服务型工业转变,促进工业服务化,同时提高第二产业与第三产业的投资回报率,有利于两个产业资本回报率的提升。第二,"营改增"通过加大企业科技研发投入提升资本回报率。科技研发投入以及技术外溢是资本回报率提升的重要因素。已有研究表明,"营改增"所带来的税制变迁产生联动反应,对企业科技研发投入的影响是大范围和长期性的,能促进基础研发设计、技术服务咨询等中间投入进入增值税抵扣链条,极大地提高纳税人增加科技研发投入的积极性,促使整体经济结构向高科技转型,提升整个经济体的资本回报率。第三,"营改增"通过资本深化影响资本回报率。资本深化在很大程度上反映了一个地区的要素投入结构,实证研究发现,资本深化对资本回报率具有显著作用。随着试点改革的深入,"营改增"不断影响资本投向和规模,有利于更多的资本流向服务业,刺激投资需求,促进资本深化,提高生产效率,有力地促进国民生产过程中的资本积累,增加要素投入中的资本份额,带动资本回报率的上升。综合来看,"营改增"不仅对资本回报率产生直接影响,同时通过上述中介变量间接影响资本回报率。据此,提出假说 7-2:

"营改增"不仅直接提升资本回报率,而且通过中介效应对中国资本回报率产生间接影响。

(三)"营改增"影响中国资本回报率的长效机制

财税改革牵一发而动全身,"营改增"对资本回报率的长期影响取决于其他经济变量的复杂影响。"营改增"试点从 2012 年 1 月开始,并于 2016 年 5 月彻底推广到全行业,不仅降低了宏观税负规模,而且消除了重复征税,对资本回报率产生直接影响。而且当期"营改增"会持续影响到后续年份政策实施行业的税负,降低企业有效税率,对此后若干期的资本回报率提升仍具有积极作用,我们称之为滞后效应,也称其为长效机制。随着更多的行业被"营改增"覆盖,增值税抵扣链条得到完善,更多的企业可以抵扣进项税,引发不同行业的商品价格发生变化。基于对增值税税制的深刻认知,"营改增"以后,允许原先征收营业税的企业进行中间产品的增值税抵扣,影响试点行业产品价格,税负随着价格的变化而发生转嫁,税负转嫁重新分配"营改增"的减税收益,使更多的企业享受到减税红利,形成企业减负的联动效应。"营改增"将原先二元流转税体制彻底转变为一元流转税体制,有力地纠正了税制结构不合理所造成的资本错配,刺激服务业的投资需求,加速资本对劳动的替代,提高生产效率。同时,增值税一般纳税人前期采购的固定资产也可以进入增值税抵扣链条,促进企业进行长周期投资,提高企业资本存量水平,优化要素投入比例。"营改增"促进产业分工,大幅降低交易成本,理顺产业间的投入产出关系,改变企业投入产出比,影响资本深化速度,优化企业资本配置的期限结构,长期来看"营改增"带来中国资本回报率提升的制度红利。

2012年,"营改增"开始在上海试点,之后国务院扩大"营改增"试点至8省份,接着又将试点范围推广到全国。随着更多的地区进行"营改增"政策试点,不同地区政策趋同以后,原先试点省份的政策红利外溢到后续试点省份,形成政策效果的规模经济效应。随着试点地区与试点行业的扩围,带来政策红利的叠加,放大了"营改增"试点的政策效果。另外,2017年的增值税税率简并,以及2018年、2019年的增值税改革,将增值税税率降低近四分之一,某种程度上抵消税制不完善的负面作用。依据国家税务总局2019年测算结果,这些措施预计减税规模超过1.4万亿元。长期来看,这提振了企业信心,逆转了企业投资规模的下降,促进经济形势好转。因此,要全面系统评估"营改增"的政策效应,需要一个较长的时间窗口。通过测算,2012年营业税与增值税占GDP的比重分别为2.9%、4.9%,2016年"营改增"彻底推广到全行业以后,营业税与增值税占GDP的比重分别调整为1.5%、5.4%。同时,流转税占GDP的比重由2012年的9.8%降为2018年的8.0%。综上所述,"营改增"对资本回报率的长期影响可以解读为,随着"营改增"彻底扩围到全行业,消除重复征税,去除有效税率差异,促进资本深化,纠正资本错配,优化资本配置结构,提升资本回报率。据此提出假说7-3:

全面系统评估"营改增"影响资本回报率的政策效应,需要一个较长的时间窗口。

二、"营改增"影响服务业资本配置效率的作用机制

(一)"营改增"影响服务业资本配置效率的路径

"营改增"政策的作用对象为服务业,《营业税改征增值税试点方案》(财税〔2011〕110号)规定的基本原则之一就是"改革试点行业总体税负不增加或略有下降,基本消除重复征税"。后续"营改增"试点方案设计基本遵循了

这个原则。原先二元流转税体制使税收存在行业的互补性,实现了全行业商品和服务的课税,但增值税抵扣链条不完善,造成了产品或行业之间有效税率的差异性。"营改增"完善了增值税抵扣链条,消除了制造业与服务业之间有效税率的差异。这种有效税率的差异主要来源于中间投入中不同行业中营业税缴纳比重的不同。营业税缴纳比重较高、生产环节较多的企业,其有效税负也就越重;反之,则有效税负也就越轻。"营改增"试点政策彻底推广到全行业以后,完善了增值税实际征收中的抵扣机制。同时,有效税率差异的消除有利于减少税收对企业生产经营决策造成的扭曲,为服务业发展营造了更为公平的税收环境,保证服务业市场主体与制造业市场主体在相同的税收制度环境中进行公平竞争,税制的优化进一步释放了市场在经济活动中的作用和活力。

从"营改增"的税制设计和政策定位来看,在总体税负降低的前提条件下,企业既可以对本身的进项税进行抵扣,同时上下游企业之间也可以形成完整的抵扣链条,形成了增值税抵扣的双重效应。降低企业实际流转税税负,等于变相地获得了一部分税收补贴,改善了政府征税所带来的价格扭曲效应,去除了企业融资约束,并在一定程度上降低了服务业的税收成本,为服务业资本配置效率的提升带来"制度红利"。依据增值税的核算方式,随着抵扣链条的完善,中间投入品的税负被核减,"营改增"实施六年多以来,累计减税规模超过 2.1 万亿元。"营改增"的减税效应不仅降低了企业税收成本,增强了企业活力,更为重要的是改善社会预期,提振市场信心,给企业带来了政府稳定经济、发展服务业的良好预期。短期来看,税收成本的降低促进产业分工与协作水平,清除制度性障碍,推动效率变革,最终提升服务业资本配置效率。基于短期时间维度,据此提出假说 7-4:

"营改增"对服务业资本配置效率产生直接影响,提升了服务业资本配置效率。

"营改增"全面实施以来,理顺了制造业与服务业之间的投入产出关系,切实降低了产业转型升级的不确定性。"营改增"实施之前,服务业相关企业的税收成本没有进入增值税抵扣链条。上游企业如果为服务业,并进行专业分工,会加重自身税收负担,影响到资本配置效率。"营改增"实施以后,完善了增值税抵扣链条,消除了制造业与服务业之间有效税率的差异,降低了服务业的税收成本,提高了服务业整体的绩效水平,有力纠正资本在行业之间的错配,有利于更多的资本流向服务业,提高服务业的资本深化程度,促进产业结构升级与新业态融合发展,提升服务业资本配置效率。税收优惠或者财政补贴政策对某些企业或某类产业的研发投入的影响具有一定的局限性①,而"营改增"允许企业研发投入的税收负担进入增值税抵扣链条,基础研发、技术咨询等科技研发投入可以抵扣一部分进项税,其政策效果具有长期性和全面性。随着时间的延续,科技研发投入的提高又带来全要素生产率的改善②,有利于服务业资本配置效率的提升,形成了"营改增"影响整个经济体的财税制度基础。同时,金融业实行"营改增"以后,提高了金融业为实体经济服务的能力,促进了金融深化。金融业是服务业的重中之重,金融深化必然带来自身和其他行业资本配置效率的提升。长期来看,"营改增"通过这些中介变量提升服务业资本配置效率。据此,提出假说7-5:

"营改增"通过行业间税负、全要素生产率、资本投向和规模、资本回报率、科技研发投入以及金融深化等中介变量,对服务业资本配置效率产生间接影响。

(二)"营改增"影响服务业资本配置效率的长效机制

2012年1月,"营改增"开始在上海试点,2016年5月彻底推行到全行业。2017年7月的增值税税率简并,包括增值税税率的下调,可以看作"营改增"政策的延续。以"营改增"为主线索的新一轮流转税改革触及中国体制改革的深水区,其政策效果取决于税收制度变迁对市场主体行为选择的复合影响,这种影响是长期的,而非短期的③。"营改增"推广到全行业的过程中,不仅降低了当期企业的税收成本,且形成上下游产业增值税抵扣的联动反应,持续降低企业的税收成本,对此后若干期服务业资本配置效率的提升仍具有积极作用,可称之为"营改增"政策效果的滞后效应。此外,随着"营改增"全面实施,越来越多的省份、行业被纳入试点领域,几乎所有的企业都被纳入增值税抵扣链条。不同省份"营改增"政策效应趋同形成政策效果的"外溢效应",以及不同行业政策趋同形成政策效果的"规模经济"效应,最终形成"营改增"政策效果的叠加效应。那么,相应的政策含义可以解读为,长期来看,随着营业税彻底退出历史舞台,"营改增"带来投入产出关系、企业、行业以及宏观税负的改变,优化了资本配置结构,提升了服务业资本配置效率。在此基础上,提出假说7-6:

"营改增"引致的税制变迁产生长期衍生影响,通过滞后效应和叠加效应

---

① N. Bloom, R. Griffith, J. V. Reenen, "Do R&D tax credits work? evidence from a panel of countries 1979 - 1997", *Journal of Public Economics*, 2002, Vol.85, No.1, pp.1 - 31.
② 彭鹏:《基于供给理论的减税与全要素生产率关系研究》,《经济问题》2013年第11期。
③ H. Nishioka, "Efficiency gains from reducing the capital income tax rate in a Lucas' endogenous growth model", *Journal of Economics Business & Law*, 2005, No.7, pp.41 - 72.

对服务业资本配置效率提升产生长期持续性的影响。

第三节 "营改增"与总体资本回报率

一、实证设计与变量说明

(一) 计量模型设定

1. "营改增"影响资本回报率的基准检验

本部分主要运用双重差分模型(DID)构建基准计量检验模型:

$$recap_{it} = \alpha + \beta_1 local_{it} + \beta_2 policy_{it} + \beta_3 local_{it} \times policy_{it} + \sum_{p=1}^{n} \theta_{np} X_{it} + \mu_{it} \quad (7-1)$$

其中,i 代表样本省份,t 代表具体年份,$recap_{it}$ 为资本回报率变量。"营改增"是逐步推广到所有地区,$local_{it}$ 为"营改增"政策实施的地区虚拟变量。如果为政策实施地区,$local_{it}=1$;反之,$local_{it}=0$。$policy$ 为"营改增"政策实施的时间虚拟变量。如果属于"营改增"试点当年及以后年度,$policy_{it}=1$;反之,$policy_{it}=0$。$local_{it} \times policy_{it}$ 为"营改增"实施的地区虚拟变量与时间虚拟变量的交叉项。系数 β_3 为核心参数,表示"营改增"政策实施前后对资本回报率的实际净影响。如果 $\beta_3 > 0$,则表示"营改增"对资本回报率具有正向影响,"营改增"提升了中国资本回报率,对资本回报率具有直接效应。考虑到"营改增"在不同地区、不同时间政策效果的异质性,借鉴既有方法,同时结合如下双向固定效应计量模型来实现双重差分,检验"营改增"对资本回报率的净效应:

$$recap_{it} = \alpha + \beta_3 local_{it} \times policy_{it} + \sum_{p=1}^{n} \theta_{np} X_{it} + f_i + \nu_t + \mu_{it} \quad (7-2)$$

在"营改增"彻底推广到全行业以后,近两年继续深化增值税改革,包括 2017 年的增值税税率简并,以及 2018 年、2019 年的增值税改革,实际上可以看作"营改增"政策的延续。为了更好地检验后续增值税改革对资本回报率的影响,参考已有学者的做法,将公式 7-2 调整如下:

$$recap_{it} = \alpha + \beta vat_{it} + \sum_{p=1}^{n} \theta_{np} X_{it} + f_i + \nu_t + \mu_{it} \quad (7-3)$$

公式 7-3 中,vat_{it} 为各个样本省份的增值税有效税率变量,μ_{it} 为随机误差项，f_i 为时间效应列向量，ν_t 表示地区效应列向量，X_{it} 为影响资本回报率的其他控制变量。

2."营改增"影响资本回报率的机制效应检验

本部分主要运用中介效应模型计量检验"营改增"影响资本回报率的作用机制。基于上述分析，参照巴龙（Baron）等提出的方法，建立如下中介效应模型：

$$recap_{it} = a_0 + a_{it} local_{it} \times policy_{it} + f_i + \nu_t + \upsilon_{1it} \quad (7-4)$$

$$dindu_{it} = b_0 + b_{it} local_{it} \times policy_{it} + f_i + \nu_t + \upsilon_{3it} \quad (7-5)$$

$$innoi_{it} = c_0 + c_{it} local_{it} \times policy_{it} + f_i + \nu_t + \upsilon_{4it} \quad (7-6)$$

$$capd_{it} = d_0 + d_{it} local_{it} \times policy_{it} + f_i + \nu_t + \upsilon_{5it} \quad (7-7)$$

$$recap_{it} = g_0 + g_{1it} local_{it} \times policy_{it} \\ + g_{2it} intev_{it} + f_i + \nu_t + \upsilon_{7it} \quad (7-8)$$

其中，$local_{it} \times policy_{it}$ 为"营改增"政策变量，f_i 为时间效应列向量，ν_t 表示地区效应列向量。$dindu_{it}$ 为工业化发展程度，以各个样本省份的第二产业与GDP的比值来表示。$innoi_{it}$ 为科研创新投入，包括自主创新投入与模仿创新投入两部分，以各个样本省份的自主创新投入、技术引进与消化吸收这些技术所投入经费与GDP的比值来表示。$capd_{it}$ 为资本深化程度，主要运用各个样本省份资本产出比来表示。$intev_{it}$ 代表中介变量，在后续的计量检验过程中，将上述三个中介变量依次代入进行实证分析。将公式7-4至公式7-7代入公式7-8，可得：

$$recap_{it} = (g_0 + g_{2it} b_0) + (g_{1it} + g_{2it} b_{it}) local_{it} \\ \times policy_{it} + f_i + \nu_t + \upsilon_{8it} \quad (7-9)$$

公式7-9中，g_{1it} 衡量"营改增"对资本回报率的直接效应。$g_{2it} b_{it}$ 衡量"营改增"通过三个中介变量来提升资本回报率的中介效应。υ_{8it} 为随机误差项，服从均值为零，方差为 Ω 的正态分布。

3."营改增"影响资本回报率的长效机制检验

"营改增"作为近年来中国最重要的税制改革，以及近两年继续实行的增值税改革，对中国税收制度产生长期深远的影响，对资本回报率的提升不仅局限于当前，这种机制应该是长期持续的。为检验这种效应，在公式7-2的基础上建立如下滞后期模型：

$$recap_{it} = \alpha + \beta_3 local_{it-p} \times policy_{it-p}$$
$$+ \sum_{p=1}^{n} \theta_{np} X_{it} + f_i + \nu_t + \mu_{it} \quad (7-10)$$

(二) 变量与数据

1. 变量设定与说明

被解释变量：资本回报率。为获取各样本省份的资本回报率，通过对已有文献测算方法的比较，同时为了更精准地测算省际资本回报率，借鉴方文全的方法[①]。具体计算过程简要介绍如下：

$$recap_t = \frac{r_t / p_t^y}{K_t} \quad (7-11)$$

其中，r_t 为当年投资回报率，p_t^y 为各个样本省份产品价格指数，K_t 为各个样本省份实际资本存量。运用公式 7-11 来核算资本回报率，所有数据均为宏观总量数据，没有主观假设资本折旧率，较为客观全面，同时具有可比性。

核心解释变量：公式 7-1 中将 $local_{it} \times policy_{it}$ 设定为核心解释变量，表示"营改增"政策实施的地区与时间虚拟变量的交叉项。为了更好地检验 2017 年的增值税税率简并，以及 2018 年、2019 年实行的增值税改革，对资本回报率的影响，公式 7-3 中将 vat_{it} 设定为增值税改革变量，表示增值税有效税率。中介变量包括：（1）工业化程度（$dindu_{it}$），（2）科技创新投入（$innoi_{it}$），（3）资本深化（$capd_{it}$）。控制变量组主要考察中国资本回报率的其他影响因素，参考已有文献的做法，具体如下：（1）制度环境（$inse_{it}$），主要考察"营改增"影响资本回报率的市场化环境，该指数越大，表明市场化程度越高，制度环境越好，市场作用机制越完善，影响资本回报率的传导机制越有效。（2）高等教育水平（$humc_{it}$）。（3）经济开放度（$eopen_{it}$）。（4）外商投资水平（$ifinv_{it}$）。（5）资本密度（$capden_{it}$）。各变量的统计性描述结果如表 7-1 所示。

2. 资料来源

本部分主要考察"营改增"影响资本回报率的作用机制。"营改增"于 2012 年开始在上海试行，2016 年彻底推广到全行业，政策改革持续四年多。本节将样本区间设定为 2008 年到 2017 年，选取 30 个省份的面板数据为样本。因变量资本回报率测算数据主要来源于《中国固定资产投资统计年鉴》《中国统计年鉴》等。核心解释变量"营改增"主要依据政策实施省份的先后顺序设定相应因变量，增值税有效税率测算数据主要来源于《中国税收年

[①] 方文全：《中国的资本回报率有多高？——年份资本视角的宏观数据再估测》，《经济学（季刊）》2012 年第 2 期。

第七章 流转税改革对资本回报的影响研究

表7-1 各变量统计性描述结果

类 别	符号	名 称	计 算 形 式	均 值	最大值	最小值	标准差
因变量	recap	资本回报率	依据公式(7-11)计算得出	0.150 3	0.473 8	0.005 4	0.101 3
核心解释变量	local	地区虚拟变量	"营改增"实施地区虚拟变量(试点等一年为节点)	0.333 3	1	0	0.385 3
	policy	时间虚拟变量	"营改增"实施时间虚拟变量	0.400 0	1	0	0.413 2
	vat	增值税有效税率	增值税与GDP比值	0.015 46	0.080 3	0.006 3	0.009 1
中介变量	dindu	工业化程度	第二产业与GDP比值	0.405 4	0.530 4	0.131 2	0.079 9
	capd	资本深化程度	资本与产出比值	0.670 3	1.328 3	0.253 6	0.211 2
	innoi	研发创新投入	科技研发,其术引进占GDP比值(%)	1.074 4	2.746 1	0.058 3	0.659 6
控制变量	capden	资本密度	从业人员的人均固定资产投资的对数值	10.463 3	11.790 1	8.721 0	0.642 8
	humc	高等教育水平	大专学历以上人口比重	0.090 7	0.393 0	0.025 0	0.057 7
	eopen	经济开放	各省级单位进出口总额/GDP	0.327 8	1.727 3	0.035 8	0.398 6
	inse	制度环境变量	市场化指数	7.186 6	14.452 6	0.000 0	3.232 5
	ifinv	外商投资水平	工业外商投资规模占工业产值的比重	0.190 7	0.947 2	0.009 7	0.194 9

资料来源:依据Wind数据库中的资料整理。

鉴》。工业化程度、资本深化程度、研发创新投入数据这三个中介变量主要来源于2007—2016年《中国统计年鉴》以及Wind数据库。制度环境变量采用樊纲2016年编著的《中国市场化指数》中披露的中国各省级单位的市场化指数。控制变量组数据主要由《中国工业经济年鉴》《中国劳动统计年鉴》《中国统计年鉴》以及Wind数据库中的资料整理获得。文中所有变量均运用各样本省份的产品价格指数进行了平滑处理,并进行了相应的去量纲处理。

二、"营改增"提升效应的证据与稳健性分析

(一)"营改增"提升资本回报率效应的基准检验

"营改增"影响资本回报率效应的基准检验实证结果主要分为六列,第一列至第三列主要来自公式7-1的计量检验结果,第四列至第六列主要来自公式7-2的计量检验结果。第一列为没有加入控制变量组和固定效应的简单检验,可以看出"营改增"政策地区与时间虚拟变量的交叉项通过了显著性检验,且系数为正,这说明"营改增"显著提升了资本回报率。

第二列和第三列分别为加入控制变量后的计量分析结果,实证结果显示,虽然交叉项的系数变小,但依然通过了1%的显著性检验。这表示加入其他影响资本回报率的系统性因素之后,"营改增"试点政策效果依然非常显著。考虑到不同省份资本回报率存在异质性,依据公式7-2设定的计量模型,第四列至第六列分别为控制了地区与时间固定效应之后的实证结果。可以看出相对于第一列显著性同样变化不大,交叉项系数依旧通过了1%的显著性检验,这表示加入了时间与地区固定效应之后,"营改增"提升资本回报率的政策效果依然显著。

表7-2 基准检验结果

解释变量	被解释变量					
	资本回报率($recap$)					
	(1)	(2)	(3)	(4)	(5)	(6)
$local$	0.183**	0.126**	0.115**			
	(2.36)	(2.40)	(2.29)			
$policy$	0.264***	0.259***	0.231***			
	(9.38)	(8.76)	(7.82)			

续表

解释变量	被解释变量 资本回报率(recap)					
	(1)	(2)	(3)	(4)	(5)	(6)
$local \times policy$	0.179*** (10.77)	0.127*** (7.21)	0.106*** (7.82)	0.079 9*** (6.50)	0.082 3*** (5.38)	0.061 2*** (4.55)
$inse$		0.005 21*** (2.80)	0.004 29** (2.27)	0.002 56** (2.14)	0.001 75** (2.12)	0.228** (2.17)
$humc$		0.036 7*** (7.53)		0.067 8*** (8.37)	0.092 5*** (7.53)	0.062 3*** (7.61)
$eopen$			0.053 7*** (6.87)		0.173*** (5.02)	0.098 5** (2.19)
$ifinv$		−0.258*** (−6.84)	−0.329*** (−5.18)	−0.352*** (−5.42)	−0.466*** (−6.93)	−0.873*** (−7.28)
$capden$		−0.034 6*** (−6.94)	−0.031 9*** (−5.46)	−0.074 1** (−2.23)		−0.014 3*** (−2.70)
$\_cons$	0.553*** (8.19)	0.569*** (7.54)	0.789*** (8.02)	0.557*** (7.29)	0.883*** (8.63)	0.689*** (5.17)
χ^2	125***	231***	215***	223***	192***	186***
地区	否	否	否	是	是	是
时间	否	否	否	是	是	是
N	290	266	281	266	266	266

注:括号内为T值,*、**和***对应0.10、0.05和0.01的显著性水平。

从表7-2可知,控制变量组的估计结果比较稳健。暂以公式7-5检验结果为例进行解释。制度环境变量系数为正,这说明随着制度环境改善,市场化指数的提高,企业的经营、管理以及交易成本全方位降低,带来资本回报率的提升。高等教育程度系数显著为正,说明随着受过高等教育人口比重的提高,带动全社会人均受教育年限增加,改善劳动力综合素质,为资本回报率提升打下良好的人力资本基础。经济开放度系数为正,说明随着开放程度的提高,提升了资本回报率,这主要是由于一个地区对外经济交流的深入,有利于国外先进管理经验与先进技术的引进吸收,技术水平的提高带来资本回报率的提升。外商投资水平对资本回报率的影响为负,说明外资的引进加剧了国内资本市场的竞争,并没有带来本地技术水平的整体进步。此外,与国外同行业相比,国内部分行业存在管理水平与技术水平的差异,导致资本回报率的下降。资本密度对资本回报率具有负向影响,这主要是由于中国经济增长主要依赖于投资,固定资产投资规模的快速增加,增加了资本在要素投入中所占比重,降低了资本边际产出,不利于资本回报率的提升。

  为了更全面地验证"营改增"提升资本回报率的政策效果,考虑到这种影响在不同地区的异质性,进一步做稳健性检验。"营改增"作为新一轮税制改革的重头戏,政策持续四年半,2012年"营改增"在上海的"1+6"行业率先试点,之后逐步在北京、江苏、安徽、福建、广东、天津、浙江、湖北等八个省份部分行业试点。首先,将实证方法更换为 PSM-DID 方法,将样本区间限定为"营改增"试点之前的 2010—2011 年和"营改增"试点之后 2014—2015 年,并重新匹配控制变量组,进行计量检验。其次,运用张勋等文中的方法对资本回报率重新进行了测算①。直接效应的稳健性估计结果如表 7-3 所示。受限于篇幅,省略控制变量组的计量检验结果。将稳健性估计结果与表 7-2 作对比,进一步回归结果显示,"营改增"政策变量的系数符号,基本与前述实证分析结果一致。综上所述,"营改增"作为新一轮税制改革的主线索,能够直接提升资本回报率。假说 7-1 得到验证。

表 7-3 直接效应的稳健性估计结果

解释变量	被解释变量					
	资本回报率($recap$)					
	(1)	(2)	(3)	(4)	(5)	(5)
$local \times policy$	0.756***	0.809***	0.792***	0.759***	0.856***	0.637***
	(9.88)	(8.19)	(8.22)	(8.14)	(9.30)	(7.80)
_cons	0.819***	0.482***	0.561***	0.580***	0.707***	0.692***
	(9.18)	(5.99)	(7.20)	(7.38)	(9.56)	(6.24)

---

① 张勋等:《中国资本回报率的再测算》,《世界经济》2014 年第 8 期。

续表

解释变量	被解释变量					
	资本回报率(recap)					
	(1)	(2)	(3)	(4)	(5)	(5)
χ^2	124***	198***	153***	189***	186***	193***
地区	否	否	否	是	是	是
时间	否	否	否	是	是	是
N	119	118	119	119	116	119

注：括号内为 T 值，*、** 和 *** 对应 0.10、0.05 和 0.01 的显著性水平。

（二）基于中介效应模型的"营改增"提升资本回报率的效应机制

针对"营改增"影响资本回报率机制的中介效应模型回归结果如表 7-4 所示。第一列为对公式 7-4 的检验结果，"营改增"对资本回报率的综合效应显著为正。第二列至第四列分别为公式 7-5 至公式 7-7 的回归结果，科技创新投入变量与"营改增"的关系符合前述理论预期，系数均通过显著性检验，表明"营改增"促进了科技创新投入的增加。第二列和第四列的实证结果显示，工业化进程与资本深化两个变量的系数符号显著为负，这表示"营改增"试点促进了产业结构升级，提高了资本的投入产出。综上所述，三个中介变量都通过了显著性检验，这说明"营改增"不仅直接提升资本回报率，而且通过中介变量对资本回报率产生间接影响。

前述通过公式 7-5 至公式 7-7 对中介变量的机制效应进行验证，本部分继续通过公式 7-8 对中介变量的作用，也就是"营改增"通过中介变量影响资本回报率是否显著，做进一步研究。温忠麟总结了一种中介效应检验程序，从而提高了效率[①]。参考既有研究，并结合自身模型设定的特点，本研究按照以下程度对中介效应进行检验：（1）检验 $H_0: a_{it} = 0$。如果显示接受原假设，则检验结束，进而得出不存在中介效应结论；如果原假设被拒绝，则继续进行检验。（2）检验 $H_0: b_{it} = 0$ 和 $H_0: g_{2it} = 0$。如果二者都拒绝原假设，则得到工业化进程存在中介效应的结论，那么检验跳到第四个步骤；如果二者之中至少有一个原假设被接受，则继续检验。（3）检验 $H_0: g_{2it}b_{it} = 0$。如果接受原假设，则得出工业化进程不存在中介效应的结论，并继续检验；如

---

① 温忠麟等：《中介效应检验程序及其应用》，《心理学报》2004 年第 5 期。

表7-4 中介变量检验结果

解释变量	被解释变量						
	recap (1)	dindu (2)	imoi (3)	capd (4)	recap (5)	recap (6)	recap (7)
local ×policy	0.055 3*** (7.03)	−0.198*** (−6.39)	0.735** (2.06)	−0.316*** (−9.37)	0.143*** (9.16)	0.209*** (6.56)	0.237*** (8.18)
dindu					−0.043 7*** (−8.24)		
imoi						0.164** (2.12)	
capd							−0.248*** (−9.72)
_cons	0.301*** (6.25)	0.294*** (9.92)	0.610*** (10.67)	0.491*** (9.43)	0.379*** (13.01)	0.259*** (14.35)	0.306*** (11.46)
χ^2	321***	265***	232***	207***	193***	213***	261***
地区,时间	控制	控制	控制	控制	控制	控制	控制
N	290	290	203	290	203	203	203

注:括号内为T值。*、** 和*** 对应0.10、0.05和0.01的显著性水平。

果拒绝原假设,则检验结束,得出工业化进程存在中介效应的结论,继续其他中介变量检验。(4)重复第二个步骤和第三个步骤,分别检验科技创新投入、资本深化是否具有中介效应。按照如上步骤检验,发现三个中介变量依然通过了显著性检验,因此强烈拒绝原假设,说明以上三个变量全部存在中介效应,"营改增"通过三个中介效应变量作用于资本回报率。

依据表7-4实证分析结果可以看出,第五列至第七列分别为公式7-8依次更换工业化进程、科技研发投入以及资本深化等三个中介变量的回归结果,资本回报率与三个中介变量的相关性在统计上都通过显著性检验,其次依据第五列与第七列的回归结果,可以看出工业化进程与资本深化两个变量的系数符号都为负。从而表明,"营改增"通过工业化程度、资本深化两个变量的中介作用机制降低了资本回报率。综合以上实证结果,"营改增"除了直接提升资本回报率以外,还通过增加科技创新投入提升资本回报率。但是工业化程度、资本深化两个中介变量的系数符号为负,表示"营改增"通过工业化程度、资本深化两个中介变量的作用降低了资本回报率。上述对中介效应的分析结果,支持了假说7-2。

三、进一步分析

(一)增值税改革对资本回报率的影响

"营改增"彻底推广到全行业以后,中国于2017年再次推行增值税税率简并政策。2017年的增值税税率简并政策,以及2018年、2019年的增值税改革,实际上都可以看作"营改增"政策的延续。本部分将继续检验增值税减税的政策效果及其长效机制。增值税改革对资本回报率的影响,主要是来自公式7-3的计量检验结果。计量检验结果如表7-5所示,共分为六列,其中第一列至第三列被解释变量主要借鉴方文全的方法进行测算,第4列至第6列主要依据张勋等文中的方法测算[①]。第一列与第四列没有控制地区与时间固定效应,计量检验结果显示,增值税有效税率变量的系数符号为负,这说明增值税有效税率与资本回报率存在负相关关系。也就是说增值税税率的提高不利于资本回报率的提升,2017年推行的增值税税率简并政策,以及2018年、2019年的增值税改革都是在降低增值税的有效税率,这说明中国近几年实行的增值税改革显著提升了中国资本回报率。第三列与第六列控制了固定效应,这表示在控制了时间与地区固定效应以后,增值税改革提升资本回报率的政策效应依然显著。另外,控

---

① 张勋等:《中国资本回报率的再测算》,《世界经济》2014年第8期。

制变量组的系数符号基本与表7-2实证分析结果一致。

表 7-5 增值税改革的计量检验

解释 变量	被解释变量					
	资本回报率(recap)			资本回报率(recap)		
	(1)	(2)	(3)	(4)	(5)	(6)
vat	−0.517** (−2.20)	−0.386** (−2.13)	−0.444** (−2.32)	−0.280** (−2.50)	−0.235** (−2.46)	−0.285*** (−2.94)
inse	0.597*** (2.80)	0.648*** (3.25)	0.414* (1.91)	0.802*** (3.33)	0.345** (2.19)	
humc	0.646* (1.91)	0.526* (1.80)	0.253 (0.50)	0.543 (1.63)		0.516* (1.89)
eopen	1.421 (0.68)		2.918** (2.33)	1.384*** (7.95)	2.021 (1.02)	3.453* (1.75)
ifinv	−0.252*** (−8.81)	−0.350*** (−12.62)	−0.285*** (−7.20)		−0.349*** (−9.20)	−0.344*** (−9.05)
capden	−0.694*** (−6.63)	−0.733*** (−6.72)		−0.690*** (−4.64)	−0.162*** (−6.29)	−0.506*** (−6.31)
_cons	0.483*** (7.51)	0.567*** (7.50)	0.868*** (4.19)	0.431*** (5.52)	0.596*** (7.34)	0.578*** (7.72)
χ^2	137***	142***	163***	208***	146***	177***
地区	否	是	是	否	是	是
时间	否	否	是	否	否	是
N	119	119	119	119	119	119

注：括号内为T值，*、** 和 *** 对应 0.10、0.05 和 0.01 的显著性水平。

（二）长效机制检验

依据国家税务总局 2019 年核算结果，"营改增"试点政策，以及 2017 年、2018 年推行的增值税税率简并政策，累计减税超过 2.6 万亿元，2019 年的深化增值税改革,预计减税规模超过1万亿元。"营改增"以及增值税改革的长效机制检验主要来自公式7-10的计量检验结果,具体见表7-6、表7-7。考虑到篇幅有限,同样省略控制变量组的检验结果,只列出了核心变量的计量分析结果。表7-6分别对应公式7-10中滞后一年、滞后两年以及滞后三年的实证结果。也就是说"营改增"开始实施一年、两年、三年与资本回报率之间的内在经济逻辑。其中,第一列至第三列的被解释变量资本回报率借鉴方文全的方法核算,第四列至第六列的被解释变量资本回报率运用张勋等文中的方法核算①。可以看出无论资本回报率按照何种方法核算,"营改增"政策变量的交叉项均通过了10%的显著性检验。这说明随着"营改增"试点扩围到全行业,其对资本回报率的政策效果持续期超过三年。将公式7-10中的"营改增"变量更换为增值税有效税率变量,继续检验增值税改革对资本回报率的长期影响。对比表7-6与表7-7中滞后一年实证结果可以发现,短期来看,增值税改革要强于"营改增"试点的政策效果。长期来看,相对于增值税改革,"营改增"政策效果的持续时间比较长。综上所述,假说7-3得到验证。

表7-6 "营改增"的滞后效应

$local \times policy$	被解释变量					
	资本回报率($recap$)			资本回报率($recap$)		
	(1)	(2)	(3)	(4)	(5)	(6)
滞后一年	0.075 3*** (8.83)	0.069 9*** (8.27)	0.060 1*** (7.19)	0.231*** (9.73)	0.177*** (7.17)	0.125*** (6.88)
滞后两年	0.050 1*** (2.76)	0.042 8*** (2.91)	0.035 8** (2.12)	0.121** (2.19)	0.106** (2.13)	0.079 (1.08)
滞后三年	0.041 2** (2.23)	0.031 5** (2.17)	0.305 (1.19)	0.104** (2.11)	0.068 (1.20)	0.082 (1.26)
地区	否	否	是	否	否	是
时间	否	是	是	否	是	是

注:括号内为T值,*、**和***对应0.10、0.05和0.01的显著性水平。

---

① 张勋等:《中国资本回报率的再测算》,《世界经济》2014年第8期。

表 7-7 增值税改革的滞后效应

解释变量	被解释变量						
	资本回报率(recap)			资本回报率(recap)		
	(1)	(2)	(3)	(4)	(5)	(6)
$L.vat$	−0.235**	−0.236**	−0.223***	−0.431***	−0.397**	−0.508**
	(−2.36)	(−2.31)	(−2.92)	(−2.84)	(−2.54)	(−2.36)
$L2.vat$	−0.206*	−0.198*	−0.187**	−0.335**	−0.340*	−0.397*
	(−1.84)	(−1.78)	(−2.35)	(−2.27)	(−1.77)	(−1.84)
$L3.vat$	−0.050	−0.140	−0.135	−0.231	−0.245	−0.150
	(−1.25)	(−1.12)	(−1.27)	(−1.25)	(−1.00)	(−1.20)
地区	否	否	是	否	否	是
时间	否	是	是	否	是	是

注：括号内为 T 值，*、** 和 *** 对应 0.10、0.05 和 0.01 的显著性水平。

增值税改革的短期政策效果强于"营改增"试点，但持续时间比较短。对此可能的解释为，"营改增"试点持续时间比较长，政策效果分散在比较长的时间维度上，而增值税改革时间比较短，直接降低了增值税有效税率，对资本回报率的短期影响立竿见影。"营改增"更多的是通过完善增值税抵扣链条进行减税，造成"营改增"的政策红利持续时间长于增值税改革。此外，无论是"营改增"试点，还是增值税改革，其政策效果都在逐渐减弱。通过前面"营改增"影响资本回报率的理论机制可知，"营改增"主要通过完善增值税抵扣链条，促进产业分工，理顺企业之间的投入产出关系，促进资本深化以及纠正资本错配等作用渠道，对资本回报率产生影响。这些传导机制中，在"营改增"试点开始阶段，增值税抵扣链条完善所带来的减税效应最为明显，大幅降低了企业的税收负担，几乎惠及所有企业，提高企业的投资收益率，提振市场信心，对资本回报率产生直接影响。随着时间的延续，税负降低对资本回报率的直接效应逐渐减弱，同时资本深化以及对资本错配的有力纠正，开始发挥作用，持续提升资本回报率。综上所述，随着"营改增"试点结束，减税幅度下降，降低了"营改增"以及增值税改革的政策效果。

第四节 "营改增"与服务业资本配置效率

一、计量模型、变量与数据说明

"营改增"是影响服务业资本配置效率的重要因素。为进一步深入考察"营改增"对服务业资本配置效率的影响,本部分尝试建立中介效应模型,检验"营改增"与服务业资本配置效率之间的内在经济逻辑。

(一)"营改增"与服务业资本配置效率

1."营改增"影响服务业资本配置效率的基准检验

在前述简单理论分析基础上,构建如下基准模型:

$$caeff_{it} = \Pi_0 + \beta_{it} bcvat_{it} + \sum_{p=1}^{n} \theta_{np} X_{it} \\ + \phi_t f_i + \varepsilon_i + \nu_t + \mu_{it} \quad (7-12)$$

其中,i 代表省份,t 代表年度,$caeff_{it}$ 为模型的被解释变量服务业资本配置效率。系数 θ 是待估计参数。系数 β 为核心参数。若该系数显著大于0,则说明"营改增"能够影响服务业资本配置效率。μ_{it} 为随机误差项,ε_i 为时间效应列向量,ν_t 表示地区效应列向量。考虑到"营改增"对不同地区服务业资本配置效率影响的异质性,在模型中引入 f_i 变量,代表以固定效应形式反应各个截面个体的差异性。$bcvat_{it}$ 表示核心解释变量,X_{it} 为影响服务业资本配置效率的其他控制变量。

2."营改增"影响服务业资本配置效率效应的机制检验

继续通过中介效应模型,考察"营改增"影响服务业资本配置效率的作用机制。参照巴龙(Baron)和肯尼(Kenny)提出的方法[①],建立如下中介效应模型:

$$caeff_{it} = a_0 + a_{it} bcvat_{it} + \upsilon_{1it} \quad (7-13)$$

$$tfp_{it} = b_0 + b_{it} bcvat_{it} + \upsilon_{2it} \quad (7-14)$$

$$recap_{it} = c_0 + c_{it} bcvat_{it} + \upsilon_{3it} \quad (7-15)$$

$$innoi_{it} = d_0 + d_{it} bcvat_{it} + \upsilon_{4it} \quad (7-16)$$

---

① R.M. Baron, D.A. Kenny, "The moderator-mediator variable distinction in social psychological research: conceptual, strategic, and statistical considerations", *Journal of personality and social psychology*, 1999, Vol.51, No.6, p.1173.

$$capd_{it} = e_0 + e_{it}bcvat_{it} + v_{5it} \quad (7-17)$$

$$finad_{it} = f_0 + f_{it}bcvat_{it} + v_{6it} \quad (7-18)$$

$$caeff_{it} = g_0 + g_{1it}bcvat_{it} + g_{2it}tfp_{it} + g_{3it}recap_{it} + g_{4it}innoi_{it}$$
$$+ g_{5it}capd_{it} + g_{6it}finad_{it} + v_{7it} \quad (7-19)$$

为更好地衡量"营改增"通过中介效应模型对服务业资本配置效率的影响,本部分将 $bcvat_{it}$ 设定为增值税变量与营业税变量的比值。将公式 7-13 至公式 7-18 中代入公式 7-19,可得：

$$recap_{it} = (g_0 + g_{2it}b_0 + g_{3it}c_0 + g_{4it}d_0 + g_{5it}e_0 + g_{6it}f_0) + (g_{1it}$$
$$+ g_{2it}b_{it} + g_{3it}c_{it} + g_{4it}d_{it} + g_{5it}e_{it} + g_{6it}f_{it})bcvat_{it} + v_{8it}$$
$$(7-20)$$

公式 7-20 中, g_{1it} 衡量"营改增"对服务业资本配置效率的直接效应。$g_{2it}b_{it}$ 衡量"营改增"通过改善全要素生产率来提升服务业资本配置效率的中介效应。$g_{3it}c_{it}$ 衡量"营改增"通过提高资本回报率提升服务业资本配置效率的中介效应。$g_{4it}d_{it}$ 衡量"营改增"通过降低企业研发投入的税收成本,增加企业的自主创新、技术引进与消化吸收资金投入来提升服务业资本配置效率的中介效应。$g_{5it}e_{it}$ 衡量"营改增"通过资本深化来提升服务业资本配置效率的中介效应。$g_{6it}f_{it}$ 衡量"营改增"通过金融深化来提升服务业资本配置效率的中介效应。

3. "营改增"影响服务业资本配置效率的长效机制检验

"营改增"作为新一轮财税改革的重头戏,是当前深化体制改革的一种长效政策激励,其对服务业资本配置效率既有直接影响,也有长期影响。为检验这种长效机制,在公式 7-12 的基础上建立如下滞后期模型：

$$caeff_{it} = \Pi_0 + \beta_{it}bcvat_{it-p} + \sum_{p=1}^{n}\theta_{np}X_{it}$$
$$+ \phi_t f_i + \varepsilon_i + \nu_t + \mu_{it} \quad (7-21)$$

（二）变量与数据

1. 变量设定与说明

被解释变量 $caeff_{it}$ 为服务业资本配置效率。通过前述文献对资本配置效率测算方法的对比可知,沃格勒（Wurgler）经典模型及其拓展是国内学术界测度资本配置效率应用最广泛的方法[①]。借鉴沃格勒模型中资本配置效

[①] Baker M, Greenwood R, Wurgler J, "Do firms borrow at the lowest-cost maturity? The long-term share", 2001.

率可以用资本关于产出变化的弹性来表示,本部分将沃格勒模型拓展如下:

$$\ln\frac{gfcap_{it}}{gfcap_{it-1}} = \alpha_i + \gamma_i \ln\frac{gfcap_{it-1}}{gfcap_{it-2}} + \eta_i \ln\frac{saval_{it}}{saval_{it-1}} \\ + \beta_i \ln\frac{loan_{it}}{loan_{it-1}} + \phi_i \ln\frac{pract_{it}}{pract_{it-1}} + \varepsilon_{it} \quad (7-22)$$

公式 7-22 中,$gfcap_{it}$ 表示服务业固定资本形成总额,并按照固定投资价格指数平减;$saval_{it}$ 表示服务业增加值,也按照通货膨胀指数进行平减;$loan_{it}$ 为该省份所获得银行贷款数量;$pract_{it}$ 为从业人员数量。$gfcap_{it}/gfcap_{it-1}$ 为服务业固定资产资本形成总额的增长率,$saval_{it}/saval_{it-1}$ 为服务业增加值的增长率。γ_i、β_i、ϕ_i 分别反映了第 i 个省份过去历史事件、金融机构贷款以及从业人员对资本形成总额影响的弹性值。截距项 α_i 综合反映了未进入模型的其他外生影响因素对地区固定资本形成的作用力度。公式 7-22 所用的估计方法为常规的系统 GMM 方法。i 表示地区编号,t 表示年份。η 表示服务业资本配置效率,η 为正且数值越大,表明该地区投资增减对效率变动的反应越敏感,资本配置效率越高。上述经济学逻辑的研究已获得学术界的认可,并见诸于许多文献的实证研究中。

核心解释变量:公式 7-22 中将 $bcvat_{it}$ 设定为核心解释变量,主要包括营业税(st_{it})、增值税(vat_{it})两个变量,通过中介效应进行机制检验时将 $bcvat_{it}$ 设定为增值税变量与营业税变量。

中介变量:(1)全要素生产率(tfp_{it})。测度方法主要依据余泳泽(2017)文中方法计算获得。(2)资本回报率($recap_{it}$)。主要借鉴方文全(2012)方法核算资本回报率。(3)资本深化($capd_{it}$)。(4)科技创新投入($innoi_{it}$)。(5)金融深化($finad_{it}$)。

对于影响中国服务业资本配置效率的其他系统性因素,参考已有的相关文献,控制变量组主要关注以下几个方面:(1)高等教育水平($humc_{it}$),(2)制度环境($inse_{it}$),(3)经济开放度($eopen_{it}$),(4)资本密度($capden_{it}$),(5)外商投资水平($ifinv_{it}$)等①。

表 7-8 为各个变量统计性描述,并依据前述相关说明进行了处理。各样本省份服务业资本配置效率的均值为 0.18。从其变动趋势的分析可以看出,近几年中国服务业资本配置效率呈现下降趋势。营业税均值为增值税均值两倍。2016 年 5 月 1 日以后,"营改增"彻底推广到全行业,增值税彻底取代营业税,这也从侧面反映"营改增"改革力度之大。中国资本产出比不到

---

① 张勋等:《中国资本回报率的再测算》,《世界经济》2014 年第 8 期。

表 7-8　各变量说明与统计性描述

变量类型	变量名称	符号	变量含义	均值	标准差	最小值	最大值
因变量	资本配置效率	caeff	依据公式 7-22 计算得出	0.182 3	0.150 1	−0.110 7	0.524 6
核心解释变量	营业税	sat	营业税与 GDP 比值	0.027 3	0.010 4	0.010 6	0.065 9
	增值税	vat	增值税与 GDP 比值	0.012 7	0.005 5	0.006 3	0.041 1
中介变量	全要素生产率	tfp	依据文中方法计算得出	−0.009 0	0.023 4	−0.086 7	0.076 3
	资本回报率	recap	依据文中方法计算得出	0.136 8	0.095 8	0.005 4	0.483 4
	科技研发投入	inmoi	自主创新投入、技术引进、消化吸收支出/GDP(%)	1.074 4	0.659 6	0.058 3	2.769 1
控制变量	资本深化	capd	资本产出比	0.736 9	0.210 1	0.253 6	1.343 5
	金融深化	finad	本外币存款、贷款余额/GDP	2.885 1	1.128 9	1.519 4	8.256 3
	制度环境	inse	市场化指数	7.239 5	3.675 9	0.000 0	14.863 7
	高等教育程度	humc	大专以上人口/总人口	0.099 0	0.057 7	0.028 5	0.401 6
	经济开放度	eopen	进出口总额/GDP	0.300 4	0.356 5	0.035 8	1.552 7
	外商投资水平	ifinv	工业外商投资水平/工业产值	0.181 2	0.179 3	0.012 3	0.753 2
	资本密度	capden	固定资产投资/从业人员	10.754 7	0.458 1	9.480 0	11.803 4

资料来源：依据 2007—2016 年《中国统计年鉴》以及 Wind 数据库中的资料整理。

70%,投入产出比相对较低。科技创新、技术引进投入仅占 GDP 的比重的 1.07%,说明即使与发展中国家相比,中国的科技创新投入水平也比较低。受过大专以上高等教育的人口增长较快,均值接近总人口的 10%。

2. 资料来源

本节主要考察"营改增"对服务业资本配置效率的影响。2012 年 1 月,上海市开始"营改增"试点,2016 年 5 月彻底推广到建筑业、房地产业、金融业、生活服务业,政策改革持续四年多。鉴于中国 2007 年前后实行过增值税转型试点改革,为了消除增值税转型试点改革的影响,更有效地评估"营改增"的政策效果,将样本区间定为 2009—2016 年。同时,将西藏从样本中剔除。服务业资本配置效率变量主要依照前述方法计算得来,相应指标的资料来源于《中国国内生产总值核算历史资料:1952—1995》《中国国内生产总值核算历史资料:1952—2004》和历年《中国统计年鉴》《中国固定资产投资统计年鉴》等。营业税、增值税数据主要来源于 2010—2017 年《中国税务年鉴》《中国财政年鉴》及 Wind 数据库,中介变量与控制变量组数据主要来源于 Wind 数据库、2010—2017 年《中国统计年鉴》《中国劳动统计年鉴》《中国工业经济年鉴》,以及《新中国 60 年统计资料汇编》,制度环境变量采用王小鲁等[1]的市场化指数,部分年份缺失的数据依据其方法计算得来。

二、计量检验结果

检验"营改增"对服务业资本配置效率的政策冲击效应,实证分析的核心为"营改增"变量的设定。为更好地刻画"营改增"对服务业资本配置效率的影响,在基准效应与长效机制检验中,将营业税、增值税占国民生产总值的比重设置为核心解释变量;在机制效应检验中,将增值税与营业税比值设定为"营改增"变量。另外,计量检验主要运用系统 GMM 方法,稳健性检验主要采用固定效应面板方法。随着"营改增"政策的有序推进,营业税、增值税收入占 GDP 的比重必然受到这次改革的影响而发生改变,不同税种税负的改变必然通过减税效应、投入产出、产业分工等影响服务业资本配置效率。

(一)"营改增"影响服务业资本配置效率的基准检验

"营改增"影响服务业资本配置效率的基准检验结果,主要依据公式 7-12 获取,具体实证结果见表 7-9。第一列为没有控制地区、时间效应,未加入控制变量组的简单分析结果,可以看出营业税、增值税两个变量系数都通过了 10% 的显著性检验,并且营业税系数符号为负,增值税系数符号为正,

---

[1] 王小鲁等:《中国分省份市场化指数报告(2016)》,社会科学文献出版社 2017 年版。

这说明"营改增"显著提升了服务业资本配置效率。继续加入控制变量对其进行稳健性检验。第二列和第三列为加入不同控制变量的检验结果。实证结果显示,营业税变量系数增大,但是显著性变化不大,增值税变量系数略微下降,且两个变量都通过了显著性检验。这说明加入影响服务业资本配置效率的其他系统性影响因素以后,结论依然十分稳健。鉴于不同地区经济发展状况的差异,服务业资本配置效率在不同省份存在时间与地区差异,第四列和第五列分别为加入地区与时间固定效应以后的检验结果。相对于第一列,营业税与增值税两个变量的系数显著性提高,计量检验结果通过了1%的显著性检验,这说明控制了地区和时间固定效应以后,"营改增"仍然能够显著提升服务业资本配置效率。控制变量组方面,制度环境、高等教育水平两个变量对服务业资本配置效率提升具有正向影响,外商投资水平、资本密度两个变量对服务业资本配置效率具有负向影响,而经济开放度对服务业资本配置效率没有显著影响。综上所述,基准检验结果显示,以"营改增"为主线索的新一轮流转税改革显著提升了中国服务业资本配置效率,假说7-4得到验证。

表7-9 基准检验结果

解释变量	被解释变量				
	服务业资本配置效率($caeff$)				
	(1)	(2)	(3)	(4)	(5)
sat	−0.815*** (−9.00)	−5.564*** (−4.94)	−5.602*** (−4.99)	−4.646*** (−3.75)	−2.01*** (−5.30)
vat	3.786* (2.17)	1.557*** (6.18)	1.722*** (7.32)	0.712*** (5.49)	2.29*** (5.04)
$inse$		0.00155 (0.46)		0.0129* (1.99)	7.95*** (4.15)
$humc$		0.0325 (0.27)	0.0514 (0.44)		0.11 (1.25)
$eopen$		0.0847 (0.34)	0.0908 (1.44)	0.0347 (0.84)	0.64 (1.48)

续表

解释变量	被解释变量 服务业资本配置效率($caeff$)				
	(1)	(2)	(3)	(4)	(5)
$ifinv$		−0.389***	−0.391***	−0.336***	−0.88*
		(−5.51)	(−5.64)	(−4.37)	(−2.13)
$capden$		−0.059 8***	−0.060 5***	−0.087 4***	−0.087
		(−4.90)	(−4.99)	(−4.97)	(−1.13)
_cons	0.154***	−0.397***	−0.393***	−0.718***	0.106***
	(8.43)	(−3.32)	(−3.32)	(−4.24)	(10.72)
χ^2	831***	967***	837***	881***	979***
地区	否	否	否	否	是
时间	否	否	否	是	是
N	232	208	208	231	208

注：括号内数字为T统计量，***、**和*表示在0.01、0.05、0.10的水平显著。

考虑到不同地区"营改增"政策效果的异质性，为进一步验证"营改增"对服务业资本配置效率的影响，依据"营改增"试点省份时间的先后顺序进行分组检验。2012年1月，"营改增"开始在上海试点，之后有序推进到北京、江苏、安徽、福建、广东、天津、浙江、湖北8个省份，2013年8月在全国范围内推行，到2016年5月彻底推广到全行业。本研究依据"营改增"试点地区时间的先后，将样本省份分为两组子样本，一组子样本为2012年试点的9个省份，另一组子样本包括余下省份，同时使用固定效应面板方法进行回归，对公式7-12重新进行稳健性估计。同时，将计量检验结果与表7-9中估计结果做对比，检验前述实证分析结果是否稳健。基准回归的稳健性检验结果如表7-10所示。篇幅所限，控制变量的实证结果没有一一列出。进一步回归结果显示，营业税、增值税两个变量的系数符号，与表7-9中实证分析结果一致。

（二）基于中介效应模型的"营改增"影响服务业资本配置效率的机制检验

中介效应模型的回归结果参照表7-11。依据前述变量设定可知，本部分"营改增"变量设定为增值税与营业税的比值。主要考察"营改增"影响服

表 7-10 基准回归的稳健性估计结果

解释变量	被解释变量				
	服务业资本配置效率($caeff$)				
	(1)	(2)	(3)	(4)	(5)
sat	−3.822***	−8.149***	−8.554***	−4.329**	−5.88***
	(−4.72)	(−6.79)	(−7.24)	(−2.64)	(−3.81)
vat	6.086***	0.395***	0.533***	6.595**	4.96***
	(3.64)	(7.26)	(6.41)	(2.63)	(3.69)
解释变量	服务业资本配置效率($caeff$)				
	(1)	(2)	(3)	(4)	(5)
sat	−2.600	−4.546***	−4.552***	−3.551**	−5.39***
	(−1.32)	(−4.17)	(−3.92)	(−2.56)	(−4.71)
vat	5.335*	3.380***	1.876	5.514**	2.03***
	(2.06)	(7.58)	(0.80)	(2.58)	(5.10)

注：括号内数字为 T 统计量，***、** 和 * 表示在 0.01、0.05、0.10 的水平显著。上半部分为第一组样本省份实证结果，下半部分为第二组实证分析结果。

务业资本配置效率的作用路径，第一列计量检验结果主要来自公式 7-13，第二列至第六列的计量检验结果主要来自公式 7-14 至公式 7-18。可以看出，"营改增"对服务业资本配置效率具有比较显著的正向综合影响，且全要素生产率、资本回报率、科技创新投入和资本深化等四个变量均通过了 10% 的显著性检验，这表明"营改增"主要通过改善全要素生产率，提高资本回报率，促进企业科技研发投入，增加资本深化程度，来提升服务业资本配置效率。但是，关于公式 7-18 的回归结果显示，金融深化系数不显著，也就是说"营改增"对金融深化没有影响。综合上述分析结果可知，"营改增"对服务业资本配置效率提升产生了直接积极的影响，并且通过全要素生产率、资本回报率、科技创新投入以及资本深化等中介变量提升服务业资本配置效率。

在初步分析的基础上，继续通过公式 7-19 对中介变量的作用路径进行验证，也就是对"营改增"通过中介变量影响服务业资本配置效率的作用路径做进一步研究。依据温忠麟、任曙明和吕镯的检验程序①，参考既有研究②，对中介效应进行计量检验。计量检验结果如表7－11中所示。依据表7－11实证分析结果，第七列的实证结果主要来自公式7－19，"营改增"与全要素生产率、资本回报率、科技创新投入以及资本深化四个变量的相关性在统计上都通过显著性检验，但金融深化变量没有通过显著性检验，这也从侧面验证了第一列至第六列的实证结果。综合第一列至第七列的计量检验结果，"营改增"除了直接提升服务业资本配置效率外，还通过改善全要素生产率，提高资本回报率，增加科技创新投入，促进资本深化等中介变量提升服务业资本配置效率，但是金融深化的系数符号不显著，表示"营改增"改革并没有通过金融深化影响服务业资本配置效率。上述对中介效应的分析结果，支持了假说7－5。

表7－11 "营改增"影响服务业资本配置效率作用机制的检验结果

解释变量	被解释变量						
	$caeff$	tfp	$recap$	$innoi$	$capd$	$finad$	$caeff$
	(1)	(2)	(3)	(4)	(5)	(6)	(7)
$bcvat$	7.48***	0.015 1*	0.005 63***	0.388**	0.392***	0.138	1.29*
	(6.07)	(2.00)	(9.44)	(2.83)	(7.69)	(1.04)	(2.00)
tfp							2.08***
							(7.93)
$recap$							1.02***
							(4.58)
$innoi$							1.39***
							(4.62)
$capd$							1.10*
							(2.04)

---

① 温忠麟等：《中介效应检验程序及其应用》，《心理学报》2004年第5期；任曙明等：《融资约束、政府补贴与全要素生产率——来自中国装备制造企业的实证研究》，《管理世界》2014年第11期。
② 于新亮等：《企业年金的"生产率效应"》，《中国工业经济》2017年第1期。

续表

解释变量	被解释变量						
	$caeff$ (1)	tfp (2)	$recap$ (3)	$innoi$ (4)	$capd$ (5)	$finad$ (6)	$caeff$ (7)
$finad$							0.85 (0.64)
_cons	0.106*** (10.14)	0.00299 (0.41)	0.156*** (15.45)	0.822*** (8.86)	0.386*** (9.75)	6.594*** (42.58)	0.106*** (10.93)
χ^2	849***	971***	937***	827***	849***	919***	892***
地区、时间	控制	控制	控制	控制	控制	控制	控制
N	232	232	232	183	232	232	186

注：括号内数字为T统计量，***、** 和 * 表示在0.01、0.05、0.10 的水平显著。

（三）"营改增"影响服务业资本配置效率的长效机制检验

表7-12至表7-14为"营改增"影响服务业资本配置效率长效机制的实证结果，主要来自公式7-21，分别为"营改增"滞后一年、滞后两年、滞后三年的政策效应。综合来看，营业税与增值税变量系数均通过显著性检验，营业税系数符号为负，增值税系数符号为正，这说明随着"营改增"彻底推广到全行业，其对服务业资本配置效率的影响持续三年以上。通过比较营业税与增值税变量的系数大小可以发现，"营改增"对影响服务业资本配置效率的滞后效应变化不明显，营业税变量显著性程度在下降。按照基准检验中样本省份分组方法，同时采用固定效应面板方法进一步检验"营改增"影响服务业资本配置效率的滞后效应，发现其检验结果基本与表7-12至表7-14中实证分析结果一致。限于篇幅，不一一列出。

这种滞后效应的影响相对比较平稳，对此做如下解释：通过前述分析可知道"营改增"主要通过结构性减税效应、改变投入产出、产业结构优化、宏观税负以及资源配置效应来影响服务业资本配置效率。"营改增"所引致的上述变化传导至服务业资本配置效率，产生长期衍生影响。从长期来看，不同变量的作用强度产生此起彼伏的变化，最终导致滞后效应并没有出现显著性的下降。这些传导机制中，开始阶段结构性减税对服务业资本配置效率提升

表 7-12 "营改增"滞后效应检验结果(滞后一年)

解释变量	被解释变量		
	服务业资本配置效率(caeff)		
	(1)	(2)	(3)
L.sat	−5.340*** (−4.39)	−4.317*** (−3.32)	−4.87* (−1.98)
L.vat	1.729 (1.26)	1.579 (1.05)	1.93*** (4.81)
_cons	−0.340* (−2.31)	−0.769*** (−4.61)	0.106*** (7.05)
χ^2	855***	796***	931***
地区	否	否	是
时间	否	是	是
N	199	199	199

注:括号内数字为 T 统计量,***、** 和 * 表示在 0.01、0.05、0.10 的水平显著。

表 7-13 "营改增"滞后效应检验结果(滞后两年)

解释变量	被解释变量		
	服务业资本配置效率(caeff)		
	(1)	(2)	(3)
L2.sat	−5.326*** (−4.16)	−4.270** (−2.56)	−8.25*** (−4.34)
L2.vat	1.737 (1.06)	2.036 (1.22)	6.51** (2.64)
_cons	−0.360* (−2.28)	−0.854*** (−4.44)	0.106*** (20.57)

续表

解释变量	被解释变量		
	服务业资本配置效率(caeff)		
	(1)	(2)	(3)
χ^2	791***	934***	867***
地区	否	否	是
时间	否	是	是
N	171	171	171

注：括号内数字为T统计量，***、**和*表示在0.01、0.05、0.10的水平显著。

表7-14 "营改增"滞后效应检验结果(滞后三年)

解释变量	被解释变量		
	服务业资本配置效率(caeff)		
	(1)	(2)	(3)
$L3.sat$	−5.484***	−4.548**	2.130***
	(−4.01)	(−2.53)	(9.43)
$L3.vat$	1.198	1.712	1.10*
	(0.59)	(0.84)	(1.99)
_cons	−0.386*	−0.795***	0.106***
	(−2.29)	(−4.06)	(5.730)
χ^2	941***	934***	791***
地区	否	否	是
时间	否	是	是
N	153	153	153

注：括号内数字为T统计量，***、**和*表示在0.01、0.05、0.10的水平显著。

的影响最明显，以"营改增"为主线索的流转税改革，可以说是中国税制的重大改革，累计减税规模超过2.1万亿元。这种减负规模直接降低了企业税收成本，几乎惠及所有企业，优化了资本配置结构，提升了服务业资本配置效率。这种减税效应是逐年累计起来的,同时减税对资源配置的引导作用也是逐年显现。这种滞后影响在后续年份继续提升服务业资本配置效率。随着时间的延续,减税效应对企业的作用强度逐渐减弱。同时,产业结构升级、资源优化配置、资本回报率提升的作用强度,随着时间的延续可能会持续增大,弥补了减税作用的衰弱。

以公式7-19为基础,本部分同样将核心解释变量设定为增值税与营业税的比重,进一步考察各中介变量的滞后项对服务业资本配置效率的影响,也就是对公式7-19中各中介变量滞后一年、滞后两年、滞后三年的传导效应进行检验。从表7-15所示的结果可以看出,直接效应方面,"营改增"对服务业资本配置效率的影响均通过了显著性检验,这也印证了前述表7-12至表7-14中的实证分析结果。对滞后一年的传导机制进行分析可以发现,"营改增"通过全要素生产率、资本回报率、科技创新投入以及资本深化等四个中介变量对服务业资本配置效率产生显著性影响。对滞后两年的传导机制分析可以发现,具有显著性影响的中介变量减少为三个,分别为全要素生产率、资本回报率、资本深化。对滞后三年的滞后效应分析可以看出,只有资本回报率、资本深化两个变量依然通过了10%的显著性检验,但是显著性程度在下降。综合表7-12至表7-15的实证分析结果,"营改增"对服务业资本配置效率的影响存在滞后效应,这意味着从"营改增"开始试点到彻底推广到全行业的四年多,当期政策效果会持续一段比较长的时间,且在当期和后续若干期"营改增"政策效应的共同作用下,服务业资本配置效率将会持续提升。综上所述,假说7-6得到验证。

表7-15 "营改增"滞后效应的内在作用机制

解释变量	被解释变量		
	服务业资本配置效率($caeff$)		
	滞后一年	滞后两年	滞后三年
$bcvat$	0.976***	0.922***	0.172***
	(9.52)	(5.31)	(5.01)
tfp	0.838***	0.116*	0.238
	(9.65)	(2.20)	(0.65)
$recap$	0.286***	0.459**	0.846*
	(4.37)	(2.46)	(2.01)

续表

解释变量	被解释变量 服务业资本配置效率($caeff$)		
	滞后一年	滞后两年	滞后三年
$innoi$	0.238** (3.34)	0.353 (0.74)	0.353 (0.74)
$capd$	0.419* (2.11)	0.283** (2.58)	0.483** (2.26)
$finad$	0.258 (0.22)	0.202 (1.06)	0.160 (1.64)
$\_cons$	0.106*** (8.31)	0.106*** (11.72)	0.106*** (15.89)
N	174	145	116

注：括号内数字为 T 统计量，***、** 和 * 表示在 0.01、0.05、0.10 的水平显著。

第五节　小　　结

税收成本是影响资源配置与资本回报率的关键因素，本章主要考察"营改增"对总体资本回报率与服务业资本配置效率的影响。通过简单的理论分析，深入考察"营改增"影响资本回报的作用机制。继而利用省级面板数据，运用双重差分法，结合中介效应模型，在精准测算资本回报率与服务业资本配置效率的基础上，深入分析"营改增"以及增值税改革对资本回报的长效作用机制。

第一，"营改增"对总体资本回报率的影响。研究结论表明"营改增"能够显著提升中国资本回报率。依据中介效应模型的计量检验结果可知，以"营改增"为主线索的流转税改革之所以能够提高资本回报率，主要是通过增加科技创新投入、优化产业结构等机制来实现，但是资本深化对资本回报率的影响机制为负。"营改增"试点政策效果持续时间比较长，增值税改革政策效果持续时间比较短，但增值税改革的短期政策效果强于"营改增"试点。但随着时间的延续，两者提升资本回报率的政策效果都在减弱。

第二,"营改增"影响服务业资本配置效率的经济学含义。"营改增"对服务业资本配置效率的提升具有直接效应。"营改增"彻底推广到全行业以后,消除了制造业与服务业之间有效税率的差异,在一定程度上降低了服务业的有效税负,税收成本的降低促进了产业分工,提升了制造业与服务业之间的协作水平,有利于产业分工细化和产业链的拉长。另外,增值税抵扣链条的完善,去除了政府征税所带来的价格扭曲效应,优化了资本配置结构,提升了服务业利润水平,直接提升了服务业资本配置效率。以"营改增"为主线索的流转税改革,将流转税的二元税制模式彻底转换为一元税制模式,统一了货物和服务税制,初步建立了现代增值税制度,不仅对服务业资本配置效率提升产生直接影响,还通过中介变量产生间接影响。这主要是通过改善全要素生产率、提高资本回报率、增加科技创新投入以及促进资本深化等中介效应来实现,但是金融深化对服务业资本配置效率的影响并不显著。"营改增"对此后若干期服务业资本配置效率的提升仍具有积极作用。从长效机制的实证检验结果来看,在"营改增"试点彻底推广到全行业过程中,不同行业、不同地区政策趋同以后,形成"营改增"政策效果的叠加效应。"营改增"不仅提升当期的服务业资本配置效率,而且这种提升机制还具有滞后性,也就是说后期的服务业资本配置效率既受到当期,同时也受到前期"营改增"政策的影响。随着时间的推移,这种滞后效应基本平稳。但是,"营改增"通过中介变量影响服务业资本配置效率的机制效应在减弱。

第八章 基于"营改增"视角流转税改革动态效率分析

前述章节分别从不同的维度评估了"营改增"的经济效应,本章将具体测算"营改增"改革带来的动态经济效率改进。在新古典一般均衡分析框架下,探讨"营改增"背后的驱动力量,并对新一轮财税改革动态经济效率进行量化分析,以微观层面"营改增"为切入点,探讨宏观层面流转税改革的动态效率效应,为中国税制结构调整提供理论依据。结果表明:(1)基于"营改增"视角的流转税改革增加了国民消费性财富,改善了居民福利水平。(2)流转税改革的制度红利优化了资源配置,增加了人均效率资本存量,促进了产业深化,改善了动态经济效率。上述结论也在某种程度上呼应了前述章节的研究结论。

第一节 新古典一般均衡分析框架

本章在新古典一般分析框架的基础上,结合八田(Hatta)和西岗(Nishioka)税改模型,并且把流转税变量和工薪税变量引入一般均衡模型中,依据数值模拟,探讨了基于"营改增"视角流转税改革的动态效率效应。下面是具体的理论模型:

一、模型基本假定

1. 规模报酬不变

$$F[cK(t),cL(t)] = cF[K(t),L(t)] \quad \text{其中} c \geqslant 0$$

规模报酬不变的假设,允许进行密集的生产资料投入,这也是大多数经济理论模型的假设前提。

2. 边际产品递减

对资本(K)和劳动(L)我们有以下条件设定

$$\frac{\partial F}{\partial K} > 0, \frac{\partial^2 F}{\partial^2 K} < 0, \frac{\partial F}{\partial L} > 0, \frac{\partial^2 F}{\partial^2 L} < 0 \text{ 并且}, f'(k) > 0, f''(k) < 0$$

3. 满足稻田条件

$$\lim_{K \to \infty}(F_K) = \lim_{L \to \infty}(F_L) = \infty, \lim_{K \to 0}(F_K) = \lim_{L \to 0}(F_L) = 0$$
$$\lim_{K \to 0}f'(k) = \infty, \lim_{L \to 0}f'(L) = \infty, \lim_{K \to \infty}f'(k) = 0, \lim_{L \to \infty}f'(L) = 0$$

4. 跨期投资假说

假设消费者的储蓄率为 s，$0 < s < 1$。这样，可以得到 $S(t) = sY(t)$，定义投资储蓄恒等式：$\frac{dK(t)}{dt} = I(t) = S(t)$。

二、新古典理论模型

（一）家庭部门

假设经济中只有一种商品，这种商品既是消费品又是投资品，家庭部门的劳动供给为 $L(t)$，劳动力的增长率为给定常数 n，并且定义新古典生产函数 $y = f(k)$。为了计算方便，假设家庭部门中初始资本存量、初始劳动力为标准单位 1，这不会影响模型运算结果，同时，假设劳动和闲暇之间没有替代关系。定义即期效应函数为：

$$u[c_t e^{\mu t}] = \begin{cases} \frac{1}{1-\lambda} c_t e^{\mu(1-\lambda)t}, \text{当} \lambda \neq 1 \text{时} \\ \ln c_t, \text{当} \lambda = 1 \text{时} \end{cases} \quad (8-1)$$

这里 λ 是跨期替代弹性，在后面的参数设定中为了计算的方便，假设跨期替代弹性为 1。跨期效应函数可以表述为：

$$U = \int_0^\infty e^{-\rho t} e^{nt} u(c_t e^{\mu t}) dt \quad (8-2)$$

其中，c_t 是 t 时间每个劳动者的消费，ρ 是时间偏好率，μ 是外生不变的技术进步率，定义 $\mu = c^{1-\sigma}$。$\mu = c^{1-\sigma}$ 保证了在竞争性均衡的增长路径上，居民实际消费并不总是 c_t，这更接近于现实生活。

由于中国税制体系的局限，中国现阶段对资本征收的直接税并不高，增值税的税基是增值额，可以变相看成对中国资本产出进行征税。流转税的其他两个税种，基本上也是对资本征收的间接税。新一轮的"营改增"扩围到全行业以后,可以预见增值税将成为中国税收的绝对主体。基于此,本部分假设主要针对资本产出征收流转税,同时定义 t 时间税后资本净收益率为:

$$ng(t) = (1-\kappa_r^m)r(t) \tag{8-3}$$

其中,κ_r^m 为对资本征收流转税的边际税率,$r(t)$ 为无风险收益率。则 0—t 时期资本净收益为:

$$ng = \int_0^t (1-\kappa_r^m)r(\tau)d\tau \tag{8-4}$$

此时,给出家庭跨期预算函数:

$$\int_0^\infty e^{-ng(t)}e^{nt}u(c_t e^{\mu t})dt = \int_0^\infty e^{-ng(t)}e^{nt}(\bar{\omega}(t)-\bar{\theta}^l(t))dt + k^0 \tag{8-5}$$

公式 8-5 中,$\omega(t)$ 是 t 时刻每个工人每小时的工资率,$\theta^l(t)$ 是 t 时刻每个人每小时工资需要缴纳的总税负。k^0 是初始时刻每个人每小时所具有的资本禀赋的数量。对于完全具有理性预期的家庭来说,在未来的时间序列条件下,并且在满足哈罗德技术中性的条件下,可得:

$$\bar{k}(t) = k(t)\exp^{\mu t},\ \bar{\kappa}^l(t) = \kappa^l(t)\exp^{\mu t}$$
$$\bar{c}(t) = c(t)\exp^{\mu t},\ \bar{\omega}(t) = \omega(t)\exp^{\mu t} \tag{8-6}$$

在公式 8-5 家庭预算约束下,求公式 8-2 家庭跨期效应的最大化。这里将公式 8-2 重新表述为:

$$U = \int_0^\infty e^{-\rho t}e^{(n+\mu)t}u(c_t)dt \tag{8-7}$$

令 $\rho^* = \rho + \mu\lambda$。相似地,运用公式 8-6 将预算约束重新改写为:

$$\int_0^\infty e^{-ng(t)}e^{(n+\mu)t}[c(t)+\theta^l(t)-\omega(t)]dt = k^0 \tag{8-8}$$

那么,构建汉密尔顿函数:

$$H = \int_0^\infty e^{-\rho t}e^{(n+\mu)t}u(c_t)dt + \gamma\Big(\int_0^\infty e^{-ng(t)}e^{(n+\mu)t}\\ [c(t)+\theta^l(t)-\omega(t)]dt - k^0\Big) \tag{8-9}$$

横截性条件:$\lim_{t\to\infty} k(t)e^{-ng(t)}e^{(\mu+n)t} = 0$

欧拉方程:$\dot{\gamma} = \rho\gamma - \gamma(1-\kappa_r^m)r(t)$

求解家庭跨期效应的最大化也就可以重新表述为在跨期预算约束 8-8

的条件下,求公式 8-7 的最大化。下面求解出一阶条件:

$$\dot{c}(t) = (c(t)/\lambda)[r(t)(1-\kappa_r^m) - \rho^*] \quad (8-10)$$

$$\lim_{t \to \infty} k(t)e^{-ng(t)}e^{(\mu+n)t} = 0 \quad \text{横截性条件} \quad (8-11)$$

$r(t)$ 为资本在缴纳流转税之前的资本净产出①。

(二)企业部门

定义新古典生产函数 $Y(t) = AF[K(t), L(t)]$,在生产函数两边同时除以 $L(t)$,可以得出 $\dfrac{Y(t)}{L(t)} = AF\left[\dfrac{K(t)}{L(t)}, \dfrac{L(t)}{L(t)}\right]$。依据规模报酬不变的假设,将生产函数简写为 $y(t) = f[k(t)]$。μ 是外生不变的技术进步率。假设折旧率恒定为 δ,因此,净产出可以表述为 $Y(t) - \delta K(t)$,那么定义折旧的边际资本净产出为 $r(t)$:

$$r(t) \equiv f'[k(t)] - \delta \quad (8-12)$$

同时,给出资本积累方程:

$$\dot{k}(t) = f[k(t)] - (n+\mu+\delta)k(t) - c(t) \quad (8-13)$$

并且通过下面公式 8-14 得出税前工资率:

$$\omega(t) \equiv f[k(t)] - k(t)f'[k(t)] \quad (8-14)$$

公式 8-14 中,$f[k(t)]$ 为一个效率单位的总产出,$k(t)f'[k(t)]$ 为资本的边际产出,所以定义劳动的边际产出为 $\omega(t)$,也可以理解为缴纳工薪税前的工资率。这样通过公式 8-12 和公式 8-14 给出了缴纳流转税前的资本收益率和工资率②。

(三)政府部门

本章为了计算方便假设政府所有的收入都来自流转税和工薪税,这与中国的实际情况较为符合。假设除去流转税之外的所有税收都是工薪税,这个假设也不会影响本部分实证分析。定义 $\theta_\omega(t)$ 为工薪税税率,$L(t)$ 为总劳动人口,那么国家征收的工薪税的总收入为 $\omega(t)L(t)\theta_\omega(t)$。

本章最终考察的是流转税改革的动态效率效应,所以假定对资本征收的流转税的边际税率 κ_r^m 和平均税率 κ_r 是常数。注意 κ_r^m 在"营改增"前后对应

---

① T. Hatta, H. Nishioka, "Efficiency gains from reducing the average capital income tax rate in Japan", *Conference on Japanese Corporate Financial Behavior*, 1990, No.8, pp.21-44.

② T. Hatta, H. Nishioka, "Efficiency gains from reducing the average capital income tax rate in Japan", *Conference on Japanese Corporate Financial Behavior*, 1990, No.8, pp.21-44.

不同的常数,也就是说"营改增"前后流转税的边际税率是不一样的,而总付税率 κ_r^l 是可变的。这样,政府对资本征收的流转税总额为 $\kappa_r^l + \kappa_r^m r(t) K(t)$,可以得出对资本征收的流转税平均税率 κ_r 满足:

$$\kappa_r r(t) K(t) = \kappa_r^l(t) + \kappa_r^m r(t) K(t) \qquad (8-15)$$

设 $G(t)$ 表示 t 时刻政府支出。本部分假设政府财政平衡,政府支出等于政府收入,那么政府支出来源主要包括两部分,第一部分是对资本征收的流转税,第二部分是工薪税。每一时期预算平衡,那么对于所有时期意味着:

$$G(t) = \kappa_r^l(t) + \kappa_r^m r(t) K(t) + \theta_\omega(t) \omega(t) L(t) \quad (\forall t) \qquad (8-16)$$

令 $\theta^n(t) = \theta_r^l(t)/L(t) + \theta_\omega(t) \omega(t)$。$\theta^n(t)$ 表示在 t 年里每一个单位劳动缴纳的工资税总额。因此公式 8-16 可以化简为:

$$G(t) = \kappa_r^m r(t) K(t) + \theta^l(t) L(t) \qquad (8-17)$$

假设政府以一个 $n+\upsilon$ 的恒定比例增加公共产品的供给,同时假定每一单位的劳动对公共产品的供给保持在常数 β 的水平。则:

$$G(t) = \beta L(t) \qquad (8-18)$$

对于所有的时期 t 来说,由公式 8-17 和公式 8-18 可以得到:

$$\beta = \kappa_r^m r(t) k(t) + \theta^l(t) \qquad (8-19)$$

假设总负税率是可以改变的,流转税的边际税率恒定不变。进一步假定,政府支出不断地调整总付税收 $\theta^l(t)$,以使公式 8-12 在给定的 β 和流转税边际税率 κ_r^m 条件下总成立。这可以通过调整 $\theta_\omega(t)$ 或 $\kappa_r^l(t)$,或同时调整两个变量来进行①。

三、模型求解

(一)消费与资本积累动态方程的确定

产出的市场均衡条件为:

$$C + G + (\dot{k} + \delta k) = F(K(t), L(t)) \qquad (8-20)$$

这里 C 表示消费支出,同样我们可以得到:

$$\dot{k}(t) = f(k) - c - \beta - (n + \upsilon + \delta) k(t) \qquad (8-21)$$

---

① T. Hatta, H. Nishioka, "Efficiency gains from reducing the average capital income tax rate in Japan", *Conference on Japanese Corporate Financial Behavior*, 1990, No.8, pp.21-44; T. Hatta, H. Nishioka, "Economic welfare and capital accumulation under capital income tax", 1989, No.12, pp.183-237.

那么，可以把公式 8-9 和公式 8-21 重新表述如下：

$$\dot{c}(t) = \dot{c}(k(t), c(t); \kappa_r^m) \quad (8-22)$$

$$\dot{k}(t) = \dot{k}(k(t), c(t)) \quad (8-23)$$

上述公式 8-22 和公式 8-23 提供了 (k, c) 的时间路径方程。图 8-1 中 $\dot{k} = 0$ 为公式 8-23 确定的资本积累轨迹，$\dot{c} = 0$ 为消费者确定的消费者动态消费曲线。黑箭头描绘了马鞍路径，它是模型唯一的稳定路径。图 8-1 中，A 点为模型的初始均衡水平，也就是"营改增"之前的稳态均衡，此时 k 的初始水平为 k_0，c 的初始水平位 c_0。"营改增"之后，流转税的边际税率 κ_r^m 发生改变，稳态均衡也必定发生改变。那么，完全预期的经济将会选择马鞍路径上的 B 点，进而沿着马鞍路径运行到 C 点[①]。

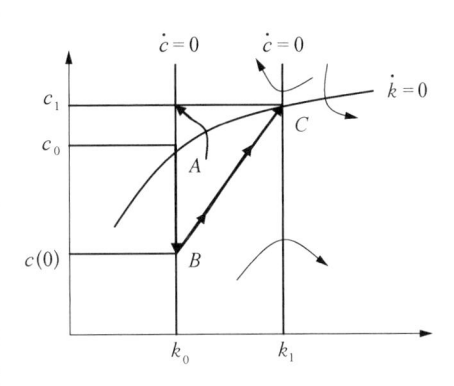

图 8-1 流转税改革动态

（二）流转税改革的动态效率评估

鉴于本章主要考虑的是"营改增"带来的流转税边际税率长久性变化所产生的动态经济效率效应。"营改增"带来的这样一种税制条件下的经济调整如图 8-1 所示。

图 8-1 中 $A(k_0, c_0)$ 点是经济的初始稳态，A 点是垂直的动态消费曲线 $\dot{c} = 0$ 与资本积累曲线 $\dot{k} = 0$ 的交点。本轮"营改增"之后，由于完善了增值税扣减链条，2012 年开始的流转税改革实际上是一种变相的减税。现在假设流转税的边际税率 κ_r^m 是减少的，通过公式 8-22 和公式 8-23 可以看出，流转税边际税率 κ_r^m 的减少，并不影响 $\dot{k} = 0$ 的运动轨迹，但会使 $\dot{c} = 0$ 曲线向右移动。所以"营改增"之后的稳态均衡从 A 点移动到 C 点。

"营改增"之后，稳态均衡并不是立刻从 A 点移动到 C 点，而是沿着黑箭头所示的马鞍路径分为两个阶段。第一阶段，经济迅速从 A 点跳到通向新的稳定状态的马鞍路径上的 B 点，消费水平下降到 $c(0)$ 水平。第二阶段，通过调整人均资本 k 的存量，"营改增"带来的减税效应使人均资本存量逐渐增加，稳态均衡又逐渐沿着马鞍路径移动到一个新的稳定状态 C 点。

---

① T. Hatta, H. Nishioka, "Efficiency gains from reducing the average capital income tax rate in Japan", *Conference on Japanese Corporate Financial Behavior*, 1990, No.8, pp.21-44.

第二节 参 数 校 准

本章通过对相关数据进行对数化、OLS方法等方式确定上述数理模型的部分参数,并通过计算得出流转税改革前后的一些参数。现阶段参数校准主要有两种方法:一种属于先验性的参数校准法,即依据已有的文献研究成果确定大家公认的一些参数值;另一种是依据论文需要进行数值模拟或是通过计量方法估计得到参数估计值。本章运用上述两种方法对各个参数进行合理校准赋值。

一、参数校准说明

本章选取柯布-道格拉斯函数 $Y = AK^{\alpha}(Le^{\mu})^{1-\alpha}$,并对柯布-道格拉斯函数进行指数化,运用中国"分税制"改革以来的资本、劳动收入份额、实际GDP数据,确定上述公式中的各个参数值。通过测算,全要素生产率(A)为63.14,资本收入份额(α)为0.46,参数 μ 为0.0075,上述参数值都是在误差项服从一阶自回归的假设条件下计算得到的。资本折旧率数据主要来自国家统计局网站公布数据,经过加权计算本章选取的资本折旧率(δ)为6.3%,劳动力人口增长速率取值为0.0075。政府收入占GDP的比率在2000—2013年主要处于25%—35%之间,取值30%。跨期替代弹性 λ 介于0—1之间,为了计算方便,取值1。将房地产业纳入计算出来的通货膨胀率为0.097。储蓄率(s)取值0.5。代际贴现因子(τ)取值0.075。

流转税的平均税率是由流转税的税收收入除以税基得到的。流转税是营业税、增值税、消费税的总和。2012年8月1号开始的"营改增"是建立中国现代财政制度的中期任务,到2016年基本完成全行业的"营改增"改革,这样就建立了中国增值税征收的完整链条。营业税改增值税会降低中国流转税的税率,经过专家的测算,营业税与增值税相比,税收会高三分之一左右。依据前面的假设,设定流转税的平均税率是不变的,房地产投资占中国固定资产投资的比重大约为15%,将房地产业征收的营业税、土地增值税、契税、城镇土地使用税纳入流转税的范围,综上流转税平均税率(κ_r)为23.5%。另外对于流转税的边际税率,也就是说"营改增"实际上是一种变相的减税,必然导致改革前后流转税边际税率的变化。本章假设"营改增"前后流转税的边际税率是不一样的,"营改增"之前流转税的边际税率取值 $\kappa_r^m = 38.4\%$,"营改增"之后流转税的边际税率取值为 $\kappa_r^m = 32.5\%$。

由于中国税收体系中流转税所占比重超过60%，假设政府税收中，除去流转税都算工薪税。工薪税平均税率的计算是在上述假设的条件下展开的，本部分工薪税率 $\theta_w = 27.3\%$。其次，依据公式8-9以及前述设定的参数值，可以得到 $\rho^* = r(k(0))(1-\kappa_r^m)$，并且 $\rho^* = \rho + \mu\lambda$。在流转税改革前，可以得到 $\rho^* = 0.036$，当 $\kappa_r^m = 28.4\%$ 时，此时 $\rho = 0.0285$；$\rho^* = 0.042$，当 $\kappa_r^m = 25.1\%$ 时，此时 $\rho = 0.0345$。上述参数的校准数值都是经济处于一个稳定均衡的假设条件下引申出来的。

二、参数校准结果

本章参照国内其他学者研究文献，上述各个数据取值基本是合理的。因为本部分主要考察的是"营改增"前后流转税改革的动态经济效率，上述参数的设置存在的较小偏差，对流转税改革的动态经济效率大趋势不会产生影响。

表8-1 参数校准结果

参　　数	取值	参　　数	取值
全要素生产率 A	63.14	跨期替代弹性 σ	1
资本产出弹性 α	0.46	劳动人口增长率 n	0.0075
政府收入占GDP比重 η	0.3	"营改增"之前流转税边际税率 κ_r^m	0.384
资本折旧率 δ	0.063	"营改增"之后流转税边际税率 κ_r^m	0.325
税前实际收益率 r	0.054	"营改增"之前纯粹的时间偏好率 ρ	0.0265
通货膨胀率 π	0.097	"营改增"之前调整的时间偏好率 ρ^*	0.036
储蓄率 s	0.5	"营改增"之后纯粹的时间偏好率 ρ	0.0325
工资税率 θ_w	0.273	"营改增"之后调整的时间偏好率 ρ^*	0.042
平均流转税税率 κ_r	0.235	Y/K 的初始数值 $y(0)/k(0)$	0.73
代际贴现率（贴现因子）τ	0.075	外生不变的技术进步率 μ	0.103

第三节 数值模拟分析

本章主要考察"营改增"改革的动态效率效应，我们假设改革前后的经济都是一个稳态的均衡状态，并且实行"营改增"之后使经济走向了优化。长期条件下,"营改增"改革是经济从一个稳定状态跨越到另一个稳态均衡,改革前后稳态均衡状态下,消费流与人均效率资本的存量之间的等价差,就是"营改增"改革的动态效率效应。因此,流转税改革所带来的动态效率效应改进最直观的衡量标准主要有两个:第一个就是对居民消费性财富的影响,第二个是对人均效率资本的影响。本章对基于"营改增"视角的流转税改革的动态经济效率的衡量相应的也分为两部分:第一部分是衡量"营改增"对消费性财富的影响,第二部分探讨流转税改革人均效率资本的影响,通过分析"营改增"对人均效率资本的影响实现对经济动态效率效应的探讨。

一、流转税改革对消费性财富变化的影响

为了衡量由流转税改革所引起的消费性财富变化,我们主要是比较"营改增"前后的消费性财富变化,我们采用等价变差形式来衡量消费性财富的变化,那么我们正式地定义流转税改革的等价变差:

$$ev = \frac{\int_0^\infty e^{-cg^0(t)}C_1(t)dt - \int_0^\infty e^{-cg^0(t)}C_0(t)dt}{\int_0^\infty e^{-cg^0(t)}C_0(t)dt} \times 100 \quad (8-24)$$

公式 8-24 中 $C(t)$ 为按照公式 8-4 中资本收益流 $cg(t)$ 贴现的消费总量。即 $\int_0^\infty e^{-cg(t)}C(t)dt$。上式中 $C_0(t)$ 和 $cg_0(t)$ 分别为公式 7-9 和公式 8-9 所确定的"营改增"之前的消费流和收益流,而 $C_1(t)$ 是在"营改增"之后按照资本收益 $cg_1(t)$ 贴现之后消费流,$C_1(t)$ 是所有能够达到改革后的效应水平的消费流中,使按照 $cg(t)$ 估价的消费量中最小的消费流。上述改革前后的消费流和资本收益流是在经济达到稳态时求得。公式 8-24 中的分子是在恒定的价格流下,对 $C_0(t)$ 和 $C_1(t)$ 值加以比较,因此是税制改革的等价变差。图 8-2 是"营改增"前后流转税边际税率的变动对消费性财富的影响。

图 8-2 中曲线描绘了"营改增"带来的边际税率变动对消费性财富所产生的影响,对应于公式 8-24。通过模拟分析,表明"营改增"所带来的流转税边际税率变化使居民消费性财富增加。当流转税的边际税率由 38.4% 减少为 32.5% 时,消费性财富增加 0.57%。从居民消费性财富增加的角度来考虑,以"营改增"为基础的新一轮财税改革优化了分配格局,带来居民消费性财富的增加。依据我们的模拟分析,如果存在极端情况,当流转税边际税率降到 0 时,此时居民消费性财富会增加 1.53%。

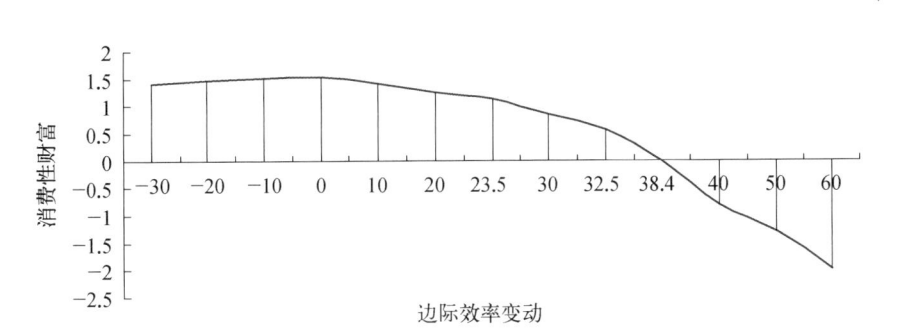

图 8-2 流转税边际税率变动带来的消费性财富变动

二、流转税改革对动态经济效率的影响

本章理论模型的基础是新古典一般均衡模型,其中 $y=f(k)$,从生产函数公式可以看出动态经济效率的变动和效率资本的变动是等价的。由稳态均衡时公式 8-23 可知:我们假设流转税边际税率的变动不影响动态资本积累速度,但以"营改增"为基础的新一轮财税改革所带来的减税效应,必然影响稳态均衡时人均效率资本存量,进而对动态经济效应产生影响。依据我们的模拟分析结果,图 8-3 是流转税边际税率变动带来的动态效率效应的改进。

由图 8-3 中的分析可以看出,以"营改增"为基础的新一轮财税改革,促进了产业深化,使经济的动态效率提高了 0.93%,也就是说流转税边际税率的下降带来了经济效率的提高。依据数值模拟分析,当出现流转税的边际税率降为 0 的极端条件下,此时可以使经济的动态效率提高 2.62%。

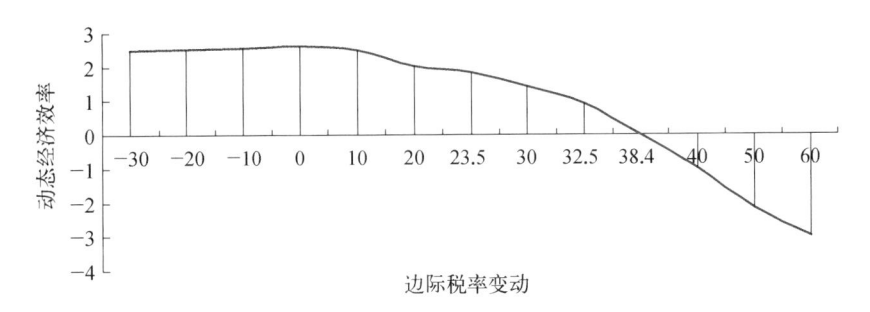

图 8-3 边际税率变动的动态经济效率改进

第四节 小 结

本章在新古典一般均衡的分析框架下,结合中国税收体系、政府税收来源

状况,将政府税收分为流转税和工薪税,进而探讨了以"营改增"为契机的新一轮财税改革对中国动态经济效率的影响。随着"营改增"的扩围,新一轮的财税改革降低了中国流转税的边际税率。依据模拟分析结果,"营改增"前后,流转税改革使中国国民消费性财富增加0.57%,动态经济效率改进0.93%。现阶段由于各种原因,"营改增"并没有扩围到全行业,那么,在可以预见的未来,随着"营改增"扩围到全行业,必将释放出更多的制度红利,可以肯定未来几年中国的动态经济效率必将继续改进,国民消费性财富必将进一步增加。

以上结论揭示了重要的政策内涵:随着拉动经济增长的三驾马车效力逐渐减弱,依靠"人口红利"驱动的粗放式增长模式是不可持续的,必须通过深化经济体制改革来获得"制度红利",进而带来效率、创新和生产率的极大提升。本章对流转税改革动态经济效率的定量分析,很好的佐证了"制度红利"释放出来的经济增长动力。另外,应该从建立现代财政制度入手,构建合适的现代治理结构和治理机制。

第九章　中国经济效应优化的路径与对策研究

本部分主要包括两个部分,第一个层面是财税体制改革方面的相关举措,第二个层面为经济效应优化的长效机制构建,为有关部门流转税改革后续相关政策的出台提供决策依据,并对后续研究做了具体的展望。

第一节　财税体制改革相关对策

在当前经济增长速度换挡、结构调整步伐加快、发展动力开始转换的新常态下,提出经济效应优化的相关财税体制改革安排,能够为后续一个阶段,特别是"十四五"时期中国财税体制改革提供政策支持。

一、继续深化财税改革,全面深化体制改革

（一）继续深化税制改革,建立现代财政制度

在进一步深化税制改革,建立现代财政制度的过程中,要抓住主要矛盾:第一,继续推进"营改增"改革,使其扩围到全行业,提高直接税的比重,降低间接税的比重,减少税负转嫁对居民消费的抑制,促进第三产业发展;第二,提高个人税负,降低企业税负,企业作为税负的中转站,是以价格为基础进行转嫁,必然影响资源配置,因此降低企业税负有利于优化资源配置;第三,建立健全中央和地方事权与支出责任相匹配的财税体制,做到决策权下移、事权上移,并推动建立纵向和横向转移支付相结合的转移支付制度。第四,深化财税体制改革,要与公共产权收入制度改革、扩大公共产权收入等其他改革相结合。

（二）加快"营改增"进程,减轻企业税收负担

加快铁路运输、邮电通信业、银行金融等行业的"营改增"改革,促进生

要素在全行业、全国范围内的流动。"营改增"扩围到全行业的过程必然带来大规模的减税额,在一定程度上会降低企业税负,增加企业利润。在"营改增"推进的同时,注意建立适当的激励约束机制,并采取一定的奖惩方式,引导优化社会资源的有效配置。

(三)进一步完善企业所得税改革

企业所得税的改革主要包括完善税收优惠政策,要找到企业逃避税收而制造的虚假亏损或转移利润的解决方法,为适应税收的潜在竞争,完善对跨国企业的转让定价和国际税收抵免的有关规定。另外,与贸易有关的资本跨国流动的增加,会使金融资产和直接投资的跨国所得增加,这要求我们加强对贸易有关的跨国资本流动监管。同时,要开辟新的税源。贸易方式以及贸易结构的变化必然带来税源的变化,这要求我们及时调整企业所得税的税种结构,基于金融资产交易不断增加的考虑,可以考虑设立金融资产所得税税种。

(四)以财税改革为契机,撬动全面改革

财政在治国安邦中具有基础性、制度性和保障性作用,财税改革涉及中央与地方、政府与企业、国家与个人以及部门间权力和利益的再分配,牵一发而动全身。财税体制改革既是中国转型的一个方面,又是制度转型的核心。财税体制改革分为两个阶段,第一个阶段是与经济改革相匹配的财税体制改革,第二个阶段是与国家治理相匹配的财税体制改革。第一阶段的"营改增"税制改革,在国民收入分配优化过程中发挥了一定作用。中共十八届三中全会之后,中国从经济改革转向全面深化改革,实际上就是国家治理改革,这需要财税体制改革与其他改革措施、制度设计配套。在国家治理、制度顶层设计的过程中,不妨让国民收入分配更多地向居民部门倾斜。

(五)优化地方税制结构,完善地方税体系

随着"营改增"改革的基本完成,不可避免地会影响地方政府的收入规模,这会在一定程度上倒逼地方税体系的重新构建。要真正赋予地方政府一级财权、一级举债权,赋予地方政府一定的税收自主权。地方税税种的开征,可以先由中央制定基本法,具体实施办法由省一级地方人大及政府依据当地的实际制定。另外,对全国不统一开征的地方税,其税收立法权应赋予省一级的人大及地方政府。最后,要确定地方税的主体税种。建议房产税和财产税尽快立法出台。通过将消费税划归地方,提升地方财政收入,从而促进财权、事权相匹配。与直接税相比,镶嵌在价格之内的间接税更不容易令人察觉,税收所引起的痛苦感也相对较低,但在税收收入容易筹集的同时,却阻碍着政府治理能力的提升。因此适当提升直接税比重,有利于反向提升政府治理能力和推进治理体系的现代化。

二、消除税收制度障碍，留下必要实施空间

（一）统筹税种设置，明确主体利益划分原则

税收制度是统筹税种设置和税收征收的法律依据，是明确市场与政府关系、国家与纳税主体利益分配的重要法则。随着经济结构的转型升级和经济高质量的飞速发展，中国的税收制度也朝着新的方向稳步前行，翟继光[①]认为税收法定、合理分权、实质公平构成了新时代下中国税收制度的三大特征，但无法忽视的是，税收制度仍然存在着制度障碍和实施空间的问题，尽管有些学者，如丹尼尔·维特(Daniel A. Witt)认为税收政策的确定性是税收制度的一个主要内容，即注重通过保持税收政策的稳定性来提升投资者和消费者对预期缴纳税额计算的合理性，但不可否认的是，目前中国税收制度设计存在的诸多问题，例如税率设定不合理、征收内容不够科学全面等问题使得完善税收制度设计、消除税收制度障碍变得亟待解决。

（二）完善现行税收法律制度，将低税率和宽税基有机结合

随着大数据精准分析技术的飞速发展，共享经济等依托互联网技术的一众产业如雨后春笋一般不断涌现。但是，现有的税收制度却无法对如此庞大的税源做出妥善的安排。加强完善现有税收法律制度，例如将共享经济等被忽视的新兴税源纳入税收筹划，做到有法可依，这既是将该行业纳入税收调控轨道的举措，也是规范税务机关征税行为的制度依据。与此同时，在保证税收收入稳定的情况下，将宽税基与低税率有机结合，能更高效地发挥税收制度对于提升经济高质量发展的助推器作用。

（三）提升纳税主体的纳税意识和道德水平

纳税主体是税收制度设计的参与者，既是被动的接受者，也是主动的影响者。基于微观主体"理性人"趋利避害的假设和行业内部纳税主体纳税遵从度较低的双向影响，作为税收收入承担者的广大纳税主体仍存在着逃税漏税的不法行为，这些行为是对税收制度的践踏，也是降低税收收入的不良因素。提升纳税主体的纳税意识，需要做到"宣""奖""惩"三方面良性互动：可通过开展普法栏目课和纳税常识讲座，宣传依法纳税，营造依法纳税良好氛围；对于按时依法纳税的个体可以在尽量不影响税收中性原则的前提下，予以适当的税收优惠以形成激励效应；对于利用虚开发票骗取抵扣款、逃税漏税的行为要严惩不贷。同时，深化税收征管制度改革，引入"互联网+"技术

---

① 翟继光：《论中国新时代税收制度的基本特征》，《税务研究》2020年第2期。

和大数据云计算,推进电子税务登记制度的推广实行,将不易管控的纳税主体,通过其行业特点纳入税收筹划也是提升纳税遵从度的重要举措。

三、减少增值税纳税档次和法定税率

(一)做好"营改增"善后工作,切实减轻企业税负

以"营改增"为契机,继续推行减税措施,采取一定的奖惩方式控制资本的投向结构,引导社会资源更多的配置到第三产业。同时,降低宏观税负水平,使其处于合理范围之内。宏观税负水平直接影响到生产要素的回报率,过高的宏观税负也扭曲了产品相对价格,加重企业的综合负担,不利于市场资源配置功能的发挥与产业结构调整,因此宏观税负水平的降低是中国产业结构升级演进的重要举措。

(二)继续降低增值税法定税率,争取三档变两档

增值税法定税率在一定程度上反映了增值税纳税主体的税收负担。目前,中国增值税税率设计主要面临着纳税档次过多和法定税率较亚洲其余国家相对较高的问题。随着经济结构的转型升级,增值税税收制度设计也应随之合理化。因此,在中国经济高质量增长的背景下,我们必须进一步推进税率简并和法定税率降低。为了简并税率,可以设定一个法定税率和一个优惠税率并存的双档税率组合。税率分档过多,不仅给税务机关增加了税收审查成本,也给纳税主体带来了逃税漏税的可乘之机,同时增加了企业的计算成本,破坏了增值税链条的前后衔接,导致"高征低抵"的出现,造成不同程度的扭曲资源配置,与税收中性背道而驰。目前中国的增值税税率和部分国家相比相对较低,但是相对亚洲其他国家更高,下调增值税税率仍有必要。下调增值税税率不仅减轻了企业的税收负担,同时也间接起到刺激消费、拉动内需的作用。

四、完善留抵退税政策,继续提供制度红利

(一)发行特种国债将留抵额进行一次性抵扣

刘怡和耿纯以 2011 年和 2010 年的留抵额情况,测算估计出 2016 年留抵额达到 1.6 万亿元,约占当年一般公共预算收入的 10%[①]。这样数额庞大的留抵规模并不是一般预算收入可以平衡的,因此出于对资金时间价值和税收中性的考虑,应该通过发行特种国债进行一次性转化。留抵退税从内涵上来看,是通过调整对于抵扣额的返还时间来调动生产积极性,从而让广大企

---

① 刘怡等:《增值税留抵规模、分布及成本估算》,《税务研究》2018 年第 3 期。

业享受营改增政策带来的制度红利,这种举措本身不会影响财政收入绝对量的变化,这部分抵扣款从税收设计安排上来看,早晚是要进行偿付的,特殊国债的发行动机与抵扣额的返还性质得到了契合,从而为留抵额的退还提供了媒介。

(二)进一步完善企业信用评级体系

企业信用评级体系以年度为考核标准,而留抵退税的实施又要求企业保持 A 级或者 B 级,并以 6 个月为期限,目前信用评级体系没有对考核期跨年作出合理安排。针对这个问题,应该对于发生跨年情况的考核企业,采用综合考量的方法,即以之前年份的企业信用评级结果为考量基准,同时引入审计部门的有力配合,做到先审计再退税。应该依据企业性质例如重资产和高科技的企业和留抵退税所发生的应税项目,例如芯片制造等工程这样关乎国民经济平稳运行和经济高质量发展的企业和项目,灵活调整考核期限和考核标准。

(三)规范税收优惠条件,彰显税收中性

税收优惠政策的存在使得该部分的纳税主体脱离了增值税抵扣链条,并且间接推动了留抵规模的膨胀。然而,税收优惠政策拥有着纠正外部性、促进经济结构转型升级的引导作用,税收优惠政策在中国还有着存在的必要性,暂时无法完全取消。因此,必须完善相关法律法规对税收优惠的条件加以明确规定,严格审核申请税收优惠的项目和企业,避免骗取税收优惠行为的发生。

五、制定库存产品的减税政策,实现增值税税负的全部转嫁

(一)加快库存产品减税安排,实现增值税税负全部转嫁

库存产品是指企业已完成生产,合乎相应标准,可以按照规定条件送交订货单位,或作为对外销售、外购或委托加工完成验收入库用于销售的各种商品。库存产品的存在一方面反映了企业销售商品遇阻,另一方面也体现了市场关于该商品存在着供求不平衡的现象。库存商品是反映经济社会产能是否过剩的重要指标。2019 年,中央工作经济会议提出要巩固"三去一降一补"成果,推动更多产能过剩行业加快出清,去库存再次成为供给侧改革的重点之一。库存产品过多,导致本该用以周转的资金滞留在仓库,从而给企业带来经营风险。一旦市场供求关系变化,库存商品还会出现跌价的情况,从而导致企业资产贬值。这样复杂的利害关系在一定程度上是受增值税征税机制所制约的,增值税只对流通中的增值部分征税,库存产品是被置放的资源,短时间内无法参与流通,就无法实现增值税税负的全部转嫁。鉴于当前

中国去库存的压力和以供给侧结构性改革为主线、着力推进经济由高速增长向高质量发展转型的大背景，加快对于库存产品的减税安排、实现增值税税负的全部转嫁是十分必要的。

（二）针对库存产品进一步出台相应的税收优惠

建议补充完善现行税收法律制度，对于库存产品及库存产品存量较大的制造业等行业以相应的税收优惠。企业库存产品规模反映着企业的销售能力和盈利能力，库存产品的有效减少可以加速企业资金回流，这种效应的影响大小往往与企业性质密切相关。以制造业为代表的行业，在生产经营活动上存在着由原材料到产品，再从在产品到产成品的经营链条，库存产品的过量存在会影响这个链条的前后衔接，给予库存产品一定量的税收优惠，可以减轻企业税收负担，降低由库存产品的存在而带来的额外成本，为后续库存产品折价处理提供了价格空间。对于库存产品存量较多的行业，诸如制造业等行业，辅以税收优惠扶持，将提升行业竞争力、推进行业内部结构转型升级。

（三）完善现行抵扣制度，加快留抵税额的返还

应该完善现行抵扣制度，加快留抵额的退还，避免因库存产品的积累导致留抵额退还不到位。通常情况下，应税物品无法在短时间内及时倾销，销售过程的权责发生制与抵扣过程的收付实现制相互冲突造成了留抵额累计，很可能稀释了增值税的制度红利。为减少由于库存产品而带来的留抵额退还滞后，必须完善抵扣制度，稳步推进留抵退税的普遍运用。进一步推进增值税法定税率下调和纳税档次简并，平衡不同经济形态之间、不同行业之间的税收负担，通过减税政策帮助广大企业"去库存"。

六、建立健全中央和地方事权与支出责任相匹配的财税体制

分税制改革以来，随着事权的下移和财权的上移，导致地方政府对中央的财政依赖度越来越大，2013年，中央财政超过70%转移给地方，地方财政收入中有超过40%来自中央的转移支付，导致近年来"跑部钱进"现象越来越严重。通过上述数据也可以看出，1994年实行的分税制改革越来越有向分钱制靠拢的趋势。构建中央、地方事权与支出责任相匹配的财税体制，势必关系到中央财权、事权以及支出责任的重新划分，因此需要确立各级政府预算内独立的税收来源，以及相应的支出责任，避免上下级之间责任不清、相互推诿。应重新明确划分中央和地方政府的财权和事权，中央政府对职责和税收权力重新调整时，有必要充分听取地方政府意见。中央政府和地方政府之间的事权划分必须以某种法律的形式固定下来，并且由全国人民代表大会

审议通过,无论哪一级政府,都必须严格执行。

第二节 中国经济效应优化的方法与路径

本节主要提出中国经济效应优化的长效机制构建,主要包括产业结构升级、国民收入分配格局优化、资本回报率提升以及动态经济效率改善几个方面。

一、破除体制壁垒,实行产业结构升级战略

(一)破除政府补贴的企业规模与所有制壁垒

产业结构优化是经济转型、产业调整的重心,同时产业结构的优化又离不开政策的引导与扶持。长期以来,政府的财政补贴大部分都是投入到国有企业,投入中小企业的比重偏低,而中小企业特别是科技型的中小企业是产业结构优化的重要推动力,在以后的政策调整中,发展潜力大、创新能力强的中小企业应该成为政府补贴的重点。

(二)稳步发展循环经济,促进高新技术产业发展

政府可以针对产业结构升级演进的规律,加大高新技术产业的发展,增加研发投入的财政补贴,在高新技术产业发展过程中,鼓励使用财政激励政策,引导更多的社会资本进入高新技术领域,促进高新技术产业及相关产业的增长,进而推动产业结构升级演进。

(三)实行区域性产业结构升级战略

不同地区产业结构调整受到区域内其他经济发展以及非经济因素的影响,诸如环境、国民素质、产业成本等。在"营改增"彻底推行到全行业以后,财税政策的出台不能一刀切,应该有针对性地出台一些促进中西部地区产业结构优化的配套性财税政策,调节不同区域之间的财政补贴力度,重点扶持服务业发展,提高公共服务水平,为产业结构向服务化转型创造条件。

税收负担是企业成本的重要组成部分,后续的增值税改革应该大幅降低增值税法定税率,并适当减少增值税纳税档次,争取三档变两档。税收政策制定与改革过程中,要充分考虑生产性服务业与制造业的发展战略,加大对生产性服务业的加计扣除,降低交易成本,继续为生产性服务业与制造业协同融合提升提供税收红利。

不同的减税方法,所产生的政策效果自然不同,无论何种减税政策,应当继续降低生产性服务业的实际税负,促使生产性服务业通过产业链整合更好

地嵌入制造业。另外,可以单独出台一些针对先进制造业与现代服务业的税收优惠政策。

应该优化生产性服务业内部结构,挖掘产业链的内部合作,积极应对"美国产业链去中国化+中国产业链去美国化",使其更好地嵌入国内制造业价值链升级过程,匹配制造业高端生产性服务业的需求,加强二者前后端的互动关联。同时将制造业产业链不断往上游延伸,在协同融合过程中,完成制造业升级。

建议加快生产性服务业与制造业之间的创新关联。注重共享关键技术的研发,对于制造业中间需求高的专业技术服务,在加大财税支持的同时,辅以其他措施,特别是破除阻碍二者协同融合的行业技术壁垒,引导生产性服务业在制造业密集地区集聚,促进其与先进制造业协同融合集聚。

二、再分配向居民部门倾斜,优化国民收入分配格局

(一)拓展居民收入来源,再分配向居民部门倾斜

1. 拓展居民收入来源,改变居民收入来源单一现状

现阶段,中国居民收入主要来源于劳动报酬,财产性收入占比较低。一方面,需要扩展居民资本、技术和管理等要素收入,创造条件让更多群众拥有财产性收入。另一方面,针对劳动报酬短时间内难以提升的情况,需要积极提高劳动者最低工资,增加劳动者技能培训方面的政府财政资金投入。同时,提高企业退休人员养老金,拓宽农村居民收入渠道,增加政府财政对弱势群体的转移支付力度,在国家财力允许的前提下,增加政府支出中民生支出比重,放松政府机构、企事业单位对一般工作人员的福利支出管制,逐步提高最低工资标准,加强支农惠农政策,多渠道增加农村居民转移就业,增加农民收入。

2. 扩大社会保障的覆盖面,完善转移支付制度

通过第三章的分析可以看出,社会保障支出规模与居民在国民收入分配中的所得份额正相关,而居民所得份额与政府部门所得份额负相关。社会保障支出不仅可以维持居民最低生活水平,还可以维持社会稳定,同时也是居民部门重要收入来源。可以考虑建立一个全国性的社会保障基金,合理划分政府、企业与个人在社会保障方面的责任边界,从而实现政府与市场的合理职能。社会保障和转移支付力度的增加,不仅可以直接降低政府部门的可支配收入,而且还可以在国民收入再分配过程中有效增加居民部门所得份额。

3. 规范政府支出结构,增加政府福利支出

为了增加国民收入分配中居民部门的所得份额,必须使财政支出改革与

财政收入改革相配套。规范政府财政支出结构对形成合理有序国民收入分配格局具有重大的促进作用。优化中国的财政支出结构,要求政府逐渐从生产性、竞争性的经济建设领域退出,不断深化政府机构改革,转变政府职能,严格控制政府行政管理支出,杜绝财政资金浪费,将支出的重点更多的转向与居民福利民生相关的领域,从而在再分配过程中增加居民部门的所得份额,让税收更多地由国民共同来分享,并且转化为居民的民生福利,更多地让居民部门享受税收带来的收益,最终改善中国的国民收入分配格局。

(二)规范初次收入分配,保持企业所得份额

1. 建立相互制衡的企业工资决定机制

市场经济条件下,生产要素与资源主要由个人与微观经济组织掌握,商品生产、交易以及分配过程也主要由市场自发调节,形成所有者、经营者、劳动者相互制衡的多样化收入分配方式。但在收入分配过程中,国家对企业分配的调控,需要注重保证企业分配机制的合理性,并保证收入分配适当向劳动报酬倾斜,确保劳动者收入与企业的经济效应同步增长,保证企业的工资调整有利于人民生活水平的提高和社会的和谐发展。

2. 减少企业生产环节的税收,降低企业税收负担

增值税由生产型转变为消费型,能增强企业盈利能力与社会经济发展潜力。这是因为,第一,可以减少流转税占全部税收的比重,降低企业税收负担,增加企业盈余,扩大企业所得税的税基,提高企业所得税占全部税收的比重。第二,可以更好地发挥税收对国民收入分配格局的调控作用,扩大企业在国民收入分配格局中的所得份额,使企业可以将更多的资金用于发展生产,促使产业结构优化升级,实现企业的科学发展。企业的可持续发展反过来又可以扩大企业所得税税基,形成良性互动发展。

3. 完善治理机制,解决垄断企业分配机制问题

当前,中国部分垄断企业通过资源占有而获得高收入的问题越来越突出,因此需要在保证国家部分涉及国防、外交以及战略安全的垄断国企地位的前提下,通过放宽市场准入,加快垄断行业的改革,打破行业垄断,限制部分收入过高的垄断性企业的工资水平的增长。从长期来看,应逐步解决垄断性企业所有者权力虚置问题,从财务控制、监督机制方面求得解决垄断企业分配问题的根本办法。

三、优化服务业资本配置效率,提升总体资本回报率

(一)大力推进金融市场发展程度

"营改增"彻底推广到全行业的过程中,金融业的相关改革并不彻底,应

该继续深化金融业的"营改增"改革,提高金融业配置资本的效率,促使金融发展更好地服务于实体经济,优化金融市场配置资源的能力,尤其是增强金融资源对中小企业、高科技企业的支持力度。应该促使金融发展更好地服务于服务业,打造生产性服务业集聚平台,发挥群集内资金、技术和人才等要素的竞合机制,形成产业集群,发挥生产性服务业集聚的正外部性作用,促进生产性服务业与制造业的协同发展,向价值链高端转型。

(二)推动中国服务业资本配置效率的提升

必须重视服务业对外出口以及服务业相关行业外资的引进。应该打破服务业政府和行业垄断,适当引入竞争机制,放宽市场准入,增强服务业吸引社会资本和外商资本的能力。可以借助自贸试验区的建设积极探索服务业的开放、降低服务业的进入壁垒、重塑服务业发展机制。

(三)着力促进高端服务业的发展

特别是促进以人工智能、大数据以及物联网为核心的信息通信技术服务业以及知识高度密集的科学研究技术服务业发展,加快服务业新兴产业与国民经济其他行业的融合,从根本上提升服务业资本配置效率,最终推动服务业成为未来中国经济高质量增长的主动力。

四、继续推进供给侧结构性改革,提高动态经济效率

(一)加强企业研发投入方面的税收优惠政策

应该加强企业研发投入方面的税收优惠政策,继续提高企业研发费用加计扣除比例。不同的减税方法,所产生的政策效果自然不同。无论何种减税政策,企业税负转嫁是影响制造业绩效的关键性因素。应当继续提高制造业,特别是高新技术产业研发费用加计扣除比例,增加企业进行研发活动的积极性,提高整个制造业的科技发展水平,形成制造业绩效提升的良性生态。生产性服务业是"营改增"最重要的政策着力点,可以通过财政补贴进一步引导生产性服务业向高端迈进,使其更好地嵌入到制造业的价值链,进一步放大税收优惠的政策效果。

(二)以"减税降费"为契机,推进制造业供给侧结构性改革

制造业绩效提升是供给侧改革能否全面彻底推进的关键,关乎中国未来经济的高质量增长。大规模减税降费政策,正在为制造业转型升级注入强劲动力。"减税降费"从需求和供给两个层面实现制造业的供给侧结构性改革,积极促进新业态融合,吸引更多的知识资本与技术资本配置到制造业,通过技术进步实现制造业绩效提升。可以单独出台一些促进先进制造业与生产性服务业协同融合的税收政策,特别是给予制造业和服务业高度融合的物联

网、人工智能等附加值高的产业更多的减税政策。通过精准的税收扶持政策鼓励新业态、新经济的发展,积极调整国内产业布局,提高产业附加值,实现中国制造业向全球价值链的中高端跃升。

第三节 研 究 展 望

本研究从"营改增"改革的视角,对流转税改革的经济效应进行了全面系统评估,是税收政策研究的一项创新。但不可否认,本研究只是财税改革问题中的沧海一粟,只是在理论、政策传导机制以及计量检验等方面,对流转税的经济效应做了一个简单的探讨,并没有形成一个较完备的理论体系。本研究对流转税的改革效应研究也仅仅止步于经济层面上的浅层探讨,得出流转税改革降低了宏观税负,优化了国民收入分配格局,促进了产业结构升级演进,提高了资本回报率等结论。未来很长的一段时期内,笔者除了继续探讨流转税改革的经济效应外,还将继续沿着本研究设定的方向对流转税改革做以下两个方面的探讨:

第一,流转税改革的政治效应。迄今为止,极少有国内学者系统、全面探讨过流转税改革与政治之间的关系。政治的核心就是权力,而权力的核心就是对社会资源的占有与分配,税收自产生的那天起,就天然的具有政治的特性。如果条件允许,笔者将在未来的一段时间内补充政治学的相关知识储备,对流转税改革的政治效应做一个深入系统的探讨。

第二,流转税改革的社会效应。社会是人们交互活动的产物,也是各种社会关系的总和。生产关系是各种社会关系的基础,而社会产品的分配关系是生产关系最重要的方面之一。流转税与生俱来的社会再分配职能,决定了流转税改革与社会关系以及生产关系之间千丝万缕的联系,而这也是笔者未来有待研究拓展的方向。

参 考 文 献

［1］Abel, Andrew B., et al., "Assessing dynamic efficiency: theory and evidence", *The Review of Economic Studies*, 1989, Vol.56, No.1, pp.1–19.

［2］Acemoglu, Vg Daron, "Capital deepening and nonbalanced economic growth", *Journal of Political Economy*, 2005, Vol.116, No.3, pp.467–498.

［3］Adam, A., P. Kammas, "Tax policies in a globalized world: is it politics after all?", *Public Choice*, 2007, Vol.133, No.3, pp.321–341.

［4］Alstadsæter, A., M. Jacob, R. Michaely, "Do dividend taxes affect corporate investment?", *Journal of Public Economics*, 2017, Vol.151, pp.74–83.

［5］Alvarez-Cuadrado, F., M. Poschke, "Structural change out of agriculture: labor push versus labor pull", *American Economic Journal: Macroeconomics*, 2011, Vol.3, No.3, pp.127–158.

［6］Arnold, J. M., B. Javorcik, M. Lipscomb, A. Mattoo, "Services reform and manufacturing performance: evidence from India", *Economic Journal*, 2016, Vol.126, No.590, pp.1–39.

［7］Auerbach, A. J., L. J. Kotlikoff, J. S. Skinner, "The efficiency gains from dynamic tax reform", *International Economic Review*, 1983, Vol.24, No.1, pp.81–100.

［8］Avner, S., S. John, "Relaxing price competition through product differentiation", *The Review of Economic Studies*, 1982, Vol.49, No.1, pp.3–13.

［9］Bai, C. E., C. T. Hsieh, Y. Qian, "The return to capital in China", *Brookings Papers on Economic Activity*, 2006, Vol.26, No.3, pp.61–88.

［10］Baker, M., R. Greenwood, J. Wurgler, "Do firms borrow at the lowest-cost maturity? The long-term share", 2001.

［11］Baretti, C., B. Huber, K. Lichtblau, "A tax on tax revenue: the incentive effects of equalizing transfers: evidence from Germany", *International Tax and Public Finance*, 2002, Vol.9, No.6, pp.631–649.

［12］Baron, R. M., D. A. Kenny, "The moderator-mediator variable distinction in social psychological research: conceptual, strategic, and statistical considerations", *Journal of personality and social psychology*, 1999, Vol.51, No.6, p.1173.

[13] Barro, R., "Government spending in a simple model of endogenous growth", *Journal of Political Economy*, 1990, Vol.98, No.5, pp.S103-S125.

[14] Batte, M. T., "An evaluation of the 1981 and 1982 federal income tax laws: implications for farm size structure", *North Central Journal of Agricultural Economics*, 1985, Vol.7, No.2, pp.9–19.

[15] Battese, G. E., T. J. Coelli, "A model for technical inefficiency effects in a stochastic frontier production function for panel data", *Empirical Economics*, 1995, Vol.20, No.2, pp.325–332.

[16] Battese, G. E., T. J. Coelli, "Frontier production functions, technical efficiency and panel data: With application to paddy farmers in India", *Journal of Productivity Analysis*, 1992, Vol.3, No.1, pp.153–169.

[17] Baumol, W., "Macroeconomics of unbalanced growth: the anatomy of urban crisis", *The American Economic Review*, 1967, Vol.57, No.3, pp.415–426.

[18] Baumol, W., P. Heim, B. Malkiel, R. Quandt, "Earnings retention, new capital and the growth of the firm", *The Review of Economics and Statistics*, 1970, Vol.52, No.4, pp.345–355.

[19] Beck, T., R. Levine, A. Levkov, "Big bad banks? the winners and losers from bank deregulation in the united states", *Journal of Finance*, 2010, Vol.65, No.5, pp.1637–1667.

[20] Berger, Allen N., Emilia Bonaccorsi di Patti, "Capital structure and firm performance: A new approach to testing agency theory and an application to the banking industry", *Journal of Banking and Finance*, 2005, Vol.30, No.4, pp.1065–1102.

[21] Bird, R. M., M. Smart, "The economic incidence of replacing a retail sales tax with a value-added tax: evidence from canadian experience", *Canadian Public Policy*, 2009, Vol.35, No.1, pp. 85–97.

[22] Bloom, N., R. Griffith, J. V. Reenen, "Do R&D tax credits work? evidence from a panel of countries 1979–1997", *Journal of Public Economics*, 2002, Vol.85, No.1, pp.1–31.

[23] Bom, P., J. E. Ligthart, "Public infrastructure investment, output dynamics, and balanced budget fiscal rules", *Journal of Economic Dynamics and Control*, 2014, No.40, pp.334–354.

[24] Buera, F. J., J. P. Kaboski, "The rise of the service economy", *The American Economic Review*, 2012, Vol.102, No.6, pp.2540–2569.

[25] Bullock, D. S., "Are government transfers efficient? an alternative test of the efficient redistribution hypothesis", *Journal of Political Economy*, 1994, Vol.76, No.5, pp.1242–1274.

[26] Cass, D., "On capital overaccumulation in the aggregative, neoclassical model of economic growth: a complete characterization", *Journal of Economic Theory*, 1972, Vol.4, No.2, pp.200-223.

[27] Chamley, C., "Efficient taxation in a stylized model of intertemporal general equilibrium", *International Economic Review*, 1985, Vol.26, No.2, pp.451-468.

[28] Chamley, C., "The welfare cost of capital income taxation in a growing economy", *Journal of Political Economy*, 1981, Vol.89, No.3, pp.468-496.

[29] Chou, N. T., A. Izyumov, J. Vahaly, "Rates of return on capital across the world: are they converging", *Cambridge Journal of Economics*, 2016, Vol.40, No.4, pp.1-18.

[30] Chow, G. C., K. W. Li, "China's economic growth: 1952-2010", *Economic Development & Cultural Change*, 2002, Vol.51, No.1, pp.247-256.

[31] Cohen, D., K. Hassett, J. Kennedy, "Are U.S. investment and capital stocks at optimal levels?", *Social Science Electronic Publishing*, 1995.

[32] Dasgupta, P., J. Stiglitz, "On optimal taxation and public production", *The Review of Economic Studies*, 1972, Vol.39, No.1, pp.87-103.

[33] Davoodi, H., H. F. Zou, "Fiscal decentralization and economic growth: a cross-country study", *Journal of Urban Economics*, 1998, Vol.43, No.2, pp.244-257.

[34] Delaney, J. T., M. A. Huselid, "The impact of human resource management practices on perceptions of organizational performance", *The Academy of Management Journal*, 1996, Vol.39, No.4, pp.949-969.

[35] Dennis, B. N., T. B. Iscan, "Engel versus Baumol: accounting for structural change using two centuries of U.S. data", *Explorations in Economic History*, 2008, Vol.46, No.2, pp.186-202.

[36] Desgranges, G., R. Guesnerie, "Common knowledge and the information revealed through prices: some conjectures", *Delta Working Papers*, 1996.

[37] Devereux, M. P., S. Loretz, "What do we know about corporate tax competition?", *Oxford University Center for Business Taxation*, 2012, Vol.5, No.10, pp.12-29.

[38] Diamond, P. A., "National debt in a neoclassical growth model", *The American Economic Review*, 1965, Vol.55, No.5, pp.1126-1150.

[39] Dixit, A. K., J. E. Stiglitz, "Monopolistic competition and optimum product diversity", *The American Economic Review*, 1977, Vol.67, No.3, pp.297-308.

[40] Duranton, G., D. Puga, "Chapter 48 micro-foundations of urban agglomeration economies", *Handbook of Regional and Urban Economics*, 2004, No.4, pp.2063-2117.

[41] Ebrill, L. P., D. G. Hartman, "On the incidence and excess burden of the corporation income tax", *Public Finance*, 1982, Vol.37, No.1, pp.48-58.

[42] Eggers, A., Yannis M. Ioannides, "The role of output composition in the stabilization

of US output growth", *Journal of Macroeconomics*, 2004, Vol. 28, No. 3, pp.585–595.

[43] Ellison, G., E. L. Glaeser, "Geographic concentration in U. S. manufacturing industries: a dartboard approach", *Journal of Political Economy*, 1997, Vol.105, No.105, pp.889–927.

[44] Esteban-Pretel, J., Y. Sawada, "On the role of policy interventions in structural change and economic development: The case of postwar Japan", *Journal of Economic Dynamics and Control*, 2014, Vol.40, No.2, pp.67–83.

[45] Eswaran, M., A. Kotwal, "The role of the service sector in the process of industrialization", *Journal of Development Economics*, 2002, Vol. 68, No. 2, pp.401–420.

[46] Everaert, G., F. Heylen, R. Schoonackers, "Fiscal policy and TFP in the OECD: measuring direct and indirect effects", *Empirical Economics*, 2015, Vol.49, No.2, pp.605–640.

[47] Fama, Eugene F., K. R. French, "The corporate cost of capital and the return on corporate investment", *The Journal of Finance*, 1999, Vol. 54, No. 6, pp.1939–1967.

[48] Feder, R., "A contribution to the pure theory of taxation", *Cambridge University Press*, 1998.

[49] Feldstein, M., "Does the United States save too little?", *The American Economic Review*, 1977, Vol.67, No.1, pp.116–121.

[50] Ferede, E., B. Dahlby, "The impact of tax cuts on economic growth: evidence from the canadian provinces", *National Tax Journal*, 2012, Vol.65, No.3, pp.563–594.

[51] Francois, J., J. Woerz, "Producer services, manufacturing linkages, and trade", *Journal of Industry, Competition and Trade*, 2008, Vol.8, No.3, pp.199–229.

[52] Frank, M. Z., V. K. Goyal, "The effect of market conditions on capital structure adjustment", *Finance Research Letters*, 2004, Vol.1, No.1, pp. 47–55.

[53] Frankel, S. H., G. Myrdal, P. Philips, "Economic theory and under-developed regions", *International Affairs*, 1971, Vol.34, No.3, p.361.

[54] Gabszewicz, J., J. F. Thisse, "Price competition, quality and income disparities", *Journal of Economic Theory*, 1979, Vol.20, No.3, pp.340–359.

[55] Gilbert, B. A., P. P. Mcdougall, D. B. Audretsch, "Clusters, knowledge spillovers and new venture performance: An empirical examination", *Journal of Business Venturing*, 2008, Vol.23, No.4, pp.405–422.

[56] Gillis, M., "Worldwide experience in sales taxation: lessons for north america", *Policy Sciences*, 1986, Vol.19, No.2, pp.125–142.

[57] Gravelle, J. G., L. J. Kotlikoff, "Corporate tax incidence and inefficiency when

corporate and noncorporate goods are close substitutes", *Economic Inquiry*, 1993, Vol.31, No.4, pp.501－516.

[58] Gravelle, J. G., L. J. Kotlikoff, "Corporate taxation and the efficiency gains of the 1986 Tax Reform Act", *Economic Theory*, 1995, Vol.6, No.1, pp. 51－81.

[59] Gravelle, J. G., L. J. Kotlikoff, "The Incidence and efficiency costs of corporate taxation when corporate and noncorporate firms produce the same good", *Journal of Political Economy*, 1989, Vol.97, No.4, pp.749－780.

[60] Guerrieri, P., V. Meliciani, "Technology and international competitiveness: The interdependence between manufacturing and producer services", *Structural Change and Economic Dynamics*, 2005, Vol.16, No.4, pp. 489－502.

[61] Guesnerie, R., "A contributiont the pure theory of taxation", *Southern Economic Journal*, 1996, Vol.63, No.1, pp.279－281.

[62] Hall, R. E., "The effects of tax reform on prices and asset values", *Tax Policy and the Economy*, 1996, No.10, pp.71－88.

[63] Hall, R. E., D. W. Jorgenson, "Tax policy and investment behavior", *The American Economic Review*, 1967, Vol.57, No.3, pp.391－414.

[64] Harberger, A. C., "The incidence of the corporation income tax revisited", *National Tax Journal*, 2008, Vol.61, No.2, pp.303－312.

[65] Harberger, A. C., *Taxation, Welfare*, Boston: Little, Brown, 1974.

[66] Hatta, T., H. Nishioka, "Efficiency gains from reducing the average capital income tax rate in japan", *Conference on Japanese Corporate Financial Behavior*, 1990, No. 8, pp.21－44.

[67] Hatta, T., H. Nishioka, "Economic welfare and capital accumulation under capital income tax", 1989, No.12, pp.183－237.

[68] Herrendorf, B., R. Rogerson, K. Valentinyi, "Two perspectives on preferences and structural transformation", *The American Economic Review*, 2013, Vol.103, No.7, pp. 2752－2789.

[69] Hines, J. R., L. H. Summers, "How globalization affects tax design", *Tax Policy and the Economy*, 2009, Vol.23, No.1, pp.123－158.

[70] Hoekman, B., B. Shepherd, "Services productivity, trade policy and manufacturing exports", *Social Science Electronic Publishing*, 2015, Vol.40, No.3, pp.499－516.

[71] Holtz-Eakin, D., W. Newey, H. S. Rosen, "Estimating vector auto regressions with panel data", *Econometrica*, 1988, No.6, pp.1371－1395.

[72] Hotelling, H., "Stability in competition", *Economic Journal*, 1929, Vol.39, No.153, pp.41－57.

[73] Hsieh, C. T., P. J. Klenow, "Misallocation and manufacturing TFP in China and India", *The Quarterly Journal of Economics*, 2009, Vol.124, No.4, pp.1403－1448.

[74] Huang, G., F. M. Song, "The determinants of capital structure: Evidence from China", *China Economic Review*, 2006, Vol.17, No.1, pp.14–36.

[75] Humphrey, J., H. Schmitz, "How does insertion in global value chains affect upgrading in industrial clusters?", *Regional Studies*, 2002, Vol. 36, No. 9, pp.1017–1027.

[76] Hussain, S. Muhammad, "The contractionary effects of tax shocks on productivity: an empirical and theoretical analysis", *Journal of Macroeconomics*, 2015, Vol.56, No. 43, pp.93–107.

[77] Judd, K. L., "Optimal taxation and spending in general competitive growth models", *Journal of Public Economics*, 1999, Vol.71, No.1, pp.1–26.

[78] Judd, K. L., "The welfare cost of factor taxation in a perfect-foresight model", *Journal of Political Economy*, 1987, Vol.95, No.4, pp.675–709.

[79] Keen, M., "VAT, tariffs, and withholding: border taxes and informality in developing countries", *Journal of Public Economics*, 2008, Vol.92, No.10, pp. 1892–1906.

[80] Kesselman, J. R., "Consumer impacts of bc's harmonized sales tax: tax grab or pass-through?", *Canadian Public Policy*, 2011, Vol.37, No.2, pp. 139–162.

[81] Kolko, J., D. Neumark, "Do some enterprise zones create jobs?", *Journal of Policy Analysis and Management*, 2010, Vol.29, No.1, pp. 5–38.

[82] Krugman, P., "Increasing returns and economic geography", *Journal of Political Economy*, 1991, Vol.99, No.3, pp.483–499.

[83] Kumar, Subodh, R. Russell, "Technology change, technological catch-up, and capitaldeepening: relative contributions to growth and convergence", *The American Economic Review*, 2002, Vol.92, No.3, pp.527–548.

[84] Kumbhakar, S. C., *Stochastic Frontier Analysis*, Cambridge: Cambridge University Press, 2005.

[85] Leibrecht, M., C. Hochgatterer, "Tax competition as a cause of falling corporate income tax rates: a survey of empirical literature", *Journal of Economic Surveys*, 2012, Vol.26, No.4, pp. 616–648.

[86] Love, I., L. Zicchino, "Financial development and dynamic investment behavior: Evidence from panel VAR", *Quarterly Review of Economics and Finance*, 2005, Vol.46, No.2, pp.190–210.

[87] Lucas, R. E., "Why doesn't capital flow from rich to poor countries?", *The American Economic Review*, 1990, Vol.80, No.2, pp.92–96.

[88] Mueller, D. C., E. A. Reardon, "Rates of return on corporate investment", *Southern Economic Journal*, 1993, Vol.60, No.2, pp.430–453.

[89] Mukherjee, A., M. Singh, A. Aldokas, "Do corporate taxes hinder innovation?", *Journal of Financial Economics*, 2017, Vol.56, No.1, pp.195–221.

[90] Munday, M., M. J. Beynon, "Input-Output analysis: foundations and extensions by Ronald E. Miller and Peter D. Blair", *Journal of Regional Science*, 2011, Vol.51, No.1, pp.196-197.

[91] Ngai, L., Rachel, C. A. Pissarides, "Structural change in a multisector model of growth", *The American Economic Review*, 2007, Vol.97, No.1, pp.429-443.

[92] Nie, H., M. Fang, T. Li, "China's value-added tax reform, firm behavior and performance", *Frontiers of Economics in China*, 2010, Vol.5, No.3, pp.445-463.

[93] Nishioka, H., "Efficiency gains from reducing the capital income tax rate in a lucas' endogenous growth model", *Journal of Economics Business & Law*, 2005, No.7, pp. 41-72.

[94] Oulton, N., "Must the growth rate decline? baumol's unbalanced growth revisited", *Oxford Economic Papers*, 2001, Vol.53, No.4, pp.605-627.

[95] Paula, U. D., J. A. Scheinkman, "Value-Added taxes, chain effects, and informality", *American Economic Review*, 2009, Vol.2, No.4, pp.195-221.

[96] Phelps, E., "The golden rule of accumulation: a fable for growthmen", *The American Economic Review*, 1961, Vol.51, No.4, pp.638-643.

[97] Piggott, J., J. Whalley, "VAT base broadening, self supply, and the informal sector", *The American Economic Review*, 2001, Vol.91, No.4, pp.1084-1094.

[98] Piyabha, K., R. Sergio, D. Xie, "Beyond balanced growth", *The Review of Economic Studies*, 2001, Vol.68, No.4, pp.869-882.

[99] Powell, Nina Laurel, "Reasoning and processing of behavioural and contextual information: influences on pre-judgement reasoning, post-judgement information selection and engagement, and moral behaviour", *Journal of Mathematical Physics*, 2013, Vol.23, No.3, pp. 354-356.

[100] Ramsey, F., "A mathematical theory of saving", *The Economic Journal*, 1928, Vol. 38, No.152, pp.543-559.

[101] Robertson, P. E., "Economic growth and the return to capital in developing economies", *Oxford Economic Papers*, 1999, Vol.51, No.4, pp.577-594.

[102] Rogerson, R., "Structural transformation and the deterioration of european labor market outcomes", *Journal of Political Economy*, 2008, Vol. 116, No. 2, pp.235-259.

[103] Romer, C. D., D. H. Romer, "The macroeconomic effects of tax changes: estimates based on a new measure of fiscal shocks", *The American Economic Review*, 2010, Vol.100, No.3, pp.763-801.

[104] Salop, S., "Monopolistic competition with experience outside goods", *Bell Journal of Economics*, 1979, No.10, pp.141-156.

[105] Samuelson, P. A., "An exact consumption-loan model of interest with or without the

social contrivance of money", *Journal of Political Economy*, 1958, Vol.66, No.6, pp.467-482.

[106] Sasaki, H., "Endogenous phase switch in Baumol's service paradox model", *Structural Change and Economic Dynamics*, 2011, Vol.23, No.1, pp.25-35.

[107] Simpson, G. H., "The geographic distribution of production activity in the UK", *Regional Science and Urban Economics*, 2004, Vol.34, No.5, pp.533-564.

[108] Skeath, S. E., G. A. Trandel, "A pareto comparison of ad valorem and unit taxes in noncompetitive environments", *Journal of Public Economics*, 1994, Vol.53, No.1, pp.53-71.

[109] Solow, R. M., "Technical change and the aggregate production function", *The Review of Economics and Statistics*, 1957, Vol.39, No.3, pp.312-320.

[110] Spence, M., "Product selection, fixed costs, and monopolistic competition", *The Review of Economic Studies*, 1976, Vol.43, No.2, pp.217-235.

[111] Stern, N., "The effects of taxation, price control and government contracts in oligopoly and monopolistic competition", *Journal of Public Economics*, 1987, Vol.32, No.2, pp.133-158.

[112] Stuart, C. E., "Welfare costs per dollar of additional tax revenue in the united states", *American Economic Review*, 1984, Vol.74, pp.352-362.

[113] Summers, L. H., "Capital taxation and accumulation in a life cycle growth model", *The American Economic Review*, 1981, Vol.71, No.4, pp.533-544.

[114] Tian, L., S. Estrin, "Retained state shareholding in Chinese PLCs: does government ownership always reduce corporate value?", *Journal of Comparative Economics*, 2008, Vol.36, No.1, pp.74-89.

[115] Venables, A. J., "Equilibrium locations of vertically linked industries", *International Economic Review*, 1996, Vol.37, No.2, pp.341-359.

[116] Williams, A., M. Krzyzaniak, R. A. Musgrave, "The shifting of the corporation income tax", *Economica*, 1965, Vol.32, No.125, p.97.

[117] Zhang, L., Y. Chen, Z. He, "The effect of investment tax incentives: evidence from China's value-added tax reform", *International Tax and Public Finance*, 2018, Vol.25, No.4, pp.913-945.

[118] Zheng, S., K. Storesletten, F. Zilibotti, "Growing like China", *The American Economic Review*, 2011, Vol.101, No.1, pp.196-233.

[119] Zwick, E., J. Mahon, "Tax policy and heterogenous investment behavior", *American Economic Review*, 2017, Vol.107, No.1, pp.217-248.

[120] 安体富、蒋震：《调整国民收入分配格局,提高居民分配所占比重》,《财贸经济》2009年第7期。

[121] 安体富：《当前世界减税趋势与中国税收政策取向》,《经济研究》2002年第2期。

[122] 安苑、王珺:《财政行为波动影响产业结构升级了吗?——基于产业技术复杂度的考察》,《管理世界》2012年第9期。

[123] 白重恩、张琼:《中国的资本回报率及其影响因素分析》,《世界经济》2014年第10期。

[124] 柏培文、许捷:《中国省际资本回报率与投资过度》,《经济研究》2017年第10期。

[125] 坂入长太郎:《欧美财政思想史》,张淳译,北京中国财政经济出版社1987年版。

[126] 彼罗·撕拉法:《李嘉图著作和通信集》(第1卷),郭大力、王亚男译,北京商务印书馆1984年版。

[127] 财政部财政科学研究所等:《我国支持新闻出版业发展的财税政策回顾与评价》,《经济研究参考》2013年第26期。

[128] 蔡昌:《持续深化增值税改革是重要方向》,《中国财经报》2020年第8期。

[129] 蔡昉:《中国经济增长如何转向全要素生产率驱动型》,《中国社会科学》2013年第1期。

[130] 曹广忠、袁飞、陶然:《土地财政、产业结构演变与税收超常规增长——中国"税收增长之谜"的一个分析视角》,《中国工业经济》2007年第12期。

[131] 曹越、李晶:《"营改增"是否降低了流转税税负——来自中国上市公司的证据》,《财贸经济》2016年第11期。

[132] 曾五一、赵楠:《中国区域资本配置效率及区域资本形成影响因素的实证分析》,《数量经济技术经济研究》2007年第4期。

[133] 柴晓军:《房地产去库存背景下的税负归宿问题研究——基于弹性理论分析》,《金融发展评论》2016年第8期。

[134] 陈国亮、陈建军:《产业关联、空间地理与二三产业共同集聚——来自中国212个城市的经验考察》,《管理世界》2012年第4期。

[135] 陈虹、朱鹏坤:《资本回报率对我国区域经济非均衡发展的影响》,《经济科学》2015年第6期。

[136] 陈建军、陈菁菁:《生产性服务业与制造业的协同定位研究——以浙江省69个城市和地区为例》,《中国工业经济》2011年第6期。

[137] 陈强:《高级计量经济学及Stata应用》,北京高等教育出版社2013年版。

[138] 陈曦、席强敏、李国平:《制造业内部产业关联与空间分布关系的实证研究》,《地理研究》2015年第10期。

[139] 陈晓光:《增值税有效税率差异与效率损失——兼议对"营改增"的启示》,《中国社会科学》2013年第8期。

[140] 陈信元、黄俊:《股权分置改革、股权层级与企业绩效》,《会计研究》2016年第1期。

[141] 陈钊、王旸:《"营改增"是否促进了分工:来自中国上市公司的证据》,《管理世界》2016年第3期。

[142] 程惠芳、陆嘉俊:《知识资本对工业企业全要素生产率影响的实证分析》,《经济研究》2014年第5期。

[143] 储德银、纪凡：《税制结构变迁与产业结构调整：理论诠释与中国经验证据》，《经济学家》2017年第3期。

[144] 褚敏、靳涛：《为什么中国产业结构升级步履迟缓——基于地方政府行为与国有企业垄断双重影响的探究》，《财贸经济》2013年第3期。

[145] 丛树海：《基于调整和改善国民收入分配格局的政府收支研究》，《财贸经济》2012年第6期。

[146] 崔军、胡彬：《中国增值税改革的路径选择》，《税务研究》2015年第6期。

[147] 单豪杰：《中国资本存量K的再估算：1952～2006年》，《数量经济技术经济研究》2008年第10期。

[148] 翟继光：《论中国新时代税收制度的基本特征》，《税务研究》2020年第2期。

[149] 董杨晶晶：《个税改革下居民收入分配的效应分析》，《时代金融》2019年第6期。

[150] 范剑勇、冯猛、李方文：《产业集聚与企业全要素生产率》，《世界经济》2014年第5期。

[151] 范子英、彭飞：《"营改增"的减税效应和分工效应：基于产业互联的视角》，《经济研究》2017年第2期。

[152] 方军雄：《所有制、制度环境与信贷资金配置》，《经济研究》2007年第12期。

[153] 方文全：《中国的资本回报率有多高？——年份资本视角的宏观数据再估测》，《经济学(季刊)》2012年第2期。

[154] 冯泰文：《生产性服务业的发展对制造业效率的影响——以交易成本和制造成本为中介变量》，《数量经济技术经济研究》2009年第3期。

[155] 高培勇、崔军：《公用部门经济学》，北京中国人民大学出版社2001年版。

[156] 高培勇、杨倩：《营改增之后要推进直接税改革》，《中国企业家》2016年第12期。

[157] 高培勇：《论完善税收制度的新阶段》，《经济研究》2015年第2期。

[158] 龚六堂、谢丹阳：《我国省份之间的要素流动和边际生产率的差异分析》，《经济研究》2004年第1期。

[159] 顾乃华、毕斗斗、任旺兵：《中国转型期生产性服务业发展与制造业竞争力关系研究——基于面板数据的实证分析》，《中国工业经济》2006年第9期。

[160] 郭庆旺、贾俊雪：《中国全要素生产率的估算：1979—2004》，《经济研究》2005年第6期。

[161] 郭庆旺、吕冰洋：《分税制改革与税收快速增长：基于分权契约框架的分析》，《税务研究》2006年第8期。

[162] 郭庆旺、吕冰洋：《论税收对要素收入分配的影响》，《经济研究》2011年第6期。

[163] 郭伟和：《福利经济学》，北京中国劳动社会保障出版社1999年版。

[164] 郭小东、刘长生、简玉峰：《政府支出规模、要素积累与产业结构效应》，《南方经济》2009年第3期。

[165] 郭晔、赖章福：《政策调控下的区域产业结构调整》，《中国工业经济》2011年第4期。

[166] 郭月梅：《增值税扩围中税收优惠政策的变化》，《税务研究》2011年第3期。

[167] 国家税务总局税收科学研究所：《西方税收理论》，北京中国财政经济出版社1997年版。

[168] 国亮、王一笑：《土地财政对中国产业结构升级的影响——基于产业间税种差异和土地财政的视角》，《江西社会科学》2015年第8期。

[169] 韩朝华、周晓艳：《国有企业利润的主要来源及其社会福利含义》，《中国工业经济》2009年第6期。

[170] 韩立岩、王哲兵：《中国实体经济资本配置效率与行业差异》，《经济研究》2005年第1期。

[171] 郝春虹、王荔：《个人所得税"费用扣除额"变动的税收归宿收入分配效应研究——基于投入产出税收价格模型的一般均衡分析》，《财政研究》2019年第11期。

[172] 郝晓薇、段义德：《基于宏观视角的"营改增"效应分析》，《税务研究》2014年第5期。

[173] 胡凯、吴清：《省际资本流动的制度经济学分析》，《数量经济技术经济研究》2012年第10期。

[174] 胡凯、吴清：《制度环境与地区资本回报率》，《经济科学》2012年第4期。

[175] 胡怡建、刘金东：《存量资产、虚拟经济与税收超GDP增长之谜》，《财贸经济》2013年第5期。

[176] 胡怡建、田志伟：《我国"营改增"的财政经济效应》，《税务研究》2014年第1期。

[177] 胡怡建、田志伟：《营改增宏观经济效应的实证研究》，《税务研究》2016年第11期。

[178] 胡怡建、田志伟：《中国全面实施营改增试点一周年评估报告》，上海财经大学公共政策与治理研究院2017年版。

[179] 胡怡建：《如何发挥好"营改增"的功能效应》，《国际税收》2015年第6期。

[180] 黄群慧：《论中国工业的供给侧结构性改革》，《中国工业经济》2016年第9期。

[181] 黄伟力：《我国经济的动态效率：基于协整的计量检验》，《统计与决策》2008年第21期。

[182] 黄先海、杨君、肖明月：《中国资本回报率变动的动因分析——基于资本深化和技术进步的视角》，《经济理论与经济管理》2011年第11期。

[183] 黄先海、杨君：《中国工业资本回报率的地区差异及其影响因素分析》，《社会科学战线》2012年第3期。

[184] 季书涵、朱英明、张鑫：《产业集聚对资源错配的改善效果研究》，《中国工业经济》2016年第6期。

[185] 贾栋栋、薛旭静、于洋、檀璐盼：《税制改革对产业结构调整的影响》，《河北金融》2020年第5期。

[186] 贾俊雪：《公共基础设施投资与全要素生产率：基于异质企业家模型的理论分析》，《经济研究》2017年第2期。

[187] 贾康、程瑜：《新一轮税制改革的取向、重点与实现路径》，《中国税务》2014年第

1期。
[188] 贾康、刘尚希、吴晓娟、史兴旺：《怎样看待税收的增长和减税的主张——从另一个角度的理论分析与思考》，《管理世界》2002年第7期。
[189] 江曼琦、席强敏：《生产性服务业与制造业的产业关联与协同集聚》，《南开学报（哲学社会科学版）》2014年第1期。
[190] 江小涓：《网络空间服务业：效率、约束及发展前景——以体育和文化产业为例》，《经济研究》2018年第4期。
[191] 江旭、沈奥：《未吸收冗余、绿色管理实践与企业绩效的关系研究》，《管理学报》2018年第4期。
[192] 蒋为：《增值税扭曲、生产率分布与资源误置》，《世界经济》2016年第5期。
[193] 晋艺波、张玉梅、许春华：《河西地区产业结构高级化与经济增长的互动关系研究》，《生产力研究》2018年第2期。
[194] 靳来群、林金忠、丁诗诗：《行政垄断对所有制差异所致资源错配的影响》，《中国工业经济》2015年第4期。
[195] 克拉克著：《财富的分配》，陈福生译，北京商务印书馆1997年版。
[196] 黎峰：《国内专业化分工是否促进了区域协调发展？》，《数量经济技术经济研究》2018年第12期。
[197] 李钢、廖建辉、向奕霓：《中国产业升级的方向与路径——中国第二产业占GDP的比例过高了吗》，《中国工业经济》2011年第10期。
[198] 李嘉图：《政治经济学及赋税原理》，丰俊功译，北京光明日报出版社2009年版。
[199] 李林木、汪冲：《税费负担、创新能力与企业升级——来自"新三板"挂牌公司的经验证据》，《经济研究》2017年第11期。
[200] 李梦娟：《"营改增"试点行业税负变动的制约因素探析》，《税务研究》2013年第1期。
[201] 李宁、韩同银：《京津冀生产性服务业与制造业协同发展实证研究》，《城市发展研究》2018年第9期。
[202] 李平、付一夫、张艳芳：《生产性服务业能成为中国经济高质量增长新动能吗》，《中国工业经济》2017年第12期。
[203] 李青原、李江冰、江春、Kevin X.D. Huang：《金融发展与地区实体经济资本配置效率——来自省级工业行业数据的证据》，《经济学（季刊）》2013年第2期。
[204] 李翔、邓峰：《区域创新、产业结构优化与经济增长方式转变》，《科技管理研究》2017年第17期。
[205] 李晓华：《国际产业分工格局与中国分工地位发展趋势》，《国际经贸探索》2015年第6期。
[206] 李兴华、秦建群、孙亮：《经营环境、治理结构与商业银行全要素生产率的动态变化》，《中国工业经济》2014年第1期。
[207] 李延凯、韩廷春：《金融生态演进作用于实体经济增长的机制分析——透过资本

配置效率的视角》,《中国工业经济》2011年第2期。

[208] 李艳艳、徐喆、曲丽泽:《营改增的减税效应——基于双重差分模型的检验》,《税务研究》2020年第8期。

[209] 李永友、严岑:《服务业"营改增"能带动制造业升级吗?》,《经济研究》2018年第4期。

[210] 李勇刚、王猛:《土地财政与产业结构服务化——一个解释产业结构服务化"中国悖论"的新视角》,《财经研究》2015年第9期。

[211] [美]理查德·A.马斯格雷夫、佩吉·B.马斯格雷夫:《财政理论与实践》,邓子基、邓力平译,北京中国财政经济出版社2003年版。

[212] 林莞娟、王辉、韩涛:《股权分置改革对国有控股比例以及企业绩效影响的研究》,《金融研究》2016年第1期。

[213] 刘晗:《"营改增"试点政策运行对企业影响的效应分析》,《经济研究参考》2014年第23期。

[214] 刘建国、李国平、张军涛、孙铁山:《中国经济效率和全要素生产率的空间分异及其影响》,《地理学报》2012年第8期。

[215] 刘建民、唐红李、吴金光:《营改增全面实施对企业盈利能力、投资与专业化分工的影响效应——基于湖南省上市公司PSM-DID模型的分析》,《财政研究》2017年第12期。

[216] 刘恺:《个税改革的经济效应分析及政策优化建议》,《法制与经济》2019年第9期。

[217] 刘明、王友梅:《"营改增"后中央与地方增值税分享比例问题》,《税务研究》2013年第12期。

[218] 刘启仁、黄建忠:《企业税负如何影响资源配置效率》,《世界经济》2018年第1期。

[219] 刘尚希:《国企分配关系的数量考察:企业税负及其国际比较》,《中南财经大学学报》1991年第5期。

[220] 刘尚希:《营改增能否推动市场化资源配置?》,《金融经济》2016年第11期。

[221] 刘思峰、曾波、刘解放、谢乃明:《GM(1,1)模型的几种基本形式及其适用范围研究》,《系统工程与电子技术》2014年第3期。

[222] 刘帷韬、何晖、林瑶鹏、高琦:《城市职能专业化分工形成机制及影响因素——基于粤港澳大湾区城市群的实证检验》,《商业经济研究》2020年第15期。

[223] 刘伟江、吕镯:《"营改增"、制造业服务化与全要素生产率提升——基于DI合成控制法的实证研究》,《南方经济》2018年第5期。

[224] 刘宪:《风险投资的多元化功能》,《当代经济》2004年第12期。

[225] 刘晓光、卢锋:《中国资本回报率上升之谜》,《经济学(季刊)》2014年第3期。

[226] 刘怡、耿纯:《增值税留抵规模、分布及成本估算》,《税务研究》2018年第3期。

[227] 刘悦、郑玉航、廖高可:《金融资源配置方式对产业结构影响的实证研究》,《中国

软科学》2016年第8期。

[228] 刘志成、刘斌：《贸易自由化、全要素生产率与就业——基于2003—2007年中国工业企业数据的研究》，《南开经济研究》2014年第1期。

[229] 柳光强、田文宠：《完善促进战略性新兴产业发展的税收政策设想——从区域税收优惠到产业优惠》，《中央财经大学学报》2012年第3期。

[230] 陆国庆、王舟、张春宇：《中国战略性新兴产业政府创新补贴的绩效研究》，《经济研究》2014年第7期。

[231] 陆挺、刘小玄：《企业改制模式和改制绩效——基于企业数据调查的经验分析》，《经济研究》2005年第6期。

[232] 栾秋琳、安虎森：《比较优势、产业转移与国际分工——基于"一带一路"倡议的研究》，《西南民族大学学报（人文社科版）》2020年第3期。

[233] 罗德明、李晔、史晋川：《要素市场扭曲、资源错置与生产率》，《经济研究》2012年第3期。

[234] 吕冰洋、陈志刚：《中国省际资本、劳动和消费平均税率测算》，《财贸经济》2015年第7期。

[235] 吕冰洋、郭庆旺：《中国税收高速增长的源泉：税收能力和税收努力框架下的解释》，《中国社会科学》2011年第2期。

[236] 吕冰洋、禹奎：《我国税收负担的走势与国民收入分配格局的变动》，《财贸经济》2009年第3期。

[237] 吕冰洋：《中国资本积累的动态效率：1978—2005》，《经济学（季刊）》2008年第2期。

[238] 吕越、李小萌、吕云龙：《全球价值链中的制造业服务化与企业全要素生产率》，《南开经济研究》2017年第3期。

[239] 吕政、刘勇、王钦：《中国生产性服务业发展的战略选择——基于产业互动的研究视角》，《中国工业经济》2006年第8期。

[240] 马克思、恩格斯：马克思恩格斯全集（第12卷），北京人民出版社1965年版。

[241] 马克思、恩格斯：马克思恩格斯全集（第16卷），北京人民出版社1964年版。

[242] 马克思、恩格斯：马克思恩格斯全集（第19卷），北京人民出版社1963年版。

[243] 马克思、恩格斯：马克思恩格斯全集（第23卷），北京人民出版社1972年版。

[244] 马克思：《资本论》（第1卷），北京人民出版社1964年版。

[245] 马少康：《资产价格对动态效率的影响机制研究》，博士学位论文，吉林大学，2011年。

[246] 马歇尔：《经济学原理》，陈良弼译，北京商务印书馆2005年版。

[247] 毛捷、曹婧、杨晨曦：《营改增对企业创新行为的影响——机制分析与实证检验》，《税务研究》2020年第7期。

[248] 米运生：《中国FDI配置效率的区域差异及影响因素——基于面板数据的分析》，《财贸经济》2006年第11期。

[249] 倪红福、龚六堂、王茜萌:《"营改增"的价格效应和收入分配效应》,《中国工业经济》2016年第12期。

[250] 倪鹏飞、刘伟、黄斯赫:《证券市场、资本空间配置与区域经济协调发展——基于空间经济学的研究视角》,《经济研究》2014年第5期。

[251] 聂海峰、刘怡:《城镇居民的间接税负担:基于投入产出表的估算》,《经济研究》2010年第7期。

[252] 聂辉华、方明月、李涛:《增值税转型对企业行为和绩效的影响——以东北地区为例》,《管理世界》2009年第5期。

[253] 潘罡:《"营改增"后中央与地方增值税分享比例的重新测算》,《财会月刊》2014年第4期。

[254] 潘红波、余明桂:《集团内关联交易、高管薪酬激励与资本配置效率》,《会计研究》2014年第10期。

[255] 潘文轩:《"营改增"试点中部分企业税负"不减反增"现象分析》,《财贸经济》2013年第1期。

[256] 彭鹏:《基于供给理论的减税与全要素生产率关系研究》,《经济问题》2013年第11期。

[257] 彭山桂、汪应宏、陈晨、魏海霞:《中国建设用地数量配置对资本回报率增长的影响研究》,《中国土地科学》2015年第5期。

[258] 平新乔、梁爽、郝朝艳、张海洋、毛亮:《增值税与营业税的福利效应研究》,《经济研究》2009年第9期。

[259] 平新乔:《增值税与营业税的税负》,《经济社会体制比较》2010年第3期。

[260] 蒲艳萍、成肖:《金融发展、市场化与服务业资本配置效率》,《经济学家》2014年第6期。

[261] 蒲艳萍:《我国资本投入动态效率及区域差异:1952—2006》,《经济问题探索》2009年第4期。

[262] 钱晓东:《"营改增"、专业化分工与研发投入——基于微观企业数据的经验研究》,《山西财经大学学报》2018年第2期。

[263] 钱雪亚、缪仁余:《人力资本、要素价格与配置效率》,《统计研究》2014年第8期。

[264] 曲亮、章静、郝云宏:《独立董事如何提升企业绩效——立足四层委托—代理嵌入模型的机理解读》,《中国工业经济》2014年第7期。

[265] 任曙明、吕镯:《融资约束、政府补贴与全要素生产率——来自中国装备制造企业的实证研究》,《管理世界》2014年第11期。

[266] 尚永珍、陈耀:《城市群内功能分工有助于经济增长吗?——基于十大城市群面板数据的经验研究》,《经济经纬》2020年第1期。

[267] 申广军、陈斌开、杨汝岱:《减税能否提振中国经济?——基于中国增值税改革的实证研究》,《经济研究》2016年第11期。

[268] 盛明泉、吴少敏、盛安琪:《"营改增"对生产性服务业企业全要素生产率的影响

研究》,《经济经纬》2020 年第 2 期。

[269] 施炳展、李建桐:《互联网是否促进了分工:来自中国制造业企业的证据》,《管理世界》2020 年第 4 期。

[270] 施文泼、贾康:《增值税"扩围"改革与中央和地方财政体制调整》,《财贸经济》2010 年第 11 期。

[271] 石奇、孔群喜:《动态效率、生产性公共支出与结构效应》,《经济研究》2012 年第 1 期。

[272] 石中和、娄峰:《"营改增"及其扩围的社会经济动态效应研究》,《数量经济技术经济研究》2015 年第 11 期。

[273] 史明霞、王宁:《全面实施营改增的经济效应分析》,《中国财政》2016 年第 20 期。

[274] 史永东、杜两省:《资产定价泡沫对经济的影响》,《经济研究》2001 年第 10 期。

[275] 史永东、齐鹰飞:《中国经济的动态效率》,《世界经济》2002 年第 8 期。

[276] 舒元、张莉、徐现祥:《中国工业资本收益率和配置效率测算及分解》,《经济评论》2010 年第 1 期。

[277] 宋春平:《中国企业所得税总税负归宿的一般均衡分析》,《数量经济技术经济研究》2011 年第 2 期。

[278] 宋凌云、王贤彬:《政府补贴与产业结构变动》,《中国工业经济》2013 年第 4 期。

[279] 苏筱华:《中国流转税制研究》,北京中国税务出版社 2008 年版。

[280] 苏鑫:《资本回报率及其与经济关系的考察》,《银行家》2020 年第 9 期。

[281] 孙钢:《对"营改增"部分企业税负增加的分析》,《税务研究》2014 年第 1 期。

[282] 孙文凯、肖耿、杨秀科:《资本回报率对投资率的影响:中美日对比研究》,《世界经济》2010 年第 6 期。

[283] 孙晓华、王昀:《R&D 投资与企业生产率——基于中国工业企业微观数据的 PSM 分析》,《科研管理》2014 年第 11 期。

[284] 孙晓华、张竣喃、郑辉:《"营改增"促进了制造业与服务业融合发展吗》,《中国工业经济》2020 年第 8 期。

[285] 孙正、陈旭东、雷鸣:《"营改增"是否提升了全要素生产率?——兼论中国经济高质量增长的制度红利》,《南开经济研究》2020 年第 1 期。

[286] 孙正、陈旭东:《"营改增"是否提升了服务业资本配置效率?》,《中国软科学》2018 年第 11 期。

[287] 孙正:《"营改增"视角下流转税改革优化了产业结构吗?》,《中国软科学》2016 年第 12 期。

[288] 孙正:《流转税改革促进了产业结构演进升级吗?——基于"营改增"视角的 PVAR 模型分析》,《财经研究》2017 年第 2 期。

[289] 覃家琦、邵新建:《交叉上市、政府干预与资本配置效率》,《经济研究》2015 年第 6 期。

[290] 汤玉刚、苑程浩:《不完全税权、政府竞争与税收增长》,《经济学(季刊)》2011 年

第1期。
[291] 汤蕴懿、闫强：《上海"营改增"试点的长期财政效应：必要性和实证检验》，《上海经济研究》2014年第5期。
[292] 唐东波：《贸易开放、垂直专业化分工与产业升级》，《世界经济》2013年第4期。
[293] 唐晓华、张欣珏、李阳：《中国制造业与生产性服务业动态协调发展实证研究》，《经济研究》2018年第3期。
[294] 田卫民：《最优国民收入分配研究》，北京经济管理出版社2011年版。
[295] 田志伟、胡怡建：《"营改增"对财政经济的动态影响：基于CGE模型的分析》，《财经研究》2014年第2期。
[296] 田志伟、孔庆凯、王再堂：《简并优化增值税税率结构对增值税收入影响的测算》，《税务研究》2018年第8期。
[297] 童锦治、苏国灿、魏志华：《"营改增"、企业议价能力与企业实际流转税税负——基于中国上市公司的实证研究》，《财贸经济》2015年第11期。
[298] 涂晓静：《二手房交易环节个人所得税的税收归宿研究》，硕士学位论文，山东大学，2008年。
[299] 万莹、熊惠君：《中国增值税税率简并方案设计与政策效应预测——基于可计算一般均衡模型》，《税务研究》2020年第10期。
[300] 万莹：《营改增后增值税税率简并方案设计——基于收入分配的视角》，《税务研究》2018年第3期。
[301] 汪德华、张再金、白重恩：《政府规模、法治水平与服务业发展》，《经济研究》2007年第6期。
[302] 汪昊、娄峰：《中国间接税归宿：作用机制与税负测算》，《世界经济》2017年第9期。
[303] 汪卢俊、苏建：《增值税改革促进了中国全要素生产率提高吗？——基于增值税转型和"营改增"改革的研究》，《当代经济研究》2019年第4期。
[304] 王德祥、戴在飞：《现阶段中国企业所得税的归宿：理论模型与实证检验》，《经济学动态》2015年第7期。
[305] 王建平：《"营改增"应关注纳税人的税收负担和管理效率》，《税务研究》2014年第1期。
[306] 王杰、刘斌：《环境规制与企业全要素生产率——基于中国工业企业数据的经验分析》，《中国工业经济》2014年第3期。
[307] 王金霞：《扩大增值税征税范围的思考》，《税务研究》2009年第8期。
[308] 王金秀：《"营改增"后地方财税体系重构的设想》，《税务研究》2014年第4期。
[309] 王鲁宁、彭骥鸣：《"供给侧改革"中的税收经济效应及税制优化》，《税务与经济》2016年第6期。
[310] 王睿哲：《交通基础设施对全要素生产率的影响机制研究》，北京交通大学2019年版。

[311] 王文举、向其凤：《中国产业结构调整及其节能减排潜力评估》，《中国工业经济》2014年第1期。

[312] 王小鲁：《中国经济增长的可持续性与制度变革》，《经济研究》2000年第7期。

[313] 王勋、Anders Johansson：《金融抑制与经济结构转型》，《经济研究》2013年第1期。

[314] 王亚星、李敏瑞：《资本扭曲与企业对外直接投资——以全要素生产率为中介的倒逼机制》，《财贸经济》2017年第1期。

[315] 王永剑、刘春杰：《金融发展对中国资本配置效率的影响及区域比较》，《财贸经济》2011年第3期。

[316] 王宇、刘志彪：《补贴方式与均衡发展：战略性新兴产业成长与传统产业调整》，《中国工业经济》2013年第8期。

[317] 王玉兰、李雅坤：《"营改增"对交通运输业税负及盈利水平影响研究——以沪市上市公司为例》，《财政研究》2014年第5期。

[318] 威廉·配第：《赋税论》，陈冬野等译，北京商务印书馆1978年版。

[319] 威廉·配第：《配第经济著作选集》，陈冬野等译，北京商务印书馆1981年版。

[320] 魏福成、邹薇、马文涛、刘勇：《税收、价格操控与产业升级的障碍——兼论中国式财政分权的代价》，《经济学（季刊）》2013年第4期。

[321] 温忠麟、张雷、侯杰泰、刘红云：《中介效应检验程序及其应用》，《心理学报》2004年第5期。

[322] 吴建祖、肖书锋：《创新注意力转移、研发投入跳跃与企业绩效——来自中国A股上市公司的经验证据》，《南开管理评论》2016年第2期。

[323] 吴敬琏：《以深化改革确立中国经济新常态》，《探索与争鸣》2015年第1期。

[324] 西斯蒙第：《政治经济学新原理》，北京商务印书馆1983年版。

[325] 项本武：《中国经济的动态效率：1992~2003》，《数量经济技术经济研究》2008年第3期。

[326] 萧艳汾：《增值税税负转嫁的代数模型研究》，《税务研究》2008第2期。

[327] 谢旭人：《加强税收经济分析和企业纳税评估，提高税源管理水平》，《税务研究》2007年第5期。

[328] 徐建中、贾大风、李奉书、王玥：《装备制造企业低碳技术创新对企业绩效的影响研究》，《管理评论》2018年第3期。

[329] 许建国、蒋晓蕙：《西方税收思想》，北京中国财政经济出版社1996年版。

[330] 许捷：《中国省际资本回报率研究》，博士学位论文，厦门大学，2018年。

[331] 宣烨、余泳泽：《生产性服务业集聚对制造业企业全要素生产率提升研究——来自230个城市微观企业的证据》，《数量经济技术经济研究》2017年第2期。

[332] ［英］亚当·斯密：《国富论》上卷，郭大力等译，北京商务印书馆2004年版。

[333] ［英］亚当·斯密：《国富论》下卷，郭大力、王亚男译，北京商务印书馆2004年版。

[334] 闫坤、张鹏:《财税体制改革进展评价及其"十四五"取向:基于国家治理现代化的视角》,《改革》2020年第7期。

[335] 杨斌、林信达、胡文骏:《中国金融业"营改增"路径的现实选择》,《财贸经济》2015年第6期。

[336] 杨斌、龙新民、李成、尹利军:《东北地区部分行业增值税转型的效应分析》,《税务研究》2005年第8期。

[337] 杨典:《公司治理与企业绩效——基于中国经验的社会学分析》,《中国社会科学》2013年第1期。

[338] 杨君:《资本回报率及其影响因素研究》,博士学位论文,浙江大学,2013年。

[339] 杨默如、叶慕青:《"营改增"对先行试点行业效应如何?——基于分地区分行业试点上市公司税负与绩效的影响》,《武汉大学学报(哲学社会科学版)》2016年第5期。

[340] 杨扬、李子越:《"营改增"、税赋降低与企业生产率提升》,《长安大学学报(社会科学版)》2020年第5期。

[341] 杨玉萍、郭小东:《营改增如何影响居民间接税负担和收入再分配》,《财贸经济》2017年第8期。

[342] 杨志勇:《"营改增"需要跳出无谓的税负之争》,《经济研究参考》2016年第60期。

[343] 姚战琪:《生产率增长与要素再配置效应:中国的经验研究》,《经济研究》2009年第11期。

[344] 尹洪涛:《生产性服务业与制造业融合的主要价值增值点》,《管理学报》2015年第8期。

[345] 于茜、吴娜娜:《高质量发展视角下陕西省经济结构优化研究》,《西安财经学院学报》2019年第6期。

[346] 于新亮、程远、胡秋阳:《企业年金的"生产率效应"》,《中国工业经济》2017年第1期。

[347] 余永定:《国民收入分配、金融结构与宏观经济稳定》,《经济研究》1996年第12期。

[348] 余泳泽、张先轸:《要素禀赋、适宜性创新模式选择与全要素生产率提升》,《管理世界》2015年第9期。

[349] 余泳泽:《异质性视角下中国省际全要素生产率再估算:1978—2012》,《经济学(季刊)》2017年第3期。

[350] 袁志刚、何樟勇:《20世纪90年代以来中国经济的动态效率》,《经济研究》2003年第7期。

[351] 约翰·穆勒:《政治经济学原理》下卷,胡企林、朱泱译,北京商务印书馆1997年版。

[352] 岳希明、张斌、徐静:《中国税制的收入分配效应测度》,《中国社会科学》2014年

第 6 期。

[353] 张斌：《减税降费的理论维度、政策框架与现实选择》，《财政研究》2019 年第 5 期。

[354] 张晨烨：《从两种观点看财产税的税收归宿问题》，《吉林化工学院学报》2015 年第 12 期。

[355] 张健华、王鹏、冯根福：《银行业结构与中国全要素生产率——基于商业银行分省数据和双向距离函数的再检验》，《经济研究》2016 年第 11 期。

[356] 张捷、张媛媛、莫扬：《对外贸易对中国产业结构向服务化演进的影响——基于制造-服务国际分工形态的视角》，《财经研究》2013 年第 6 期。

[357] 张军、吴桂英、张吉鹏：《中国省际物质资本存量估算：1952—2000》，《经济研究》2004 年第 10 期。

[358] 张明、汤林闽、潘大开：《"营改增"后中央与地方税收分配关系调整的难点》，《税务研究》2013 年第 7 期。

[359] 张培森、付广军：《中国经济税源的产业与行业税负结构分析》，《数量经济技术经济研究》2003 年第 5 期。

[360] 张同斌、高铁梅：《财税政策激励、高新技术产业发展与产业结构调整》，《经济研究》2012 年第 5 期。

[361] 张炜：《实施增值税改革相关问题的分析和研究》，《财政研究》2003 年第 11 期。

[362] 张祥建、徐晋、徐龙炳：《高管精英治理模式能够提升企业绩效吗？——基于社会连带关系调节效应的研究》，《经济研究》2015 年第 3 期。

[363] 张新、安体富：《"营改增"减收效应分析》，《税务研究》2013 年第 10 期。

[364] 张勋、徐建国：《中国资本回报率的再测算》，《世界经济》2014 年第 8 期。

[365] 张延：《中国资本积累的动态效率：理论与实证》，《管理世界》2010 年第 3 期。

[366] 张翊、陈雯、骆时雨：《中间品进口对中国制造业全要素生产率的影响》，《世界经济》2015 年第 9 期。

[367] 赵善梅、吴士炜：《基于空间经济学视角下的中国资本回报率影响因素及其提升路径研究》，《管理世界》2018 年第 2 期。

[368] 赵秀迪：《"营改增"背景下中国房地产行业税收负担问题研究》，硕士学位论文，山东大学，2020 年。

[369] 赵志耘、杨朝峰：《分税制改革以来中国地方税收增长研究》，《财贸经济》2008 年第 8 期。

[370] 中国共产党第十七届中央委员会：《中共中央关于制定国民经济和社会发展第十二个五年规划的建议》2010 年版。

[371] 中国经济增长前沿课题组、张平、刘霞辉、袁富华、陈昌兵、陆明涛：《中国经济长期增长路径、效率与潜在增长水平》，《经济研究》2012 年第 11 期。

[372] 中国社会科学院财经战略研究院课题组、高培勇、杨志勇：《全面深化财税体制改革的基本方向》，《经济研究参考》2014 年第 3 期。

[373] 钟春平、李礼:《税收显著性、税收归宿及社会福利》,《经济与管理评论》2016 年第 4 期。

[374] 钟覃琳、陆正飞、袁淳:《反腐败、企业绩效及其渠道效应——基于中共十八大的反腐建设的研究》,《金融研究》2016 年第 9 期。

[375] 周克清、毛锐:《税制结构对收入分配的影响机制研究》,《税务研究》2014 年第 7 期。

[376] 周黎安、陶婧:《官员晋升竞争与边界效应:以省区交界地带的经济发展为例》,《金融研究》2011 年第 3 期。

[377] 周月书、王悦雯:《二元经济结构转换与城乡资本配置效率关系实证分析》,《中国农村经济》2015 年第 3 期。

[378] 朱军:《技术吸收、政府推动与中国全要素生产率提升》,《中国工业经济》2017 年第 1 期。

[379] 朱青:《完善中国地方税体系的构想》,《财贸经济》2014 年第 5 期。

[380] 朱为群等:《增值税的税率形式:统一税率还是差别税率?》,《经济研究参考》2016 年第 60 期。

[381] 朱喜安:《税负转嫁的定量方法及其应用》,《数量经济技术经济研究》2000 年第 8 期。

[382] 朱焱、王广:《技术型高管权力与非技术型高管权力对企业绩效的影响——来自中国 A 股上市高新技术企业的实证检验》,《会计研究》2017 年第 12 期。

[383] 祝佳:《生产性服务业与制造业双重集聚效应研究——基于政府行为差异的视角》,《武汉大学学报(哲学社会科学版)》2015 年第 5 期。

[384] 子金:《增值税扩围改革的多重效应》,《税务研究》2011 年第 10 期。